U0695322

国际工程教育丛书

顾秉林 王孙禺 雷 环 杨 娟 编著

院校工程教育
工程性与创新性问题研究

清华大学出版社
北京

图书在版编目(CIP)数据

院校工程教育工程性与创新性问题研究/顾秉林等编著.—北京:清华大学出版社,
2022.1

(国际工程教育丛书)

ISBN 978-7-302-59790-2

Ⅰ. ①院… Ⅱ. ①顾… Ⅲ. ①高等教育-工科(教育)-教育研究-中国 Ⅳ. ①G649. 21

中国版本图书馆 CIP 数据核字(2021)第 262646 号

责任编辑:马庆洲
封面设计:常雪影
责任校对:王淑云
责任印制:朱雨萌

出版发行:清华大学出版社
  网 址:http://www. tup. com. cn,http://www. wqbook. com
  地 址:北京清华大学学研大厦 A 座 **邮 编**:100084
  社 总 机:010-62770175 **邮 购**:010-62786544
  投稿与读者服务:010-62776969,c-service@ tup. tsinghua. edu. cn
  质量反馈:010-62772015,zhiliang@ tup. tsinghua. edu. cn
印 装 者:小森印刷霸州有限公司
经 销:全国新华书店
开 本:165mm×240mm **印 张**:19 **字 数**:299 千字
版 次:2022 年 1 月第 1 版 **印 次**:2022 年 1 月第1次印刷
定 价:89. 00 元

产品编号:095220-01

总　序

近年来,中国工程院针对工程科技咨询,开展了"工程教育改革与发展研究""创新型工程科技人才培养研究""建立具有国际实质等效性的中国高等工程教育专业认证制度研究""院校工程教育的工程性与创新性问题研究""工程教育专业认证制度与工程师注册制度衔接问题的研究""国际工程教育合作战略研究"" '一带一路'工程科技人才培养及人文交流研究""构建工程能力建设研究"等一系列课题研究。这些研究具有重要的理论意义和现实意义,是加快我国创新型国家建设的迫切需要,是推动工程师培养制度改革的需要,是促进工程科技人才培养与人文交流的需要。这些课题的研究有利于提出相关政策建议,对于深化工程科技人才培养、鼓励和引导工程科技人才成长具有重要的战略意义。

特别要强调的是,在中国工程院和清华大学共同申请和推动下,2015 年11 月经联合国教科文组织(UNESCO)第 38 届大会批准,2016 年 6 月联合国教科文组织国际工程教育中心(ICEE)在北京正式签约成立。该工程教育中心以联合国教科文组织"可持续发展"的宗旨和原则为指导,以推动建设平等、包容、发展、共赢的全球工程教育共同体为长期愿景,围绕全球工程教育质量提升与促进教育公平的核心使命,致力于建成智库型的研究咨询中心、高水平的人才培养基地和国际化的交流合作平台。

目前,国际工程教育中心研究人员已牵头承担或作为核心成员参与联合国教科文组织、中国工程院、国家自然科学基金委、国家教育部委托的重大咨询研究项目,在提升国际影响力、政策影响力和学术影响力等方面发挥越来越大的作用。

为了更好地反映国际工程教育发展的过程和趋势,反映国际工程教育中心的研究成果,拟将近年来完成的报告、论文等汇集出版。

尽管这些报告或论文有些数据略早,但这些资料真实地记录了近些年我国工程教育研究的发展进程。这些成果作为工程教育的研究方法和政策过程有一定的回顾意义,反映了我国工程教育发展进程中的历史价值,以供后来者对工程教育研究历史的梳理和追溯。

当前,世界处于百年未有之大变局中,工程科技突飞猛进既是百年变局的一项基本内容,也是百年变局的基本推动力量。全球科技创新已经进入空前密集活跃的时期,这对于工程领域人才培养和人文交流模式变革,对于提高国家竞争实力都提出了非常迫切和现实的要求。可以说,这就是我们编写和出版此书的意义所在。

工程教育界的同仁们,我们共同努力再努力!

2021 年 4 月于北京

[吴启迪,教授,联合国教科文组织国际工程教育中心(ICEE)副理事长兼中心主任,清华大学工程教育研究中心主任,曾任教育部副部长,同济大学校长等职。]

目　录

引　言①

进入 21 世纪已有十多年,如何让工程教育进一步走出单一技术教育的阴影,完成本质独具的自我认知,承担新的更加重大的历史使命? 这需要工程教育自身的转变。这种转变主要体现在重视工程思维训练、强调工程实践能力培养,强调院校工程教育的工程性与创新性,并赋予其更丰富、更深刻的时代内涵。院校工程教育的目标是培养适应工程需要的,具有实践性和复合性的工程人才,使他们具有工程科学、工程技术、工程管理和工程文化方面的素养、能力和品格。院校工程教育的工程性与创新性的研究,是在对工程活动的特点和工程师的特点进行充分探讨的基础上进一步深入开展的。

首先,本书对院校工程教育的概念问题进行了探讨。

工程性(engineering)即工程作为一种人类活动所具有的性质和特点。具体为建构性和实践性、集成性和创造性、科学性和经验性、复杂性和系统性、社会性和公众性、效益性和风险性。②

创新性(creativity)即工程创新,它是一种集成性创新,往往体现在两个层次上:第一个层次是技术层次,工程创新活动需要对多个学科、多种技术在更大的时空尺度上涉及的各类资源要素进行选择、组织和集成优化;第二个层次是技术要素和经济、社会、管理等基本要素在一定边界条件下的优化集成。③值得注意的是,创新并不仅仅是一种形态。工程演化论的观点认为,创新活动

①　本书是中国工程院院士科技咨询研究课题"我国工程科技人才成长若干问题研究咨询项目"研究报告的组成部分,于 2012 年 12 月完成初稿,2013 年 4 月结题。基本数据截至 2011 年。
②　殷瑞钰等. 工程哲学[M]. 北京:高等教育出版社,2007:70-73.
③　殷瑞钰等. 工程哲学[M]. 北京:高等教育出版社,2007:21.

的"活的灵魂"和"典型代表"是指那些可以通过竞争机制而"胜出"的创新成果,而不是指那些类似于时尚潮流中往往不时出现的"病态新时尚"或"怪诞新潮"——后者在形态上不可谓不新,但它们却经受不住竞争的考验。①

工程教育(Engineering Education)作为传授工程专业实践的基本知识和原则的活动,包括工程师的基础教育、提高教育和专业化教育等。工程教育作为教育的一个类别(科类),广义而言,是指培养工程人才的社会活动;狭义而言,是指培养工程人才的学校教育。或者说,工程教育是根据一定社会要求和受教育者身心发展规律,由工程教育者有目的、有计划、有组织地对受教育者身心施加全面系统影响以达到预期目的的社会活动过程。

工程教育是工程和教育这两个系统和概念的结合,因此工程教育既具有一般教育的共性,又具有显著的工程特性。工程教育的根本特性来源于工程,因此工程教育具有实践性与复合性的特征。①实践性。工程的社会性决定了工程教育的实践性。工程是一种特定的社会实践活动,工程师是从事这种造福人类的实践活动的主体,因此以培养这种工程人才为目的的工程教育在本质上也必须具有实践性。②复合性。工程创新具有复杂、综合、交叉的特征,这意味着以培养创新人才为本的工程教育必然具有复合性,就是说,工程教育应当培养具备复合性的知识背景和在工程创新实践中整合各种知识的能力的工程人才。

工程教育是现代教育的重要组成部分。几乎所有的大学都将兴办工程教育作为自己21世纪发展的一项战略选择;所有国家也无一例外地把工程视为自己国家的未来、把工程教育视为国家未来的科技和经济的基础,把理工科人才视为国家潜力得以发挥的保证、视为国家竞争力和国家创新能力的核心。

工程教育通常伴随着额外的检查和监督培训,要求学习者获得专业工程认证。② 工程教育是以工程科学为主要学科基础、以培养工程人才为目标的活动,强调实学、集成和创新原则。③ 必须强调的是,工程教育所培养出来的人才是工程师,而不是科学家,工程师的核心职责就是解决问题。因此,工程教育的人才培养定位必须明确这一点,应着重培育学生的工程师素质而不是科学

---

① 殷瑞钰等. 工程哲学[M]. 北京:高等教育出版社,2007:106.

② Engineering education. From Wikipedia, the free encyclopedia[EB/OL]. http://en. wikipedia. org/wiki/Engineering_education, 2013-04-05.

③ 李晓强. 工程教育再造的机理与路径研究[D]. 杭州:浙江大学,2008.

家素质。

科学家的任务是如何认识,因而他可以选择自己感兴趣的课题;工程师的职责是如何实现,所以他必须解决面临的问题。工程问题应有最佳的解决方案,因此工程师要考虑多方面的因素,谋求最可靠、最经济的解决方法。许多工程问题还具有深远的社会影响。我们从科学与工程的比较中也可以看出工程师和科学家的显著区别。

工程教育系统是工程系统的适应性系统。因此,工程系统所具有的特点,转移到工程教育系统中,内涵发生了变化,性质也从本质特点转变为应有特点。

院校工程教育以培养工程人才为目标,它除了具有一般高等教育的特征,还具有工程教育的独特属性,这种属性概括起来就是工程性和创新性。工程教育重视工程思维训练、强调工程实践能力培养,强调创新。在工程教育领域,工程性与创新性被赋予更丰富、更深刻的时代内涵。

因此,院校工程教育的工程性与创新性是指院校工程教育应该具备的与工程活动、工程创新相联系的特点的集合,具体为培养目标指向创新型工程人才、课程体系设置的全面与综合、实践环节的安排、毕业设计与工程实践的结合、校企合作等。院校工程教育的工程性与创新性和企业工程活动的工程性与创新性既有联系又有区别。它们不是工程教育这种活动本身所具有的性质,而是以活动主体中的一部分重合人群为纽带,从工程活动过渡到教育活动中,是一种带有教育属性的工程性与创新性。

其次,本书对参与我国工程教育专业认证的 70 多个专业的情况进行了调查梳理和研究分析。

调查研究表明,我国院校工程教育在培养目标方面,对于本专业的培养人才的基本要求,各个学校的工科专业在认识上的表现还是较为全面的。院校工科专业培养目标呈现出趋同的特点,这一结论在已有研究中也出现过。这种现象在一定程度上可以归因于长期以来我国高等发展过程中学校定位的趋同。由于复杂的现代工程技术需要多类型、多层次的工程共同体成员的全面协作才能达到目的,所以,工程师必须具备一定的管理技能和技巧才能胜任工程师岗位的工作。管理能力的重视在院校工科专业培养目标中得到了极大的体现,尤其是一般高校对管理的提及率,明显比"985"高校和"211"高校都要高。相对于专业知识、综合、复合和创造较低的提及率,这种现象非常值得关注。基本单元中设计创新性的有设计、开发、规划、创新和创造。其中,总体上,工科专业培养目标中提及设计和开发的次数较多,提及创新和创造的次数较少。尤其是"985"高校,在创新性的基本单元上的提及率没有达到应有的高度。在毕业产出方面,有些专业(如采矿、矿加等)毕业生的毕业产出中,工程设计的比例较高,这种情况可能和我国矿业的发展和繁荣是密不可分的。工科的工程性在这一环节得到了极大的体现,部分学校的此类专业甚至可以达到毕业产出 100% 为工程设计。也有些专业(如环境、化工和水文类专业等)毕业生的毕业产出中工程设计的比例较低,这可能和行业被重视的程度和行业性质有关。除了有些专业类别由于数据的缺失没有列入样本集,大多数专业类别的学生毕业产出的工程性的情况经过描述性统计有了一个较为全面和清晰的展示,这种情况出现的原因仍然需要我们深入调研。

在师资方面,我国三类院校中,工科专任教师队伍的工程实践经历结构呈现一种显著的"剪刀差"的结构特征。"985"院校的工科教师都大量参与了研究型的工程实践,即工业生产的研发环节,与企业有很好的合作基础。地方本科院校的工科教师,大多具有全职企业经历。从 1998—2009 年来看,兼职教师在美国各大学中的比例呈现逐年上升趋势,因此,若仅以美国作为参考依据的话[1],我国"985"院校的兼职教师比例严重不足,而"211"院校及地方本科院校的兼职教师队伍比例相当,但是与美国兼职教师占高校教师总量的比例相比仍有一定的差距。另外,通过对 76 份自评报告中所有教师简历的梳理,我们还发现,在具有"全职企业工作经历"的教师队伍中,有很大一部分专任教师在企业当过工人,年龄大多集中在 50~60 岁。这与中国的时代背景是密不可分的。"文化大革命"时期,有很多知识青年在农村和工厂参加劳动;"文革"结束后的高考,又给很多以前在工厂工作的人创造了上大学的机会,因此,教师中有过在企业具有当工人的经历的教师。但改革开放以后,有过这样经历的教师越来越少。可以预见,随着经历过"文化大革命"的教师逐渐退休,新一代中青年教师成长起来以后,以工人身份参与过工程实践的教师将基本消失。

本书通过设计政策框架和分析体系,从理念、教师、学生、课程、环境等若干方面提出了 36 条建议,为工程教育改革实践活动的开展提供参考。在此基础上,本书还要特别指出以下三大共性问题,以期引起工程教育研究领域和相

---

① U. S. DEPARTMENT OF EDUCATION NCES 2012-001, Digest of Education Statistics 2011. pp. 383.

关管理部门的重视。第一,工程教育的"创新性"无论是在研究领域还是在实践领域都呈现出"缺位"态势。第二,工程专业的"劣势群体"问题。如女性和少数民族人数在工程专业和职业中人数比例一直不高,这是个世界性的问题,出于教育公平及工程多样性需求的考虑,需要采取措施鼓励和保障女性和少数裔族群体选择和从事工程专业。第三,基础教育与高等教育在"科学与工程教育"中如何衔接的问题。正如潘云鹤院士指出,当前基础教育缺乏对工程科技与创新的兴趣培养,青少年想当科学家的多,想当工程师的少,而且"目前的'科学教育'只重知识的传授,严重缺乏从小培养动手和解决问题的能力,导致与高等工程教育无法衔接"。这一问题需要引起社会各界的高度关注。不只是高等教育阶段的问题,尤其需要从基础教育阶段开始就从各个环节上,给予足够的重视和培养。

总之,探讨院校工程教育的工程性与创新性问题非常重要,这直接影响着培养面向社会生产实际的工程技术人才,从而真正推动我国经济社会的持续发展。院校工程教育的工程性与创新性,可以产生巨大的社会效益。工程科学作为基础,支撑着工程技术的发展。工程技术转化为生产力,能够针对社会需要生产出产品。院校工程教育的创新性是以其工程性为基础的,既强调工程技术在解决实际问题上的实践性,又要求在实践的基础上培养学生的创新能力。

上编 院校工程教育工程性与创新性的理论研究

第一章　概　　述

2010年6月,我国公布了《国家中长期人才发展规划纲要(2010—2020年)》,为适应现代产业体系发展的需要,加强人才发展统筹规划和分类指导,围绕装备制造、信息、生物技术、新材料、航空航天、海洋、生态环境保护、能源资源、现代交通运输、农业科技等经济重点领域发展;调整优化高等学校学科专业设置,加大急需研发人才和紧缺技术、管理人才的培养力度;大规模开展重点领域专门人才知识更新培训;建设一批工程创新训练基地,统筹推进专业技术职称和职业资格制度改革;建立和完善与国际接轨的工程师认证认可制度,提高工程技术人才职业化、国际化水平。

同年7月,国家公布了《国家中长期教育改革和发展规划纲要(2010—2020年)》,针对当前我国教育存在的主要矛盾和突出问题,提出"优先发展、育人为本、改革创新、促进公平、提高质量"20字工作方针。其中,育人为本是教育改革发展的核心,促进公平和提高质量是教育改革发展的两大工作重点,优先发展和改革创新是实现重要任务的两大重要保证。

根据规划目标,到2015年,专业技术人才总量达到6800万人。到2020年,专业技术人才总量达到7500万人,占从业人员的10%左右,高级、中级、初级专业技术人才比例为10∶40∶50。这些专业技术人才的培养,很大程度上依赖于我国的高等工程教育。

一、我国工程教育的规模

工学是我国高等教育中最大的学科门类,各类工程学人才直接推动着我国的经济建设和工程技术领域的发展。改革开放30年来,工程教育伴随着经济社会的巨大变革和高等教育事业的历史性跨越,取得了长足的进步,进入了规模扩张、结构优化、质量效益大幅度提升的新阶段,已经形成多层次、多类型的工程教育人才培养体系,见图 1-1。

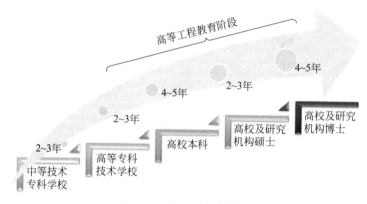

图 1-1　我国工程教育体系

　　20 世纪末,高等教育的规模有较大幅度的增长,学校数量、学生人数显著增加。到 2011 年,全国共有普通高等学校和成人高等学校 2762 所,其中普通高等学校 2409 所(含独立学院 309 所),成人高等学校 353 所。全国共有培养研究生单位 755 个,其中高等学校 481 个,科研机构 274 个。

　　全国各类高等教育总规模达到 3167 万人,高等教育毛入学率达到 26.9%。普通本专科招生 681.5 万人,其中本科 356.6 万人,专科 324.9 万人;在校生数 2308.51 万人,其中本科 1349.7 万人,专科 958.8 万人。毕业生 608.16 万人。

　　全国招收研究生 56.02 万人,其中博士生 6.56 万人,硕士生 49.46 万人。在学研究生 164.58 万人,其中博士生 27.13 万人,硕士生 137.46 万人。[①]

　　根据教育部最近公布的《普通高等学校本科专业目录(2012 年)》,我国目前在普通高校开设了 31 类工程类本科专业,共有 169 个工科专业,占所有学科专业数的 33.4%。2011 年,我国普通本、专科工科招生数为 263.45 万人,在校生数为 868.9 万人,毕业生数 237 万人,分别占全国普通本、专科招生总数、在校生总数和毕业生总数的 38.7%、37.6% 和 40%。工科研究生招生 19.5 万人,在校生 58.8 万人,毕业生 14.5 万人,分别占全国研究生招生总数、在校研究生总数和毕业研究生总数的 34.8%、35.7% 和 33.7%。

----

① 　教育部,《2011 年全国教育事业发展统计公报》,2012-08-30.

截至 2011 年,全国开设工科的本专科院校共 2222 所,占普通高等学校总数 2409 所的 92.2%,其中开设本科的普通高等学校 1015 所,开设专科的普通高等学校数 1207 所。2011 年全国共开设工科专业点 29 845 个,占全国 76 829 个专业总数的 38.9%。其中开设本科工科专业 12 466 个,占本科专业总数的 30.76;开设工科专科专业 17 379 个,占专科专业总数的 47.9%。

层次和类型结构日趋合理。工科内部的专业设置和学生分布也发生了变化,电气信息类等专业发展迅速,重工业一家独大的局面得以改善。2009 年工科各大类学生数见表 1-1。

表 1-1　2009 年普通高等教育工科分大类学生数

	毕业生数(人) Graduates	招生数(人) Entrants	在校学生数(人) Enrolment
总计 Total	1 918 428	2 339 887	7 741 552
地矿类 Applied Geology	34 063	51 876	162 912
材料类 Materials Science	41 057	59 789	204 248
机械类 Mechanical Engineering	342 354	410 173	1 380 919
仪器仪表类 Instrument & Meter	15 221	18 415	69 531
能源动力类 Thermal & Nuclear Energy	19 921	27 489	93 590
电气信息类 Electronics & Information	881 509	983 636	3 297 872
土建类 Civil Engineering & Architcture	198 586	279 889	894 490
水利类 Hydraulics	18 193	22 675	72 343
测绘类 Sruvey & Measure	13 340	21 205	64 334
环境与安全类 Environment and Safety	34 790	41 668	146 284
化工与制药类 Chemical Engineering & Pharmaceutics	81 059	103 557	340 271
交通运输类 Transportation	109 229	150 503	455 911
海洋工程类 Oceanic	1819	3053	11 298
轻工纺织食品类 Light Industry, Textile and Food	79 274	109 314	350 115
航空航天类 Aeronautics & Astronautics	3433	5728	18 339
武器类 Weaponry	2801	3128	12 327
工程力学类 Engineering Mechanics	2808	3636	13 068

续表

	毕业生数(人) Graduates	招生数(人) Entrants	在校学生数(人) Enrolment
生物工程类 Biotechnology	29 096	32 547	109 461
农业工程类 Agriculture Engineering	4849	5710	21 811
林业工程类 Forestry Engineering	1996	3090	11 125
公安技术类 Public Security Technology	3030	2806	11 303

资料来源:教育部门户网站,2009 年教育统计数据。

我国院校工程教育的分布

由于我国大部分高校都开展工程教育,所以我国高校的分布情况可以在很大程度上反映工程教育的分布情况。下面分普通高校区域分布和重点高校区域分布两方面来进行考察。

1)普通高校区域分布情况

从东中西部地区看,东部地区高校占到全国高校的近 45%,西部地区该数据最低,占比不到 1/4。东部地区中央部委院校比远远超过中西部地区和全国平均水平,达到 9.08%,中部地区该数据最低,见表 1-2。可见,东部地区占据了我国大部分高校资源与优质资源。西部地区高等教育基础薄弱,中部地区优质高等教育资源相对贫乏。

表 1-2 2006 年东中西部三大地区普通高等学校分布①

	高校数		隶属			
			中央部委		地方	
	数量	比例%	数量	占地区高校比%	数量	占地区高校比%
东部地区	826	44.24	75	9.08	751	90.92
中部地区	581	31.12	19	3.27	562	96.73
西部地区	460	24.64	17	3.70	443	96.30

数据来源:《中国教育统计年鉴(2006)》。

---

① 我国东中西部划分:指我国大陆三大经济地带,即东部、中部、西部三大地区。目前统计上东中西部的划分是:东部地区包括北京、天津、河北、辽宁、上海、江苏、浙江、福建、山东、广东、海南 11 个省市;中部地区包括山西、吉林、黑龙江、安徽、江西、河南、湖北、湖南 8 个省;西部地区包括重庆、四川、贵州、云南、西藏、陕西、甘肃、青海、宁夏、新疆、内蒙古、广西 12 个区市。

　　由于历史原因和过去计划经济体制的影响,我国高等教育资源分布呈现明显的地区差异,主要分布在华北、华东、华南、西南、西北、东北六大区域的六大中心城市,且主要集中在东部沿海一带的中心城市。20世纪末,我国高等教育开始实行中央与地方两级办学、以地方政府统筹管理为主的体制,由省级政府把设在本地区的中央各部委所属高等院校与本地院校统筹规划、统一安排,在一定程度上克服了过去"条块分割"所带来的学科单一、重复设置、规模过小、效益过低等弊端。经过1998—2000年三年调整,除少数教育部直属院校外,绝大多数高校都划归地方政府管理。一般来说,经济发达地区能够提供较多的经费和吸纳较多的大学毕业生,因此高校数量也多,而不发达地区高校数量很少。因此,在东部沿海发达地区集中了大量的高等学校,而在中西部地区高校数量明显较少。

　　2) 重点高校区域分布情况

　　重点高校属于高等教育的优质资源。优质高等教育资源的形成需要历史的沉淀,需要大量的财力投入。它能够提供高水平的服务,享有较高的社会声誉,能够带来较大的经济、社会效益。我国的高等教育资源供应不足,其中优质高等教育资源更为稀缺。[①] 本书通过"211"学校的区域分布来考量我国重点高校的区域分布现状。

　　从东中西部地区来看,东部地区占据了我国一半以上的重点高校,每百万人拥有的高校是中部、西部地区的约2倍。优质高等教育资源的区域失衡极为明显,见表1-3。

表1-3　东中西部地区"211"学校分布

	"211"高校数	比例%	每百万人"211"高校数
东部区域	63	56.25	0.12
中部区域	24	21.43	0.06
西部区域	25	22.32	0.07

数据来源:根据教育部网站公布的"211"学校名单及《中国统计年鉴2007》相关数据统计计算。

　　从省市分布来看,北京占据了全国1/5的"211"高校,其余30个省市自治区该数据都低于10%。西部地区这一数据大都低于1%。从每百万人"211"高校数看,除了北京该数据为1.45,其余省市自治区均低于1,西部地区绝大

---

① 颜丽冰. 高等教育资源的区域公平性研究[J]. 高教探索,2005(5).

部分省份该数据都低于 0.1。这表明我国稀缺的优质高等教育资源在区域间分配不均衡。此外,普通高校总数最多的江苏省,每百万人"211"高校数仅为 0.15;高校总数排名第二、第三的山东、广东,该数据分别仅为 0.03、0.04,这说明这些地区由于人口总量相对较大,重点高校数量有限,造成了按人口计算的优质高教资源的严重匮乏,进而说明这些"教育大省"尚未成为真正意义上的"教育强省",见表 1-4。

表 1-4   全国"211"学校分布

北京(26 所)	清华大学	北京大学	中国人民大学	北京交通大学
	北京工业大学	北京理工大学	北京航空航天大学	北京科技大学
	北京化工大学	北京邮电大学	对外经济贸易大学	北京林业大学
	中国传媒大学	中央民族大学	中国矿业大学(北京)	中央音乐学院
	中央财经大学	中国政法大学	中国石油大学(北京)	北京体育大学
	中国农业大学	北京中医药大学	华北电力大学(北京)	
	北京师范大学	北京外国语大学	中国地质大学(北京)	
上海(9 所)	复旦大学	上海外国语大学	华东师范大学	上海大学
	东华大学	上海财经大学	华东理工大学	同济大学
	上海交通大学（与上海第二医科大学合并）			
天津(4 所)	南开大学	天津大学	天津医科大学	河北工业大学
重庆(2 所)	重庆大学	西南大学		
河北(1 所)	华北电力大学(保定)			
山西(1 所)	太原理工大学			
内蒙古(1 所)	内蒙古大学			
辽宁(4 所)	大连理工大学	东北大学	辽宁大学	大连海事大学
吉林(3 所)	吉林大学	东北师范大学	延边大学	
黑龙江(4 所)	哈尔滨工业大学	哈尔滨工程大学	东北农业大学	东北林业大学
江苏(11 所)	南京大学	东南大学	苏州大学	南京师范大学
	河海大学	中国药科大学	中国矿业大学(徐州)	南京理工大学
	江南大学	南京农业大学	南京航空航天大学	
浙江(1 所)	浙江大学			
安徽(3 所)	安徽大学	合肥工业大学	中国科学技术大学	
福建(2 所)	厦门大学	福州大学		
江西(1 所)	南昌大学			

山东(3 所)	山东大学	中国海洋大学	中国石油大学(华东)	
河南(1 所)	郑州大学			
湖北(7 所)	武汉大学	华中科技大学	中国地质大学(武汉)	武汉理工大学
	华中师范大学	华中农业大学	中南财经政法大学	
湖南(3 所)	湖南大学	中南大学	湖南师范大学	
广东(4 所)	中山大学	暨南大学	华南理工大学	华南师范大学
广西(1 所)	广西大学			
四川(5 所)	四川大学	西南交通大学	电子科技大学	四川农业大学
	西南财经大学			
云南(1 所)	云南大学			
贵州(1 所)	贵州大学			
陕西(7 所)	西北大学	西安交通大学	西北工业大学	长安大学
	陕西师范大学	西北农林科技大学	西安电子科技大学	
甘肃(1 所)	兰州大学			
新疆(2 所)	新疆大学	石河子大学		
海南(1 所)	海南大学			
宁夏(1 所)	宁夏大学			
青海(1 所)	青海大学			
西藏(1 所)	西藏大学			
军事系统(3 所)	第二军医大学	第四军医大学	国防科学技术大学	

二、我国工程教育发展的背景

创新型国家建设对工程教育的要求

创新是一个民族进步的灵魂,是国家兴旺发达的不竭动力。理论和实践都已证明,一个国家的综合竞争力在很大程度上是由其创新能力决定的。国家发展生命周期理论表明,国家兴衰的核心问题就在于能否创新,能否持续地创新。不断创新是一个国家迅速发展、迅速崛起、迅速强大的根本动因。全面创新是中国崛起的决定性因素。按国家生命周期理论(见图 1-2),2020 年之后中国将进入国家发展生命周期的第三阶段,即经济强盛时期。全面创新是中国发展生命周期最重要的动力。

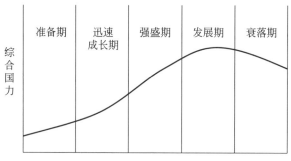

图 1-2　国家生命周期(五阶段说)①

自 1978 年改革开放以来,中国进入一个大规模创新、加速创新、全面创新的时代。进入 21 世纪,我国又提出了建设创新型国家的重大战略,旨在大幅提升我国的创新能力。中国崛起的独特之处在于,中国的创新走出了自己的道路,即"中国之路"。全面创新就是创新发展模式,走自己的发展道路。全面创新不仅包括科技创新,还包括观念创新、理论创新、战略创新、制度创新、发展模式创新、治理创新、手段创新、组织创新、市场创新、文化创新等,主要体现在制度创新、市场创新、技术创新和观念创新四个主要方面,见表 1-5。这些领域的创新是相辅相成、相互促进的。

表 1-5　全面创新的四个主要方面

要点	含义
制度创新	建立旨在激励人们创造各种财富、各种知识、各种发明和各种文化的制度体系
市场创新	旨在充分利用中国巨大国内市场的特有优势,激活市场活力,提高市场效率
技术创新	旨在鼓励原始创新、集成创新和引进消化吸收再创新
观念创新	旨在充分利用"解放思想,实事求是"的观念资源,提倡新思想、新主意、新观点和新理念,鼓励"百花齐放、百家争鸣",充分利用各种媒体媒介和传播手段,广泛传播新思想、新主意、新观点和新理念

建设以企业为主体、产学研结合的技术创新体系以及建设科学研究与高等教育有机结合的知识创新体系,是全面推进中国特色国家创新体系建设的

---

① 　资料来源:胡鞍钢.国家生命周期与中国崛起[J].国情报告,2005(48).

两大重要支点,见图 1-3。教育和科研是创新成果和创新能力的源头,因此工程教育与全面创新的关系非常密切。创新型国家建设需要工程教育特别是院校工程教育在创新型工程人才培养、科技创新成果贡献、科技创新服务于社会等方面发挥基础性作用,在知识创新、技术创新、国防科技创新和区域创新中作出贡献,构建科学研究与高等教育有机结合的知识创新体系,为创新型国家建设提供强大的知识、技术和智力支撑。

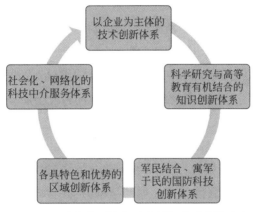

图 1-3 现阶段中国特色国家创新体系建设重点

教育中长期规划对工程教育的影响

《国家中长期教育规划纲要》的编制是贯彻落实党的十七大提出的进一步实施人才强国战略要求的一项重大举措之一。教育事业不仅可以使国家走向振兴,还会使国家与社会的发展衰弱,所以教育不仅仅是国家的责任,同样全体社会成员也都应该尽自己的一份责任。我国始终坚持将教育摆在优先发展的位置上。"规划纲要"还提出"按照面向现代化、面向世界、面向未来的要求,适应全面建设小康社会、建设创新型国家的需要,坚持育人为本,以改革创新为动力,以促进公平为重点,以提高质量为核心,全面实施素质教育,推动教育事业在新的历史起点上科学发展,加快从教育大国向教育强国、从人力资源大国向人力资源强国迈进,为中华民族伟大复兴和人类文明进步作出更大贡献"。而我国是教育大国,所以教育的地位在人才培养的改革、促进科学技术发展、加快社会发展进程等方面会起到十分重要的作用。

在我国教育系统下的高等教育自 1949 年以来就为国家培养了大批量的

人才,为祖国的建设贡献出巨大的力量。高等教育承担着培养高级专门人才、发展科学技术文化、促进社会主义现代化建设的重大任务。所以,为了推动教育事业的进一步发展,国家制定了《国家中长期教育规划纲要》。这无疑会对我国的高等教育发展起到积极作用。作为高等教育重要组成部分的高等工程教育也在一定程度上受到"规划纲要"的影响。

首先,"规划纲要"提出"到 2020 年,高等教育结构更加合理,特色更加鲜明,人才培养、科学研究和社会服务整体水平全面提升,建成一批国际知名、有特色、高水平的高等学校,若干所大学达到或接近世界一流大学水平,高等教育国际竞争力显著增强"。这对我国高等教育的发展以及"卓越工程师教育培养计划"的实施打下了良好的基础。其次,"规划纲要"提出了"增强社会服务能力"这方面的计划,指出"高校要牢固树立主动为社会服务的意识,全方位开展服务。推进产学研用结合,加快科技成果转化,规范校办产业发展。"这在一定程度上对高等教育的培养理念产生影响并且为工程教育加强社会服务功能指明了方向。再次,"规划纲要"中对我国职业教育与继续教育的重视与鼓励,可以使得我国高等教育人才培养比例与结构方面更加成熟与合理化。"规划纲要"中这种人才培养结构与层次的计划与工程教育趋向多层次、多类型的人才培养模式相吻合。最后,"规划纲要"无论是在教育理念,还是在人才培养模式上都为工程教育改革指明了发展方向。

人才中长期规划对工程教育的影响

为了适应世界多极化,经济全球化的深入发展,我国制定了全面的国家战略,其中《国家中长期人才发展规划纲要》是国家国民经济与社会发展总体规划框架下的一个专门规划,其目的是为了实现"深入贯彻落实科学发展观,全面推进经济建设、政治建设、文化建设、社会将设以及生态文明建设,推动工业化、信息化、城镇化、市场化、国际化深入发展,全面建设小康社会,实现中华民族伟大复兴,大力提高国民素质,在继续发挥我国人力资源优势的同时,加快形成我国人才竞争比较优势,逐渐实现由人力资源大国向人才强国的转变。"

《国家中长期人才发展规划纲要》的编制是贯彻落实党的十七大提出的进一步实施人才强国战略要求的一项重大举措。从国家和社会的发展进程来看,大量优秀的人力资源越来越成为全球化大环境下国家核心竞争力的具体体现之一。而我国恰好拥有大量的、最有潜在优势的人才资源,我们应该充分发挥我国这方面的潜在优势以增加国家的核心竞争力。所以,《国家中长期人才发展规划纲要》的制定与提出是具有十分重要的意义的。

为了贯彻落实《国家中长期人才发展规划纲要》,教育部提出了"卓越工程师教育培养计划"。"卓越工程师教育培养计划"旨在借鉴发达国家高等工程教育经验的前提下,创建具有中国特色的工程教育模式。通过业界与教育界紧密合作,加强学生的实践能力,培养一批创新能力强、适应企业发展需要的多种类、多层次优秀工程人才。工程人才作为我国人力资源的重要组成部分,对提高我国人才国际竞争力起到积极的作用。《国家中长期人才发展规划纲要》的提出为工程教育人才培养指明了方向,为工程教育改革起到积极作用。

首先,《国家中长期人才发展规划纲要》的提出为工程教育的发展指明了方向。《国家中长期人才发展规划纲要》明确了我国"继续发挥我国人力资源优势的同时,加快形成我国人才竞争比较优势,逐步实现由人力资源大国向人才强国的转变"。想要实现由人力资源大国向人力资源强国的转变,正确的人才发展理念是十分重要的。而人力资源的优先开发,换句话说在一定程度上就是教育的发展,而工程教育作为教育的重要组成部分在这种优先发展教育的大前提下也一定会得益于这种正确的人才发展理念。

其次,《国家中长期人才发展规划纲要》人才队伍建设主要任务中提出了"培养造就创新型科技人才"这一主要任务。这一任务的主要发展目标是"围绕提高自主创新能力、建设创新型国家,以高层次创新型科技人才为重点,努力造就一批世界水平的科学家、科技领军人才、工程师和高水平创新团队,注重培养一线创新人才和青年科技人才,建设宏大的创新型科技人才队伍。到2020年,研发人员总量达到380万人,高层次创新型科技人才总量达到4万人左右"。根据这一目标《国家中长期人才发展规划纲要》又进一步制定了实施计划。计划提出"要以创新人才培养模式,建立学校教育和实践锻炼相结合、国内培养和国际交流合作相衔接的开放式培养体系",而工程教育的创新发展正需要这种产学相结合的模式,从而达到了两者统一,相互促进的效果。

再次,《规划纲要》人才队伍建设主要任务中还提出了"大力开发经济社会发展重点领域急需紧缺专门人才"。任务还指出要"大规模开展重点领域专门人才知识更新培训。建设一批工程创新训练基地,建立和完善与国际接轨的工程师认证认可制度,提高工程技术人才职业化、国际化水平。根据国家规划,制定人才特别是产业领军人才、工程技术人才向重点产业集聚的倾斜政策。"任务的提出为"卓越计划"提出了很高的要求,同时为工程人才的培养提供了有利的条件。

最后,《规划纲要》所提出的一些重大政策,例如"实施产学研合作培养创新人才政策"以及"实施有利于科技人员潜心研究和创新政策",这一系列政策的提出也为工程教育的深入发展提供了有利的大环境。

科技中长期规划对工程教育的影响

我国自改革开放以来,在社会主义现代化建设方面取得了举世瞩目的伟大成就。我国正处于社会主义初级阶段。全面建设小康社会,既面临难得的历史机遇,又面临一系列的挑战。另外,由于我国的经济结构发展与其他西方发达国家不同,优先发展重工业导致了能源资源消耗过度,环境污染严重;经济结构不合理,农业基础薄弱,高技术产业和现代服务业发展滞后;自主创新能力较弱,企业核心竞争力不强,经济效益有待提高。在扩大劳动就业、理顺分配关系、提供健康保障和确保国家安全等方面,有诸多挑战和问题亟待解决。

面对这种大环境,国家制定了《国家中长期科技发展纲要》。《纲要》提出了明确的发展目标,即"到 2020 年,要达到自主创新能力的显著增强,科技促进经济社会发展和保障国家安全能力的显著增强,为全面建设小康社会提供强有力的支撑;并且达到基础科学和前沿技术研究综合实力的显著增强,取得一批在世界具有重大影响的科学技术成果,进入创新型国家行列,为在本世纪中叶成为世界科技强国奠定基础"。

而教育是我国培养高层次创新人才的重要途径,同样也是我国基础研究和高技术领域原始创新的主力军之一,是解决国民经济重大科技问题、实现技术转移、成果转化的生力军之一。"规划"还指出要建设一批高水平世界知名的高水平研究型大学,这同时也是我国加速科技创新、建设国家创新体系的需要。所以"规划"的提出也对我国工程教育的发展产生积极的影响。

"规划"从全面贯彻落实科学发展观和全面建设小康社会的全局出发,确定了我国科技发展"自主创新、重点跨越、支撑发展、引领未来"的十六字指导方针,提出了建设创新型国家的总体目标。这也明确了"卓越工程师培养计划"的发展方向。《纲要》指出,必须把提高自主创新能力作为国家战略贯彻到现代化建设的各个方面,贯彻到各个产业、行业和地区,提高国家竞争力。

同时,"纲要"还提出支持和鼓励企业成为技术创新主体。长期以来,我国的科技活动主要集中在科研院所,企业被边缘化。而今天在国际上展现国家竞争实力的恰恰是企业。而具体的落实方式是建立企业为主体、产学研结合的技术创新体系为突破口,全面推进国家创新体系建设,提高国家的自主创新能力。这无疑也为我国工程教育的发展与工程师的培养模式提出了更高的要求。

三、我国工程教育中存在的问题

新中国成立以来,高等工程教育为国家培养了大批人才。我国高等工程教育取得快速发展的同时,也面临不少问题与挑战。主要表现在:工程教育的发展战略和目标定位还不清晰,不同类型学校的工程教育专业培养目标趋同,人云亦云的现象较为明显。我国的工程教育与工业界脱节问题也较为突出。一方面,工程教育不了解工业界的需求,用人单位反映毕业生实践能力差,无法很好地胜任工作。另一方面,工业界没有很好地参与到工程教育中,发挥自身应有的作用。在教育过程中,学生能够进行的工程设计很少,接受到的实践教育严重不足。工科专业课程体系中理论课比例过高,实践课比例过低的问题也普遍存在着。一些专业课程设置较为陈旧,与我国产业结构的调整不相适应,也无法与国际同类专业实现课程对接。此外,一些学校工科教师队伍普遍缺乏工程实践经历,"不会动手的人教人动手"很容易导致教学过程中在工程实践的安排和实施方面避重就轻,严重影响工程教育质量。针对这种情况,中国工程院常务副院长潘云鹤院士在 2009 年国际工程教育大会上表示,当前中国高等工程教育存在着三大弊端:一是实践教育和工程设计环节缺失,教育重论文、轻设计、缺实践,工科教师队伍的非工化趋向严重;二是学科老化,知识的融合与交叉欠缺,创新教育不足;三是基础教育缺乏对工程科技与创新的兴趣培养,青少年想当科学家的多,想当工程师的少。[①] 三大弊端的提出很全面地概括了我国高等工程教育领域存在的工程性与创新性问题。也使我们认识到,多年以来高等工程教育中存在的问题并没有得到解决。

《国际竞争力报告》和《世界竞争力报告》中的研究表明,目前我国工程教育对工业化的贡献率较低。在瑞士洛桑国际管理开发研究院发布的 2002 年

---

① 齐芳,潘云鹤. 当前我国高等工程教育存在三大弊端[EB/OL]. http://www.chsi.com.cn/jyzx/200910/20091026/36490735.html, 2009-10-26.

《国际竞争力报告》中一项"国内是否有合格的工程师?"的调查显示,在参与排名的49个主要国家中,中国排在末尾。^① 在瑞士洛桑国际管理学院发表的《世界竞争力年鉴》中,我们可以看到,2006—2008年,中国的研究与开发人员连续3年总数占第1位。而在瑞士世界经济论坛的《全球竞争力年度报告》中,中国的企业雇到合格工程师的容易程度在2009年和2008年度分别排名第36位和52位。^② 我国工程教育规模庞大、培养人数较多,但是质量不高的问题表现得非常明显。麦肯锡公司2005年对83个跨国公司人力资源部门经理人力资源公司和全球资源中心负责人进行调查,结果显示在大学毕业生中跨国公司可雇用的达到其质量标准的工程师数量与各国求职人数的比例,中国和俄罗斯均为10%,巴西为13%,墨西哥、菲律宾均为20%,印度为25%,马来西亚为35%,而匈牙利、波兰和捷克均为50%。^③ 此外,值得注意的是,这一问题很早就存在。2000年,中国研发人员数目为第4位,获取合格工程师的容易程度为第47位,2002年为第2位和第49位。^④ 这从一个侧面反映出我国高等工程教育在适应社会发展方面存在很大差距,工程教育的质量与水平同工业化发展的要求相距甚远。

实践创新能力薄弱,高校毕业生综合素质较差可以说是我国高等工程教育的最大的弱点之一,对此王传忠在《工程化:高等工程教育的战略选择》一文中提出了高等工程教育工程化的概念,建议工科院校将工程化作为提高教育质量的重要举措和发展战略来应对院校本科毕业生工程素质不高的问题。张维在《改革工程教育、培养创新能力的几点想法》一文中提出了关于给学生选择专业和学习的主动权、教授执教基础课、加强学生的实习、加强毕业设计专业实验课、完善课程设计增加学生应参与讨论和在社会上公开选聘教授等"想法"。李永生在《我国高等工程教育创新研究》中提到我国高等工程教育已经取得了很大的成就,但由于历史和现实等方面的原因还存在一些问题,需要加

---

① 罗园. 工程师"合格率"世界最末工科教育怎出人才?[EB/OL]. 人民网,http://it.sohu.com/20091022/n267635718.shtml,2009-10-22.

② 查建中,陆一平. 中国高等工程教育国际竞争力指标体系初探[J]. 中国高教研究,2010,(2):11-15.

③ 查建中,陆一平. 中国高等工程教育国际竞争力指标体系初探[J]. 中国高教研究,2010,(2):11-15.

④ 查建中,陆一平. 中国高等工程教育国际竞争力指标体系初探[J]. 中国高教研究,2010,(2):11-15.

强对我国高等工程教育创新的研究,特别是在具体的环节上加以改革和创新,以高等工程教育的创新来推动我国经济的整体发展。华中科技大学的刘吉臻在《工程教育课程改革的思维转向:工程化的视角》一文中提出用工程化的视角审视工程教育的课程设置会得到许多有益的启示,特别文中指出课程改革是要打破惯常思维,用集成化的思维组织课程内容和体系,用多维的路向创新课程模式。

"目前的'科学教育'只重知识的传授,严重缺乏从小培养动手和解决问题的能力,导致与高等工程教育无法衔接"。潘云鹤认为,中国这种宏大的工程规模为中国工程科技人员的成长提供了千载难逢的机遇。他说:"中国相比世界其他各国,有着得天独厚的工程技术积累、现状和未来空间。而且中国工程专业学生的生源好、规模大、就业市场广阔,如能激发出工程创新的潜力和国际竞争力,中国的工程科技及其人才在量和质上很有可能成为世界亮丽的风景线。"[①]在经济全球化和投资自由化、工程大发展的今天,我国工程教育改革不仅要去除潘院士提出的高等工程教育中存在的三大弊端,保证工程教育的基本质量,还要应对工程全球化、工程复杂性的挑战。这一切要求我们逐步建立具有大工程观、大系统观、大集成观的工程教育体系,不断增强工程教育的工程性与创新性,并以此为目标不断深化工程教育教学改革。

近年来,我国很多高校已在高等工程教育改革方面进行了尝试,部分专业积累了一些经验。高等工程教育的改革与发展仍然需要国家教育部的主导,需要中国工程院的积极支持和指导,需要高等学校的主动参与和推动,需要工业企业的相应配合。

我们也应该注意到,国内一些拥有工科专业的高校多年来保持着优良的办学传统,新中国成立以来培养了大批具有优良的道德品质、突出的业务素质、开阔的国际视野、较强的创新精神和竞争意识的毕业生。在改革人才培养方案方面,根据国内外工程教育评价标准和专业领域的人才需求,加强与企业、行业的沟通,共同研究课程计划,完善培养方案和课程体系;建立工程专业的教育质量指标体系,对于过程和结果进行持续的观测,分析和改进,形成有效机制;积极开展教学模式改革的研究与实践,加强实践环节。加强多学科的交叉,加强工程与基础课程教师的交流,制订以工程教育为核心地位的教学计

---

① 齐芳,潘云鹤. 当前我国高等工程教育存在三大弊端[EB/OL]. http://www.chsi.com.cn/jyzx/200910/20091026/36490735.html,2009-10-26.

划;加强工程教育基础课程的教学与工程基本能力的培养,加强工程教育师资队伍建设;加深、拓宽教师对于工程教育的理解,更新教学观念,组织教师参加工程实践,造就具有现代工程思想、方法和能力的教师队伍;加强产学研合作办学,拓宽实习渠道,建立实践教学的长期、稳定的实践教学基地。从机制、组织和资源建设上,使创新教育成为本专业工程教育的组成部分。

工程科学技术的发展,是开拓我国社会主义经济,建设社会主义强国,在世界激烈竞争中取得主动地位的基础。科学技术作为第一生产力,在工业建设方面,主要是通过工程科学技术来实现的,因而工程教育对我国经济建设的发展,人民生活和精神文明建设水平的提高以及参加国际市场竞争起着重要的作用。

面对世界经济格局的变化、激烈的国际竞争和科学技术的迅猛发展,我国高等工程教育正面临着新的严峻的挑战和前所未有的机遇。工程教育的发展我们有目共睹,改革已经刻不容缓。工程教育中存在的工程性与创新性不足的困难和问题,迫切要求我们探索适合我国国情的高等工程教育的培养模式。改进学校体系,转变教育思想,明确教育目标,改革教育内容,更新教学方法,提高师资水平,建立"学校从中受益、企业积极参与"的校企合作机制成为亟待关注的问题。高等工程教育既要为工业界和工程活动培养大批具有可持续发展理念,德、智、体、美、劳全面发展,工程基础知识牢固,具有较强的解决问题能力、协调合作能力、组织管理能力、创新能力的工程技术人才。他们具有扎实基础知识和能力,在未来工作中具有较大的潜力,能够走在世界工程科学技术前沿,能够根据社会经济发展的需要和现有条件进行自主创新,其中一些人还要能洞察工业技术和经济发展方向,掌握有关管理的科学与技能,进行科学决策、协调和组织管理的工程技术管理人才。如何通向这一目标,需要高等工程教育实践者和研究者的共同努力,也需要社会各界对高等工程教育的关注、支持和参与。

党历来重视教育工作,特别是改革开放以来,党把教育事业摆在了非常重要的位置。从"重点发展"到"优先发展",反映了教育事业逐渐从经济中的一个环节提升至关系全局的基础性工程。中共十八大报告中提出"办人民满意的教育",并"把教育作为民族振兴和社会进步的基石",这种提法肯定了教育的战略地位。"坚持教育优先发展"是国家教育战略的延续。"坚持走中国特色新型工业化、信息化、城镇化、农业现代化道路,推动信息化和工业化深度融合、工业化和城镇化良性互动、城镇化和农业现代化相互协调,促进工业化、信息化、城镇化、农业现代化同步发展"①,这就为中国特色新型工业化道路指明了方向。在我国已进入全面建成小康社会的决定性阶段,如何坚持教育优先发展的战略地位,如何增强教育服务国计民生的能力,是十八大报告给今后我国经济社会发展提出的重大命题。高等工程教育的发展要支持国家实施新型工业化的发展目标和创新驱动的发展战略,同时也要支持国家人才强国的战略,通过人才强国来实现全面建成小康社会的奋斗目标。

胡锦涛同志曾在两院院士大会上强调:建设创新型国家,关键在人才,尤其在创新型科技人才。没有一支宏大的创新型科技人才队伍作支撑,要实现建设创新型国家的目标是不可能的。世界范围的综合国力竞争,归根到底是人才特别是创新型人才的竞争。胡锦涛还指出:一定要把加速培养造就优秀科技人才,特别是科技领军人才作为十分紧迫的战略任务抓紧抓好。党和国家迫切需要科技界研究分析经济社会发展面临的重大问题,为国家宏观决策提供科学的咨询意见。

习近平同志最近指出:"实现中华民族伟大复兴,就是中华民族近代以来最伟大的梦想。"②这是对"中国梦"时代命题的深刻解读,既充满着厚重的历史底蕴,又洋溢着豪迈的"中国自信",为团结凝聚中国人民创造美好未来指明了前进方向。我国已经进入工业化中期阶段,初步完成农耕文明向工业文明的过渡。工业是国民经济的重要支柱,高等工程教育改革与发展的道路就是工业化的支持之路。我们要在这条道路上更加深入地开展高等工程教育的调查和研究,争取把对问题的认识更具体、更精准,把对经验的总结更全面、更到位,从而更好地支持高等工程教育的改革与发展,培养创新型工程人才,促进工业化发展,为实现"中国梦"添砖加瓦。

四、我国工程教育的研究现状与趋势

进入 21 世纪以来,党中央、国务院先后制定颁布了科技、人才和教育三个

---

① 胡锦涛. 坚定不移沿着中国特色社会主义道路前进 为全面建成小康社会而奋斗,在中国共产党第十八次全国代表大会上的报告[EB/OL]. 人民网,http://cpc. people. com. cn/n/2012/1118/c64094-19612151. html.

② 习近平参观"复兴之路"展览的讲话,中共中央宣传部,习近平总书记系列重要讲话读本(2016年版),学习出版社,人民出版社,2016(5).

国家中长期发展规划纲要,为我国加快经济发展方式转变、加快建设创新型国家、为贯彻落实科教兴国和人才强国战略,推动社会主义现代化建设第三步战略目标的实现打下了良好的基础。2012 年 7 月 6 日至 7 日,全国科技创新大会在北京举行,胡锦涛指出,到 2020 年,我们要达到的目标是:基本建成适应社会主义市场经济体制、符合科技发展规律的中国特色国家创新体系,原始创新能力明显提高,集成创新、引进消化吸收再创新能力大幅增强,关键领域科学研究实现原创性重大突破,战略性高技术领域技术研发实现跨越式发展,若干领域创新成果进入世界前列;创新环境更加优化,创新效益大幅提高,创新人才竞相涌现,全民科学素质普遍提高,科技支撑引领经济社会发展能力大幅提升,进入创新型国家行列。① 对此,工程教育必须做出自己的响应,研讨对策,积极行动,回答挑战。

国家重大课题

长期以来,我国高等教育界对培养工程科技人才十分重视,对工程教育也给予了极大的关注。1982 年 6 月,"教育部直属高等工业学校教育研究协作组"成立,后又成立"全国高等工程教育研究会"。② 中国科学院作为国家在科学技术方面的最高学术机构和全国自然科学与高新技术的综合研究与发展中心,在从事科学技术研究和知识创新的同时,也非常重视人才培养的问题。另外,1994 年中国工程院成立后旋即组建"中国工程院教育委员会",也相继开展了数次咨询研究;教育部也于 2005 年底将工程教育研究列为国家教育部科学技术委员会战略研究重大专项。

1. **"改革我国高等工程教育,增强我国国力和国际竞争力"**

1995 年,中国科学院技术科学部发布了题目为《改革我国高等工程教育,增强我国国力和国际竞争力》的报告。报告指出工程教育结构和水平已不能适应新的形势,必须进行改革,建立适合我国国情的、面向 21 世纪的高等工程教育体系和培养模式。该报告提出了探索适合我国国情的高等工程教育的培

---

① 全国科技创新大会在京召开[EB/OL]. 科技部门户网站, http://www. most. gov. cn/ztzl/qgkjcxdh/qgkjcxdhttxw/201207/t20120704_95383. htm,2012-07-06.

② 国家教委直属高等工业学校教育研究协作组成立十周年庆祝大会在西安举行[J]. 高等工程教育研究,1992(4).

养模式;改进学校体系;转变教育思想,改革教育内容、方法;建立高等工科学校和工业、企业合作的体制;加强高等工科学校师资队伍建设;根据国情进行继续工程教育和培训教育的试点工作等六方面措施和建议。同时指出,高等工程教育改革是关系到我国工业和经济兴衰、国家命运的大事,要通过国家能力,按照党的教育方针,以国家和社会的意志,制定国策;高等工程教育需要国家建立调控、干预机制和政策、法律等支撑条件,需要各界的积极参与和支持。

2. "我国工程教育改革与发展"

1995 年前后,针对我国工程教育中存在的教育资源配置不合理,继续教育无法可依、无处可学等制约工程教育可持续发展的问题,由张维院士、朱高峰院士牵头,委员会拟定了"我国工程教育改革与发展"的专题研究项目,并组织十多位院士和四十余名专家参与。项目组对北京、天津和江苏等地的几十个政府部门、企业、高等院校、研究所等单位进行深入全面的调查,召开座谈会进行交流讨论,在此基础上,对我国工程教育的现状、存在的问题以及问题产生的根源、采用何种改革措施等进行了分析研究。报告认为,我国的院校工程教育已经形成了较为完整的体系与足够庞大的规模,主要问题是要通过改革,明确方向,调整专业、课程结构,重视理论与实践结合,提高办学质量,要加强产学合作,加大培养综合性、复合型的高质量人才的力度;要重视发展继续工程教育,建立全国继续工程教育体系;对工程技术人才要合理使用与科学管理。报告还建议要努力营造良好的工程技术人才成长的环境,提出要转变观念,取得共识;要增加教育投入;推行素质教育;逐步建立和完善我国的工程与技术两大系列;组建国家工程教育咨询组织等。

3. "开发我国工程技术人员创新能力的对策研究"

该研究课题于 1999 年启动,共发出调查问卷 7000 份,回收了 66 个国有大中型企业的单位答卷和 4677 份工程技术人员的个人答卷,并实地调查访谈了5 个企业和部分工程技术人员。在整理分析资料的基础上,组织了多次院士专家研讨会,于 2002 年 5 月完成了《关于开发我国工程技术人员创新能力的环境、机制的调研报告》。报告进行了系统的分析,提出了 6 项相关的建议。

4. "中日韩工程教育比较研究"

中、日、韩三国作为邻国,工业的交融性非常强,三国工程院之间的交流频繁,又同属于东方文化,在工程教育及其人才培养方面有许多共同关心的问题。加强交流与合作,促进相互学习和借鉴,具有非常积极的意义。2000 年 9 月,朱高峰副院长在日本召开的中日韩圆桌会议上提议开展三方合作研究,得到了日韩方面的积极响应。同年 11 月,在北京召开国际工程科技大会期间,中日韩三国工程院代表讨论确定了主要研究内容,包括工程教育与现代工程师的定义与内涵,工程教育体系的建立与终身教育,信息技术与工程(继续)教育,工程师的注册与国际互认等。随后,中、日、韩三方分头进行研究,并于2001 年 10 月在重庆召开了"中日韩工程院圆桌会议暨工程师资格认证与工程教育国际研讨会"。

5. "关于推进我国注册工程师制度的研究"

在中国工程院教育委员会 2000 年和 2001 年的学术年会上,工程师的培养、使用与管理问题都是主要议题之一。教育委员会专门召开全体委员会议,讨论我国工程师如何应对加入 WTO 后面临的挑战问题。会后成立一个课题研究组,开展了相关的调研工作,并向院领导提交了《关于大力推进我国注册工程师制度与国际接轨的报告》。报告建议,尽快全面推进注册工程师制度并与国际接轨。

2005 年 5 月,根据原国家人事部要求,教育委员会又组织了有关院士、专家参加的我国工程师制度研究工作组,并分设四个研究工作组,分别围绕"我国工程师制度现状、经验及问题""工程师制度改革的发展思路和目标""我国工程师制度改革的框架设计""制度的变更对我国工程教育的影响问题""今后工程师专业分类研究及方案"等内容开展了相关的研究,形成了《中国工程师制度改革研究报告》。报告回顾了我国工程师制度发展的历程,分析了我国现行工程师制度存在的问题,在借鉴发达国家有益经验的基础上,针对我国工程师制度的改革,提出了我国工程师制度改革的基本方向和建议。2008 年 11 月,工程院与人社部双方商定,在研究工作的基础上,共同起草文件上报国务院。

6. "面向创新型国家的工程教育改革研究"

为进一步改善我国工程教育现状,为创新型国家建设服务,教育部科学技术委员会于 2005 年 12 月设立了"面向创新型国家建设的工程教育改革"重大专项课题,组织了清华大学、浙江大学、北京航空航天大学、华南理工大学、中国矿业大学等五所高校参与研究。经过近一年的调研、分析和系统研究,专项课题组形成了五个专题报告,并在此基础上形成了《面向创新型国家的工程教育改革研究》总报告。总报告从建设创新型国家的战略目标出发,根据我国工程教育现状、问题和战略需求,提出了新时期我国工程教育的改革框架,并给出了五方面的改革建议,分别是:提升我国工程教育的战略地位;加大我国工程教育课程与教学模式改革的步伐;构建我国工科教师培养机制与激励体系;尽快建设与完善我国工程教育认证体系;建设基于国家创新体系的工程教育支撑环境。五个分报告分别论述了我国工程教育的发展态势和需求、系统设计、教学改革、国家支撑体系,以及与欧美工程教育的比较和展望。

7. "创新型工程科技人才培养研究"

针对目前我国工程科技人才培养面临的诸多问题,2006 年中国工程院启动了"创新型工程科技人才培养研究"前期研究,并形成了初步研究报告。在此基础上,2007 年正式启动了"创新型工程科技人才培养研究"重大咨询专项,成立了由徐匡迪、朱高峰任顾问,潘云鹤、周济任组长的咨询项目组。项目组在中组部、教育部、人事部、财政部等部委的大力支持下,组织了工程院各工程技术领域(包括农、医在内)的 170 余位院士和近 300 位院外专家参加了项目的研究工作。根据研究需要,项目设 12 个专业领域研究课题组,并成立了综合组和项目办公室。经过近 2 年的研究,各课题完成了课题研究报告。在此基础上,项目综合组起草了项目综合报告,并经反复讨论和多次修改,2008 年 11 月形成了《走向创新——创新型工程科技人才培养研究项目综合报告》。报告认为,培养中国下一代的创新性工程科技人才需要同时兼顾其知识、能力、素质以及拼搏奉献精神的全面提升。培养一批高素质的创新性工程科技人才必须在知识(K)、能力(A)、素质(Q)和精神(S)四个层面作全面的努力。在此基础上,形成了适应我国国情与工程教育特点的创新型工程科技人才素质框架。2010 年,中国工程院与教育部联合组织开展工程科技人才培养研究资助工作。其中,教育部在人文社会科学基金中设置"工程科技人才培养研究"专项,资助高校及相关人员开展研究;工程院咨询经费中列专项资助院士开展研究。2010—2011 年,中国工程院度的工程科技人才咨询研究项目,将在《创新型工程科技人才培养研究》的基础上,配合教育部工程科技人才培养专项研究课题,根据我国国情和实际发展需要,集中选择若干关于创新型工程科技人才成长的重大问题深入展开研究。这份报告成为教育部推动工程教育重大改革的依据,出台了"卓越工程师培养计划"等一系列重要举措。

2006年,教育部科学技术委员会提出报告《面向创新型国家的工程教育改革研究》,针对我国工程教育发展状况与存在问题提出了顶层设计与建议。2007年初,中国科学院技术科学部和信息科学部又启动了"科学与工程教育创新"的研究项目,提出在创新型国家建设的背景下,科学与工程教育要融为一体进行协同创新,通过教育理念、内容和模式的改革实现高素质、创新型工程人才的培养。在此期间,教育部启动的多项高等教育改革的研究与实践计划,内容也涉及和包括了高等工程教育,如"高等教育面向21世纪教学内容和课程体系改革计划""世行贷款21世纪初高等理工科教育改革项目"等。

教学科研人员的研究

院校工程教育是工程教育的重要环节和阵地,加强和改革院校工程教育是推进工程教育改革的重要内容。一段时间以来,工程教育界广大教师、研究人员针对我国高等工程教育领域存在工程性与创新性问题开展了深入研究,发表了大量研究论文,推动了工程教育的理论发展和改革实践。

"工程性与创新性问题"这一词组的概括性较强,几乎可以涵盖工程教育领域存在的所有问题。而且,根据工程活动的特点,工程性在一定程度上包含了创新性。在可查的研究论文中,最早以"工程性"为题目的是陈启明(1998)的"实验教学要有层次并体现工程性",该论文针对的问题是当时工科教学内容不断更新,而实验教学的改革步子不大,仍然停留在小规模、低水平的缓慢进步甚至停滞状态等问题。[①] 王传忠提出了高等工程教育工程化的概念,建议工科院校将工程化作为提高教育质量的重要手段来应对院校本科毕业生工程素质不高的问题。[②] 根据论文内容,可以发现研究者们对于界定"工程性"与"工程化"作为概念所指的内容并不十分注重,而是直接研究工程性或工程化不足的问题。此后的研究也因循这种传统,直接列出工程教育中存在的问题并提出建议或对策,这里也将其视为工程性与创新性问题研究,如张维提出了

① 陈启明. 实验教学要有层次并体现工程性[J]. 实验技术与管理,1998(1):57-58.
② 王传忠,杨玉春,何秀兰,翟国治,张丽军. 工程化:高等工程教育的战略选择[J]. 沈阳工业大学学报,2001,S1:122-124.

关于给学生选择专业和学习的主动权、教授执教基础课、加强学生的实习、加强毕业设计专业实验课、完善课程设计增加学生应参与讨论和在社会上公开选聘教授等建议。① 刘祖润等着重强调高等工程实践教学改革必须以培养创新复合型人才为前提和依据，并对如何构建科学合理的实践教学体系、营造工程环境、培养高质量高素质的创新型人才进行了研究和探讨。② 当前工科院校创新教育存在诸如人才"基本功"不够扎实，"知识面仍显狭窄"，教材陈旧、教学方法单一，对学生缺乏创新意识和能力的培养，人文知识和人文精神存有缺陷等问题。对此，刘志明提出了努力拓宽学生基础知识、培养学生创新型学习方法、改革教学内容和方法、推进个性化课程体系、探索按大类培养的宽口径专业教育模式、注重学生在学期间的研究和训练、培养工程意识和综合能力、营造创新人才培养的氛围和环境、探索开放性人才培养模式等对策。③ 李永生提出加强对我国高等工程教育创新的研究，以高等工程教育的创新来推动我国经济的整体发展。④ 刘吉臻提出用集成化的思维组织课程内容和体系，用多维的路向创新课程模式。⑤ 柳宏志等认为，在工程教育领域，已经明显存在着"四化"现象，即一是"去工程化"（培养目标变成了培养科学家而非工程师），二是"学术化"（在培养过程上过于强调理论导向），三是"软化""虚化"，乃至"娱乐化"（过于强调通才和素质教育，而忽视了专业化教育），四是"边缘化"（盲目追求综合型大学而抛弃了办学特色）。⑥ 邹晓东对现有工程教育文献核心思想及创新建议进行汇总，他认为将工程教育按照科学教育模式来发展，工程教育严重缺乏实践性、综合性和创造性是最为突出的问题。⑦

国际工程教育的发展

工程科技人才承担着推动科技进步、实现产业发展的重要使命，是科技创

① 张维. 改革工程教育、培养创新能力的几点想法[J]. 高等工程教育研究,2001(4):1-4.
② 刘祖润,聂荣华,吴亮红. 高等工程教育实践教学体系的改革[J]. 实验室研究与探索,2003(2):4-7.
③ 刘志明. 高等工程教育培养创新型人才的思考[J]. 中国高教研究,2003(9):11-14.
④ 李永生. 我国高等工程教育创新研究[D].大连:大连理工大学,2006.
⑤ 刘吉臻. 工程教育课程改革的思维转向:工程化的视角[J]. 高等工程教育研究,2006(4):42-45.
⑥ 柳宏志,孔寒冰,邹晓东. 综合就是创造——综合工程教育模式的探索[J]. 高等工程教育研究,2008(6):13-18.
⑦ 邹晓东. 科学与工程教育创新——战略、模式与对策[M]. 科学出版社,2010:220.

新能力建设、经济建设、国防建设的基础支撑力量,是国家核心竞争力的关键要素。当今时代,谁能够培养和造就一支强大的工程科技人才队伍,谁就能够在激烈的国际竞争中掌握战略主动、赢得发展先机。美国正是通过"曼哈顿原子弹工程""阿波罗登月计划""信息高速公路计划"等重大科学与工程培养和造就了一大批科技人才,从而成为世界最强的大国的。[①]

"在 21 世纪,工程将在改造自我和生活质量方面受到前所未有的挑战,而工程教育将处于努力迎接这些挑战的前沿。"[②]这已经成为美国政府、工业界、教育界的共识。在全球化和经济一体化的新态势下,为了加速美国工程教育改革,培养 21 世纪合格的工程师,美国高等工程教育界在 21 世纪初即提出对工程教育进行转型,开始引领对工程教育进行严谨的研究,力图打造美国的工程教育学科。此次工程教育改革,不是简单的推陈出新,而是在对美国高等工程教育以往的得失进行反思之后,为了应对 21 世纪美国工业界和高等工程教育界对工程师提出新的要求的变化,美国工程教育界酝酿许久而爆发的对工程教育新范式的构建。[③]

1. 从"回归工程"到 2020 培养计划

1994 年,美国工程教育学会发表了《面向变化世界的工程教育》(*Engineering Education for a Changing World*)一文;同年,麻省理工学院(MIT)工学院院长乔尔·莫西斯提出了该院名为《大工程观与工程集成教育》的长期规划:大工程观主要针对的是高等工程教育领域中的两大问题,一个是工程科学化,即把工程教育做成了研究型和学科型的教育;一个是工程技术化,即把工程看作技术,忽视了整体性和系统性。1995 年,美国国家科学基金会发表了《重建工程教育:集中于变革——NSF 工程教育专题研讨会报告》。这一系列的报告集中体现了一种思想,那就是:面对不断变化的当今世界,工程教育以改革做出回应。而且,这种改革的重点并不在行为上,而是从理念出发。也就是说,工程教育的改革方向是要使现在的建立在学科基础上的工程教育回归工程的本来面貌,更加重视工程实际以及工程本身的系统性和完整性。这种思想也被研究者称为"大工程观"。用乔尔·莫西斯的话说,"大工程观的术

① 邹晓东. 科学与工程教育创新——战略、模式与对策[M]. 科学出版社,2010:3.
② 清华大学教务处. 面向 21 世纪的美国工程教育[M]. 清华大学出版社,1996:22.
③ 邹晓东. 科学与工程教育创新——战略、模式与对策[M]. 科学出版社,2010:57.

语是为工程实际服务的工程教育的一种回归,而与研究导向的工程科学观相对立"①。与大工程观的理念一致,美国工程与技术认证委员会(ABET)提出了面向 21 世纪的新型工程人才的评估标准,其中包括自然科学知识,但更多地强调人才的实践能力、综合能力、交流能力等多方面的能力。由此看出,工程不是一种简单的活动或过程,工程人才也不是单一标准能够评判的。工程人才所需具备的能力远比科学教育和技术教育的人才所具备的能力要复杂得多。人们已经发现用科学和技术的教育方式来培养工程人才有很大的不适应性,开始探索什么是工程的教育方式,并力求以工程的方式来培养工程人才。

世界各国都在进步,美国在技术上的霸权地位日渐消退。"回归工程"的口号正是在美国要重新夺回技术创新优先权的背景下提出的。"回归工程运动"的核心内容就是要改革美国工程教育体系过度科学化的现状,"重构工程教育","要使建立在学科基础上的工程教育回归其本来的含义,更加重视工程实际以及工程教育本身的系统性和完整性"。这种"回归"不是对传统工程教育的简单重复,也不是简单改变现有的一些做法,而是把对工程进行深入思考与工程教育服务于工程实际需求两者有机结合起来。这种回归乃是否定之否定,是更高意义上的回归,是学科的综合和方法的综合,也就是说,现代工程与工程教育应当集众多学科、众多方法之大成,在工程实践中对最新科技成果加以吸收、改造、优化,形成综合的创新优势,而不是回到刀耕火种的时代。②

"大工程观"将科学、技术、非技术要素融为一体,形成完整的工程活动系统,更加重视工程的系统性和完整性。此外,"大工程观"注重工程技术本身的同时,把非技术因素如沟通能力、协调能力、管理能力、创新能力等作为内生因素加以整合,引入工程活动,重视对整个工程系统的研究,不仅强调工程的专业属性,而且注重工程的社会属性。将大工程观引入高等工程教育领域,就是要以工程系统性和整体性为整个高等工程教育的基础观念和出发点。工程教育不仅应该让学生学习工程科学的知识和理论,还应该"让学生接触到大规模的复杂系统的分析和管理,这不仅是指对有关技术学科知识的整合,而且包括

① 国家教委工程教育赴美考察团. 回归工程·多样化·宏观管理[J]. 中国高教研究,1996(1).
② 赵婷婷,雷庆. 课程综合化:中国高等工程教育改革亟待解决的问题[J]. 高等工程教育研究,2005(2).

对更大范围内经济、社会政治和技术系统日益增进的了解"。①"大工程观"的
本质是具有实践性、整合性、创新性的,从工程的角度出发的教育理念体系。
简而言之,以往的工程教育是以科学的方式或以技术的方式进行,大工程观就
是要求工程教育应该更加重视工程的系统性及其实践特征,以工程的方式进
行工程教育。

美国过去十几年来的工程教育改革虽然取得了一定成效,但大都在较小
范围进行,并未带来一些能在工程教育整体范围内起作用的制度化的、系统性
的变革。成功经验并没有得到大范围的推广。而且,工程与工程教育的差距
正在扩大,工程教育更倾向于学校教育,而工程实践的需求并未得到满足,两
者逐渐脱节。接受了高等工程教育的人才进入企业,并不能够满足雇主的需
要。因此,2001 年 10 月,美国国家工程院(NAE)和美国国家科学基金会
(NSF)共同发起了"2020 工程师"计划。这一计划的目标在于"加大工程教育
改革的力度,造就适应 2020 年需要的工程人才,进而巩固与提升美国在全球
竞争中的优势地位"。早在 20 世纪 90 年代,美国就连续发表过几份非常有影
响力的报告,这些报告不断将跨世纪的工程教育推向高潮。进入 21 世纪以
来,在国际竞争日趋激烈的新形势下,如何进一步推进工程教育的变革,成为
美国保持在工程和工程教育界领先地位的法宝。"2020 工程师"计划历时三
年多,两份正式报告也都已出炉,在美国乃至全球工程和工程教育界引起了热
烈反响。第一份报告是于 2004 年年底发表的《2020 的工程师:新世纪工程的
愿景》,第二份报告是于 2005 年夏发表的《培养 2020 的工程师:为新世纪变革
工程教育》。② 其中提到了工程师职业的支持率和社会声望等方面问题,为我
们进行工程教育改革提供了全新的视角。

2. 工程教育再造

20 世纪末到 21 世纪初,世界政治经济产生巨大变革,知识技术领域不断
有重大突破,信息社会的客观进程不断加大,各类活动的复杂程度也随之加剧。
在这种大环境下,工程所要实现的目标与以往相比更为艰巨。工程能否实现既
定的目标,往往成为国家在经济、科学、技术等方面实力的外在表现。因此,工程

---

① 国家教委工程教育赴美考察团."回归工程"和美国高等工程教育[J]. 中国高教研究,
1996(3).

② 邹晓东. 科学与工程教育创新——战略、模式与对策[M]. 科学出版社,2010:45.

面临着来自各方面的巨大压力。作为工程的适应性系统,工程所面临的各种压力也传递到了工程教育中,并在世界范围内掀起了一股工程教育再造的浪潮。① 每一阶段的发展都会有一个特定的结构,有研究者认为发达国家的工程教育再造普遍经历了"技术范式""科学范式"和"工程范式"的转变过程。②

从范式演变的视角理解工程教育再造,它是指在工程教育由"科学范式"向"工程范式"的转变过程中,对工程教育采取系统化的探索与改革,使其发展为目标模式的活动。我们的理解则集中在工程教育的教学内容、教学形式、教学人员等方面,无一不与普通的科学教育有所不同。工程教育再造的研究者认为,工程教育再造区别于工程教育改革与发展,主要是其系统性和阶段性。工程教育再造是工程教育给个与发展的中的一种,但它不同于以往的工程教育改革与发展,它是一种系统性的改革。可以说,工程教育改革与发展贯穿于工程教育三种"范式"发展的全过程,包括了局部性小范围的改革,而工程教育再造主要针对"范式"的转变阶段,强调系统性、全局性和阶段性。③

随着"知识经济"的兴起,以工业经济为背景的工程教育的再造已成为当代高教改革的重中之重,各国工程教育纷纷进行流程"重组(Re-engineering)":MIT 首树工程教育"回归工程"大旗,欧洲进一步加强了工程教育向工业界的倾斜,深受苏式"专业化"模式影响的中国则以"强化实践"回应着国际工程教育界的这一改革潮流。④ 其中,欧盟借助"苏格拉底计划"构建并实施了一系列由欧盟委员会资助的"主题网络"项目来加强欧洲工程教育的改革和发展。已完成的项目有"欧洲高等工程教育"(Higher Engineering Education in Europe,H3E),"加强欧洲工程教育"(Enhancing Engineering Education in Europe,E4),"欧洲工程的教学与研究"(Teaching and Research in Engineering in Europe,TREE)。这三个项目对欧洲工程教育改革与发展产生了重要而深远的影响,被视为欧洲工程教育再造的三部曲。⑤ 作为老牌工业国家,英国也提出了"培养 21 世纪的工程师"计划。

从 2000 年起,麻省理工学院和瑞典皇家工学院等四所大学组成的跨国研究获得 Knut and Alice Wallenberg 基金会近 2000 万美元巨额资助,经过四年的

---

① 李晓强. 工程教育再造的机理与路径研究[D]. 杭州:浙江大学,2008.
② 李晓强. 工程教育再造的机理与路径研究[D]. 杭州:浙江大学,2008.
③ 李晓强. 工程教育再造的机理与路径研究[D]. 杭州:浙江大学,2008.
④ 吴启迪,章仁彪. "全球化"与中国工程教育发展战略[J]. 高等工程教育研究,2000(4).
⑤ 陈乐,王沛民,课程重建:欧洲工程教育改革的启示[J]. 高等工程教育研究,2006(5).

探索研究,创立了 CDIO 工程教育理念,并成立了以 CDIO 命名的国际合作组织。CDIO 的理念不仅继承和发展了欧美二十多年来工程教育改革的理念,更重要的是系统地提出了具有可操作性的能力培养、全面实施以及检验测评的12 条标准。CDIO 代表构思(Conceive)、设计(Design)、实现(Implement)和运作(Operate),它以产品研发到产品运行的生命周期为载体,让学生以主动的、实践的、课程之间有机联系的方式学习工程。CDIO 培养大纲将工程毕业生的能力分为工程基础知识、个人能力、人际团队能力和工程系统能力四个层面,大纲要求以综合的培养方式使学生在这四个层面达到预定目标。瑞典国家高教署(Swedish National Agency for Higher Education)2005 年采用这 12 条标准对本国 100 个工程学位计划进行评估,结果表明,新标准比原标准适应面更宽,更利于提高质量,尤为重要的是新标准为工程教育的系统化发展提供了基础。迄今为止,已有几十所世界著名大学加入了 CDIO 组织,其机械系和航空航天系全面采用 CDIO 工程教育理念和教学大纲,取得了良好效果,按 CDIO 模式培养的学生深受社会与企业欢迎。

在大学阶段的工程人才培养上,一般认为主要有两种模式,美国工程教育主要是让学生打好基础科学和技术科学理论基础,专业知识和技术由企业培训,即所谓"毛坯工程师";德国和法国工程教育则实行"文凭工程师"制度,工程教育和职业资格紧密联系在一起,学生在学期间学科学理论,也学专业知识和技术,重视设计和生产实习,毕业后到企业继续培训。我国工程教育以四年学制为主,加上实践环节也有限制,我国工程教育界提出的培养目标是工程师的毛坯。在此基础上,培养什么样的工程师是长久以来工程教育研究者持续讨论的问题。

3. 国际工程教育认证

随着现代科学技术的飞速发展,世界各国之间的交流越来越频繁,技术流动、劳动力流动逐渐加大,人们逐渐不再满足于仅仅在自己国家接受工程教育,也不再满足于仅在自己国家从事工程开发工作,这就迫切需要工程教育及工程认证国际化,让自己的工程教育能够得到其他国家的认可,让自己的工程师资质也得到其他国家的认可。在这种全球化背景的驱动下,一些发达国家或地区成立了"国际工程联盟"(IEA)民间组织,并形成两年一次的"国际工程会议"(IEM),该组织主要对工程教育和工程师资质的认定。IEA 包括六个国际协定:华盛顿协议(WA)、悉尼协议(SA)、都柏林协议(DA)、亚太工程师协议(APEC Engineering agreement)、工程师流动协议(EMF)及工程技术人员流动协议（ETMF）。其中，华盛顿协议（WA）、悉尼协议（SA）、都柏林协议（DA）是关于高等工程教育学位（学历）互认的协定，亚太工程师协议（APEC Engineering agreement）、工程师流动协议（EMF）及工程技术人员流动协议（ETMF）是工程师专业资格互认的协议。目前，我国正处在加入《华盛顿协议》的进程中。

五、本书的研究方法与技术路线

研究方法

院校工程教育的工程性与创新性问题研究是一项综合性的研究。根据可获得调研资料的内容，这里选取内容分析法、比较研究法和案例研究法作为主要研究方法。

1. 内容分析法

内容分析法（Content Analysis）是按照一定的规则，将传播媒体的内容系统地分配到各个类目中，并使用统计工具对包含在这些类目中的关系进行分析，[1]是一种主要以各种文献为研究对象的研究方法，起源于社会科学借用自然科学研究的方法，进行历史文献内容的量化分析。具体为运用统计学方法对类目和分析单元出现的频数进行计量，用数字或图表的方式表述内容分析的结果。

本书采用这种方法分析我国不同类型高校在工程教育的工程性与创新性方面的表现和基本特点。目前，我国工程教育专业认证范围没有完全覆盖国内高校工程专业，入围专业虽然有一定的筛选性质，但是也可以作为非随机抽样，用材料（专业自评报告）的可获得性作为抽样的标准，仍具有一定的代表性。由于院校工科专业的培养目标一般表现为内容相对稳定的文字描述，所以内容分析法对于这一类研究较为适用。

在高等工程教育研究领域，使用内容分析法对培养目标进行分析的研究并不鲜见。比较有代表性的有雷庆（2007）等在"高等工程教育专业培养目标分析"中对不同类型高校工科的本科或高职专业培养目标进行比较，结论为高校工科本科专业培养目标具有趋同性，并存在缺乏科学性、规范性和可操作性等问题，并就此提出解决对策。[2]趋同性的问题在院校工科专业培养目标中表

① [美]里夫,赖斯,菲克著. 嵇美云译. 内容分析法——媒介信息量化研究技巧(第二版)[M]. 北京:清华大学出版社,2010.
② 雷庆,赵图. 高等工程教育专业培养目标分析[J]. 高等教育研究,2007:7-15.

现也较为明显,这里并不以此为侧重点进行深入讨论。赵婷婷(2007)等在"基于内容分析法的美国高等工程教育专业培养目标研究"中从知识、技能、素质三个陪读构建专业培养目标体系,对美国各类大学的工程专业培养目标进行研究,总结了工程领导型、工程应用型、工程职业技术型人才的培养目标特点。① 就以上两篇论文的研究来看,内容分析法对培养目标的分析具有较强的可行性。以工程性与创新性为切入点,采用内容分析法对院校工科专业培养目标进行分析,在样本选择上与先前研究并无重合,内容也不失新意。

2. 比较研究法

比较研究法就是对物与物之间和人与人之间的相似性或相异程度的研究与判断的方法。比较研究法在教育研究中广泛运用而且具有极高的价值。以往的高等工程教育研究更多地将其作为一个整体,讨论高等工程教育中存在的各类问题。这种研究可以从宏观上认识和把握事物的情况,但无法了解得更具体。本书从微观上把握研究对象的情况,对专业的工程性与创新性进行单项比较,从总体上比较不同类型高校、各类专业在工程性与创新性上的差异。具体而言,又分为培养目标、课程体系、实践环节、毕业产出、校企合作等方面的比较。通过这种比较,更能够发现各专业大类之间、专业类别内部各专业点之间在工程性与创新性之间的差别。

3. 案例研究法

案例研究是探索难以从所处情境分离出来的现象时采用的研究方法。② 通过对某一院校单个专业的工程教育情况进行调查、了解、收集全面的资料,从而研究其在工程性和创新性方面的特色做法,并在此基础上进行深入分析,整理出能反映该校工程教育特点和问题的详细内容。虽然展现了不止一个案例,但是案例之间没有联系和解释性,仍然属于多个单案例研究。在案例的选择和筛选上,研究目标被设定为解决研究问题——院校工程教育工程性与创新性问题,选择一些已经对问题解决有特色做法和既定经验的专业,说明可以

---

① 赵婷婷,赵因. 基于内容分析法的美国高等工程教育专业培养目标研究[J]. 大学(研究与评价),2007:23-31.

② [美]罗伯特·K.殷著. 周海涛等译. 案例研究方法的应用[M]. 重庆:重庆大学出版社,2009:11.

采用何种方法解决工程性与创新性不足的问题。

技术路线

以上的研究一部分是针对工程教育的改革,一部分是针对创新型工程科技人才培养,如何把两者相结合,在教育部实施"卓越工程师教育培养计划"的其中一个重要的特点就是强化培养学生的工程能力和创新能力。

为此,在已有研究基础上进行更有针对性的课题研究具有很强的理论和现实意义。之前的报告主要是教育部和一些科研院所所做的较为宏观和战略层面的工程教育和创新工程科技人才培养,而本书提出如图1-4所示的研究框架,主要从高校角度,研究院校工程教育的工程性和创新性,其主要的不同点在于研究的主体、研究经验、研究方法和理论等方面的优势,以及研究内容和创新点的不同。

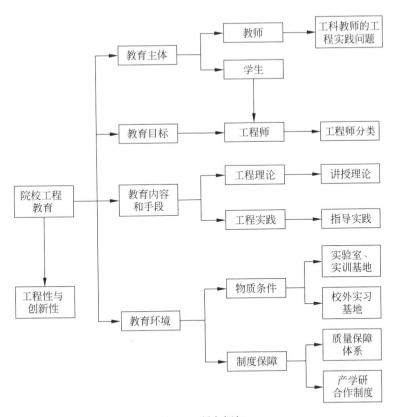

图 1-4　研究框架

第二章 工程与工程教育

一、工程、科学、技术、创新

"工程"是"工程教育"的核心要素内容,要确定工程教育的内涵,首先要对工程的内涵进行界定和分析。

工程是一个领域或学科、一门职业、一个专业和一门艺术,它涉及理解、发展、发明、创造和使用与有特殊目的的材料、机械、结构、系统和工艺有关的技术、科学和数学知识的发展、获取和应用。人类处于工程化的经济、社会与技术文化中。人类的兴趣、活动与探索所涉及的各个领域,几乎都与工程的一个分支有联系。① 工程是一种古老的文明活动。早在埃及新王朝(公元前1750—1100年)的手稿中,就有关于工程师的记载。工程一词一般认为源自拉丁文。据考证,工程(engineering)、工程师(engineer)、创造性(ingenuity)和发动机(engine)几个词同出一源,即拉丁词 ingenium,意为天赋、能力或发明。又说,工程师源自拉丁词 ingeniatorem,意指巧妙的设计者。由于早期工程大都是军事工程,所以许多历史学家认为公元 200 年左右发明或操纵"攻城槌"(ingenium)的"巧匠"(ingeniator)是工程师一词的来源(Hicks,1977)。

中国战国时期的《考工记》中说,"知者造物,巧者述之,守之,也谓之工"。"知"通"智",聪明、智慧之意,"造物"即发明,"工"负责发明的应用,并将其经验、技巧传给后代。从现代眼光来看,"知者""巧者"都属于工程人才,因为发明、设计、建造都是工程活动的一部分。在中国,"工程"范畴出现很早,早在《新唐书·魏知古传》中就有"会造金仙、玉真观,虽盛夏,工程严促"的记载,

———————————
① 世界工程组织联合会,国际工程技术科学院理事会,国际咨询工程师联合会编;王孙禹,雷环,张志辉译. 工程:发展的问题、挑战和机遇[M]. 北京:中央编译出版社,2012:1.

这里的工程指一般工作。《元史·韩性传》中，"所著有读书工程，国子监以颁示郡邑校官，为学者式"，此当指某种程式。在《红楼梦》中有"园内工程，俱以告竣"，此指与建筑、装修有关的工事。可见，"工程"在中国传统生产发展史上主要系指土木设计、建筑、施工等，也可泛指一切工作、工事以及有关程式。"万里长城""京杭运河""紫禁城""都江堰"等都是显示我国古老文明的大型工程。

从对中西"工程"一词的词源分析来看，创造、发明、设计和建造是工程的最古老的含义。下面我们再来分析现代工程的含义。现代的工程直接来源于近代工业革命的兴起和工程专业的出现。据称，土木工程作为一种专门职业最早出现在 1760 年左右的英格兰。1828 年，英国土木工程师协会的成立，无疑标志着土木工程已经成为一种专业了。法国哲学家孔德在《实证哲学讲义》中也提到，"严格字义上的科学家和实际生产管理者之间，如今正在开始出现一个工程师的中间阶级，它的具体功能是将理论和实际联系起来"。

工程专业的出现要求对工程和工程师进行严格界定。1828 年，英国土木工程师协会章程最初正式把工程定义为"利用丰富的自然资源为人类造福的艺术"(Mayne, 1982)。这个定义包含了三层意思：(1)利用自然资源；(2)为人类造福；(3)如此这般的艺术。第三层意思实际上隐含了与自然现象有关的知识和技能。随着工程的不断发展，对工程的定义也不断明确详尽。1852 年，美国土木工程师协会章程将工程定义为，"把科学知识和经验知识应用于设计、制造或完成对人类有用的建设项目、机器和材料的艺术"。1963 年，ECPD[①] 又在工程定义中增加了第四层含义，即规定工程所需的知识和技能应该由"学习、研究和实践所获得"。

从工程的专业领域或物质对象看，历史上先后形成了土木工程、机械工程、电气工程、化学工程以及工业工程等。从工程的结果看，工程指的是具体的建设项目或工程产品和服务。从工程的手段看，工程主要表现为技术，运用技术的原理、概念和方法，使之与物质手段相结合，实现自然人工化。从工程的知识形态看，多指工程科学，包括关于技术的、设计的、生产的等系统的知识。

我们对现代对"工程"的各种定义加以综合，可见"工程"的内涵大致可以分为广义和狭义两种含义。工程的狭义内涵一般是指一个具体的建设项目、一项工作或一项计划，如"三峡水电工程""希望工程""211 工程"等。工程的

---

① 美国工程师职业发展学会 Engineers Council for Professional Development，简称 ECPD.

广义内涵一般是指人们应用科学的原理和技术的手段,改造客观世界的实践活动,工程同时具有学科和技术的含义。

表 2-1 工程的定义列举

出处	定义
中国百科大辞典	①自然科学原理应用到工农业生产部门中而形成的各学科的总称。是劳动人民在生产实践中的经验总结,通过生产实践不断提高和发展。其目的在于利用和改造自然来为人类服务。如机械工程、土木工程、生物工程和医学工程等。②指具体的基本建设项目。如南京长江大桥工程、葛洲坝水利工程和宝钢工程等
中国大百科全书(自动控制与系统工程卷)	应用科学知识使自然资源最佳地为人类服务的专门技术。有时也指具体的科研或建设项目(如都江堰、曼哈顿工程等)。英语中工程一词的词根 engine 源于拉丁文 ingenerare(意为"创造"),而英语中 engine 这一动词的最初含义是"发明、设计"
哲学知识全书	①将科学知识应用于工农业生产过程而形成的各学科的总称,如土木工程、水利工程、冶金工程、机电工程、化学工程等,其目的在于利用和改造自然为人类服务。随着现代科学技术的日益综合发展,工程的概念、手段和方法已渗透到现代化科学技术和社会生活的各个方面,形成了诸如生物遗传工程、医学工程、教育工程等新兴工程学科。这些学科研究的基本内容大致有:对于工程的勘探、设计、施工,原材料的选择研究,设备、产品的设计制造,工艺和施工方法的研究等。②泛指一般用比较大而复杂的设备来进行的工作,如构筑工事、架桥、筑路、采矿等。③指某一项具体的基本建设项目,如南京长江大桥工程、成昆铁路工程、葛洲坝水利建设工程等
加拿大百科全书	将自然科学的原理应用到工农业生产部门中去而形成的各学科的总称。现代工程专业包括设计、营造、生产机器装置及系统、建筑物等。18—19 世纪,技术的飞速发展使得新的专门工程领域不断出现。多数新领域都与一个或一个以上的主要分支有关,包括农业工程、商业工程、民用工程、电子工程、机械工程、矿产工程等。生物工程是一个新兴领域,包括生态系统的运用和控制,要通过环境工程学、生化工程学、医疗工程学等学科中工程学方法的应用而进行

资料来源:中国百科大辞典编委会编;袁世全,冯涛主编:《中国百科大辞典》,北京:华夏出版社,1990 年,第 1142 页。《中国大百科全书》(自动控制与系统工程卷)。张永谦主编:《哲学知识全书》兰州:甘肃人民出版社,1989 年,第 727 页。蓝仁哲、廖七一、冯光荣等主编:《加拿大百科全书》,成都:四川辞书出版社,1998 年,第 181 页。

　　总之,由于工程范围领域不断扩大,工程手段日益丰富更新,工程的定义也随之不断演进,但其显著的根本的实践性始终未变。为了使人类生活得更好而进行的创造、发明、设计和建造仍是现代工程的基本含义。

　　"工程教育"中的"工程"显然使用的是工程的广义含义,即工程是指人类运用科学知识来改造自然的技术和方法,工程的目的是为人类服务。正如美国工程师发展协会(The Engineers Council for Professional Development,简称ECPD)对工程的定义中指出:工程是一种职业,它利用通过学习、经验、实践所获得的自然科学知识,来寻求经济地利用物质和自然力量的方法,以造福人类。

　　工程与自然科学、社会与人文科学相联系,与技术息息相关,见图 2-1。

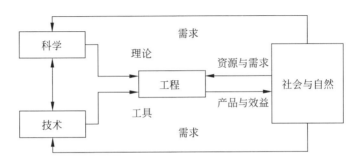

图 2-1　科学、技术与工程的关系①

　　"科学"在中国古汉语中意为"科举之学"。在欧洲语言中来源于拉丁文"scientia",意为"知识""学问"。明治时代日本启蒙思想家西周使用"科学"作为"science"的译词。1893 年康有为引进并使用"科学"之后,"科学"二字便在中国广泛运用。《辞海》1999 年版将科学定义为"运用范畴、定理、定律等思维形式反映现实世界各种现象的本质和规律的知识体系"②。

　　技术是关于劳动工具的规则(制作方式与使用方法)体系,其目的在于提高劳动工具的效率性、目的性与持久性。对于技术,其也可理解为是人在改造自然、改造社会,以及改造自我的过程中所用到的一切手段、方法的总和。工

　　①　世界工程组织联合会,国际工程技术科学院理事会,国际咨询工程师联合会编;王孙禺,雷环,张志辉译. 工程:发展的问题、挑战和机遇[M]. 北京:中央编译出版社,2012:3.
　　②　辞海编辑委员会,辞海(1999 年版普及本)[M]. 上海:上海辞书出版社,1999:4953.

程和技术联系紧密,但也存在明显区别,工程往往是诸多技术的集成,这种集成不是简单相加,而是系统集成。①

创新是指人们为了发展的需要,运用已知的信息,不断突破常规,发现或产生某种新颖、独特的有社会价值或个人价值的新事物、新思想的活动。工程创新与其他创新不同,它是一种集成性创新,往往体现在两个层次上:第一个层次是技术层次,工程创新活动需要对多个学科、多种技术在更大的时空尺度上队各类资源要素进行选择、组织和集成优化;第二个层次是技术要素和经济、社会、管理等基本要素在一定边界条件下的优化集成。②

二、工程的发展历史

众所周知,劳动把人从动物界中提升出来,并成为人与动物相区别的根本标志。劳动始于制造工具,从人类开始制造劳动工具、在自然界刻上人工印记起,工程就随同人类出现了。工程是在人类利用自然和改造自然的实践中产生,并随实践的发展而演进的。所以,工程史和人类文明史一样久远。

工程发展是连续性和阶段性相统一的过程。根据工程的规模、复杂性及工程技术中的知识含量,工程发展可分为古代工程、近代工程和现代工程这三个既有联系又有区别的阶段。如以历史上主导技术及其技术群的更替为界标,工程发展即可划分为与古代技术、近代技术和现代技术相应的三个阶段,见图2-2。下面我们简要描述各阶段工程发展的时代特征及演进脉络,为工程教育的历史考察提供必要的背景。

1. 古代工程

人类诞生之初,以采集、狩猎为生。工具的发明、改进和革新十分缓慢。从削制木棒、磨制石器,经由制造木石复合工具,到摩擦生火、烧制陶器和制作弓箭,人类经历了300万年的旧石器时代。之后,人类学会了播种收获、饲养动物,从而开始建房、筑路、挖渠、造桥。农业生产推动着农具的改进和省力工具的发明,辘轳、磨盘、独木舟、帆、车轮等相继问世。但是,在历史发展的最初

---

① 殷瑞钰等. 工程哲学[M]. 北京:高等教育出版社,2007:81.
② 殷瑞钰等. 工程哲学[M]. 北京:高等教育出版社,2007:21.

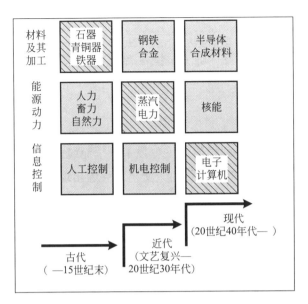

图 2-2　工程发展的历史阶段①

阶段,工程活动与生产活动交织在一起,技术交流贫乏,史前史的工程原始简单、发展缓慢。

工程上的重大发展使原始时代的工程过渡到古代工程。公元前三四千年左右,陆续出现了中国、埃及、巴比伦、印度等几大文明区。它们在制陶技术的基础上,发明了冶铜技术,冶金、铸造、制革、制陶、榨油、酿酒等手工业陆续兴起,农业和手工业开始分工。这种分工造就了一批工匠,工匠作为一个独立的社会职业,承担起古代技术发明和应用的职责,成为古代工程发展的基本力量。

古代工程与原始时代的工程相比,其一是工程发展的速度加快了。原有的技术基础日渐雄厚,在此基础上综合的技术创造促使不同技术之间相互联系,开启了技术体系化的进程,如以农业为中心的包括水利灌溉、农具制造、气象、种子选育和植物栽培的技术体系逐渐形成。其二是工程的目的扩大了。古代工程除了满足人的基本生活需要外,开始考虑人的精神和美感需要。从古代的宫廷建筑、教堂和装饰品中,可以看出宗教、文化、艺术对工程的渗透和影响。

---

① 王沛民,顾建民,刘伟民. 工程教育基础:工程教育理念和实践的研究[M]. 杭州:浙江大学出版社,1994:33.

古代工程虽取得巨大进展,但总体上还未发育成型。古代工程主要建立在工匠代代相传的经验上,工程活动多为手工作业;工匠技术具有保守性、封闭性特征;工匠往往既是设计师又是操作者,专业活动尚未分化;技术发明的应用有很大局限性,等等。

2. 近代工程

15世纪以后,中国和阿拉伯的工程技术持续而缓慢地发展。欧洲国家在宗教和封建统治了一千多年之后,由于文艺复兴的出现和资本主义的萌芽,始自中世纪后期的早期工商业活动异常活跃,由此开始了近代工程的进程。

18世纪,纺织机的革新和蒸汽机的发明和应用,揭开了工业革命的序幕,开创了近代工程的新时代,见图2-3。近代工程是在继承古代工程的基础上发展起来的,但有着不同于古代工程的时代特征。其一,工业技术体系初步形成,技术革新呈现连续状态。纺织品市场的扩大刺激了纺织技术的机械化,机械加工技术的发展又提出了新的动力能源需求。炼铁及技术的发展产生了煤矿开采技术的需要。煤矿开采深度的增加带来了矿井排水问题,从而推动了蒸汽机的发明和应用。蒸汽机的热效率低、安全性差、用途有限的缺点不能适应工业技术体系的迅速发展,内燃机的问世克服了蒸汽机的一些局限,推进了交通运输技术的发展,汽车和飞机陆续诞生。生产的高度发展需要有更为强大和廉价的动力,导致了电力工程的出现,使近代工程的发展进入了一个新阶段。电力工程在通信中的应用,彻底改变了动力的应用,引起信息传输技术的革命,电报、电话、广播和电视等通信设备相继进入人类的生活。

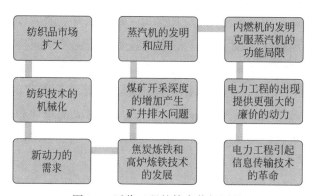

图2-3 近代工程的技术革新历程

其二,在工匠中逐渐分化出工程师阶层。在机器大工业时代,仅靠工匠个人的经验和技能已经不够了。随着工程的专业化发展和技术的进步,18世纪时,逐渐形成了一个新的职业阶层——工程师。由此工匠主要从事实际操作的工作,工程师主要负责构思、设计、组织生产和生产标准化工作。

其三,人类利用和改造自然的范围迅速扩大。工程活动突破了有机界,从木炭炼铁到焦炭炼铁,使木材短缺不再成为炼铁技术发展的障碍;各种合成染料、合成纤维和酸碱的问世,也打破了棉花、草木灰等生物资源的限制。

其四,近代工程技术具有革新性和开放性的特征。在商品经济的竞争和创造利润的动机推动下,在市场不断拓展的背景下,近代工程的技术革新成为了常态。工程学科的逐渐形成,也使持续的技术革新成为可能。

其五,工程学科陆续出现。古代关于工程技术的著作大都记述生产过程和工匠经验,缺乏理论阐述,如希腊时期的《测量学》、罗马时期的《机械学》、中国战国时期的《考工记》等。步入近代,在资本主义生产方式的激励下,人类对自然的认识和改造自然的技术活动开始形成互动关系,推动了工程从主要依赖工匠个人手艺和经验的技艺,发展成为工程学科。在19世纪相继出现了军事工程学、土木工程学、矿冶工程学、电机工程学、化学工程学等。

3. 现代工程

自20世纪中期以来,现代工程在目的和观念、理论和实践、领域和方法等各方面都取得了巨大进展。据估计,20世纪60年代以来科技上的新发现和新发明比过去2000年的总和还要多。

现代工程已经不仅是经验的产物,而且是科学物化的结果。科学对于技术发展的先导作用增强了。工程学科在高度分化的同时,交叉综合趋势增强,形成了一批新兴工程领域,例如在物理、化学和生物学的互相渗透影响下诞生了分子生物学和生物工程,在自然科学与社会科学的相互渗透下出现了系统论、控制论、信息论等高度综合性学科,从而诞生了系统工程。另外,还形成了流体力学、固体力学、计算机科学等工程基础科学,成为沟通基础科学和工程技术的桥梁。

现代技术尤其是高新技术的发展水平已经成为国家综合国力的标志,现代工程不仅服务于经济发展,还服务于国家战略和国际竞争。例如,雷达、火箭、原子弹、电子计算机等技术就是在第二次世界大战中诞生的。许多国家投入巨大的资源发展高新技术,政府、国营和私营公司都开始参与高新技术的发展。从理论研究到开发再到制成产品的进程不断加快,从军事技术转化为民用技术的时间大大缩短。工程技术在社会上普遍赢得尊重,基本上改变了工匠的低下地位。工程师个人的创造发明逐渐转变为不同领域工程师和科学家集体协作的成果。

现代科技的飞速发展同时带来了一系列的社会问题,如生态环境和资源能源问题、高技术带来的犯罪和伦理问题等。现代工程面临的制约因素和挑战日益增多,对工程师的综合素质的要求也明显提高了。

三、工程教育

工程教育是传授工程专业实践的基本知识和原则的活动,工程教育是以技术科学为主要学科基础,以培养能将科学技术转化为生产力的工程师为目标的专门教育。[①] 简单地说,工程教育就是以培养各级工程技术人才和工程管理人才为目标的专业教育。它包括工程师的起初教育、提高教育和专业化教育等。工程教育作为教育的一个类别(科类),广义而言,是指培养工程人才的社会活动;狭义而言,是指培养工程人才的学校教育。或者说,工程教育是根据一定社会要求和受教育者身心发展规律,由工程教育者有目的的、有计划、有组织地对受教育者身心施加全面系统影响以达到预期目的的社会活动过程。

工程教育是工程和教育这两个系统和概念的结合,因此工程教育既具有一般教育的共性,又具有显著的工程特性。工程教育的根本特性来源于工程,因此工程教育具有实践性与复合性的特征。(1)实践性。工程的社会性决定了工程教育的实践性。工程是一种特定的社会实践活动,工程师是从事这种造福人类的实践活动的主体,因此以培养这种工程人才为目的的工程教育在本质上也必须具有实践性。(2)复合性。工程创新具有复杂、综合、交叉的特征,这意味着以培养创新人才为本的工程教育必然具有复合性,也就是说,工程教育应当培养具备复合性的知识背景和在工程创新实践中整合各种知识的能力的工程人才。

工程教育是现代教育的重要组成部分。几乎所有的大学都将兴办工程教育作为自己21世纪发展的一项战略选择;所有国家也无一例外地把工程视为

---

① 姜华. 关于工程教育人才培养的思考[J]. 湖北经济学院学报(人文社会科学版),2009(9):68.

自己国家的未来、把工程教育视为国家未来的科技和经济的基础,把理工科人才视为国家潜力得以发挥的保证、视为国家竞争力和国家创新能力的核心。

工程教育通常伴随着额外的检查和监督培训,要求学习者获得专业工程认证。[①] 必须强调的是,工程教育所培养出来的人才是工程师,而不是科学家,工程师的核心职责就是解决问题。因此,工程教育的人才培养定位必须明确这一点,应着重培育学生的工程师素质而不是科学家素质。

科学家的任务是如何认识,因而他可以选择自己感兴趣的课题;工程师的职责是如何实现,所以他必须解决面临的问题。工程问题应有最佳的解决方案,因此工程师要考虑多方面的因素,谋求最可靠、最经济的解决方法。许多工程问题还具有深远的社会影响。我们从科学与工程的比较中也可以看出工程师和科学家的显著区别。

工程教育是以工程科学为主要学科基础、以培养工程人才为目标的活动,强调实学、集成和创新原则。[②] 工程教育系统是工程系统的适应性系统。因此,工程系统所具有的特点,转移到工程教育系统中,内涵产生了变化,性质也从本质特点转变为应有特点。进入 21 世纪已有十多年,如何让工程教育进一步走出单一的技术教育和科学教育的阴影,完成本质独具的自我认知,承担新的更加重大的历史使命,需要工程教育的自身的转变。理论和实践都表明,现代工程需要一大批能综合应用现代科学理论和技术手段,懂经济、会管理、兼备人文精神和科学精神而不仅是具有科学技术知识的高素质的工程技术人才。因此,工程教育应在这一基础上开展,据此设定所培养人才的知识、能力和素质目标。

四、工程教育的发展历程

1. 工程教育的开端

1)艺徒制的兴起

艺徒制是 19 世纪以前工程教育的主要形式。在以个体手工业作为生产基础的漫长时代里,生产过程本身就是培养劳动者手艺技能的过程,无须借助

---

① Engineering education. From Wikipedia, the free encyclopedia[EB/OL]. http://en. wikipedia. org/wiki/Engineering_education,2013-04-05.

② 李晓强. 工程教育再造的机理与路径研究[D]. 杭州:浙江大学,2008.

学校教育来实现。

起初,艺徒制只限于父子相传,工匠只把自己的职业技艺传授给亲生儿子。随着家庭手工业规模的扩大,工匠仅靠儿子不能完成所有的工序,于是开始招收别人家的孩子为徒。中国西周时期,艺徒制已经包括父以传子和师以传徒两种形式。希腊罗马时代的艺徒制也相当普遍。

纪元后不久,由于罗马帝国的灭亡,日耳曼人南侵,推翻了希腊、罗马时期的城市文明,自给自足的经济再次占主导地位,西方古代艺徒制几乎湮灭。而同一时期,中国的艺徒制则随封建社会的发展而完善。据《新唐书·百官志》记载:"凡工匠以州县为团,五人为火,五火置长一人。"这种兼有教育和训练作用的产业组织,一方面推进了基于家庭手工业的艺徒制,另一方面却阻碍了手艺在更大范围内的传播,阻碍了生产技术的进步。

11世纪西方艺徒制的恢复是同手工业行会的出现紧密相关的[①]。起初,行会对业已存在的艺徒制只是承认,把师徒关系看作一种私人关系;后来逐渐改变了看法,转向对艺徒制的监督;到14世纪开始规定徒弟的义务、登记徒弟的姓名、编制师徒合同、巡视监督、组织考核等。行会的出现,使过去只作为私人之间关系的艺徒制具有了社会的性质,形成了严格意义上的艺徒制,见图2-4。艺徒制为中世纪造就了一批技艺高超的工匠和技师,为后世留下了雄伟壮丽的建筑和匠心独特的工艺品。

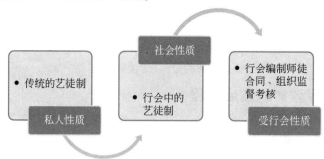

图2-4　严格意义上的艺徒制的形成过程

---

① 封建社会城市中同行的或手艺相近的手工业者的封建组织,其目的,主要是排斥外来的竞争和保持成员之间利益的均衡。行会控制着当地的市场,不参加行会的手工业者,不能从事该项手工业生产。行会内部,实行严格的等级制度,分师傅(行东)、学徒和帮工三个等级。会员违反行规,要受到惩罚。这一切决定了封建行会带有相当强烈的排他性和保守色彩,也造成行会手工业在生产上墨守成规,反对革新,从而严重阻碍了社会生产力的发展。参见卢之超主编:《马克思主义大辞典》,北京:中国和平出版社,1993年,第273页。

2）艺徒制的衰落

时至 16 世纪，随着贸易扩大和贫富分化，一些发财致富的师傅变成了企业家或商人。他们无视行会法规，扩大经营规模，兼并小本经营的同行，实行垄断生产。当行会外部出现竞争者时，他们操纵行会，通过提高入会金、延长学徒期限、限制师傅人数等措施来排挤竞争者，维护垄断生产。于是，行会不再是维护同行成员平等地位的团体，而成为了一部分人操纵的弱肉强食的工具，艺徒制也随之衰落。尽管政府颁布了一些法令以消除行会的弊端来维护艺徒制，但这些法令没有起到效果却成为艺徒受剥削的法律依据，师徒关系实际上沦为雇佣关系。

从 18 世纪后半叶起，欧美各国相继发生了工业革命，机器大工业逐渐替代家庭手工业和工场手工业。机器生产把旧的手艺转变为一系列简明的工序，多数工人只需要掌握一道工序，相对地不再需要大量的熟练工人。然而，结合车间生产的师徒传习并未因此绝迹，至少到 19 世纪初它还是造就工匠和技师的重要途径。

2. 工程教育的形成

中世纪意义上的艺徒制日渐衰微，但工程教育没有因此而停滞不前，而是以学校教育的形态出现并不断增强。从 19 世纪中叶起，工程教育开始走上正轨和蓬勃发展的道路。

从 18 世纪中叶起，工程教育首先产生于传统大学之外的专业院校。其背景是纺织机械化和蒸汽机的发明推动了制造业的蓬勃兴起，改变了社会生产方式和生产结构，人们开始意识到科学技术蕴藏着巨大的经济利益，认识到掌握科学技术的重要性。但是，在 18 世纪中叶之前，工匠、技师主要是艺徒制出身或者自学成才，这种个别化的人才培养方式已经无法适应了机器大生产的需要。而大学还没有从经院哲学中解脱出来，因而无法承担起培养工程人才的使命。因此，各国均从自己的实际出发，纷纷建立工程专业学校，见表 2-2。

直到 19 世纪末，工程教育才在大学中得以基本确立。19 世纪中叶，欧美国家相继完成了工业革命，出现了国家工业化的需求，技术科学化的趋势逐渐显露，工科院校开始增多。

表 2-2　各国工程专业学校的兴起

国家	工程专业学校的兴起
英国	由于受放任学说①的影响,教育被视为自愿的或私人的事情,因而国家在对教育的干预上踌躇不前。当美国和德国的工程教育后来居上时,英国也不得不改变传统,创办城市大学,提供工程教育
德国	虽然 18 世纪霍伦索兹王朝的开明君主就开始重视教育,大学改革也在进行,但直到 19 世纪后半叶,德国看到法国的专业学校对科技、经济甚至战争起到巨大作用时,才开始效法,发展工业大学
俄国	从彼得大帝起陆续开办了一些实用性的专科学校,如数学航海学校(1701)、工程学校(1707)、彼得堡矿业学校(1773),但由于教育政策反复无常、断断续续,直到十月革命前还没有建立起工程教育制度
法国	在封建专制王朝的重商主义和战争的刺激下,法国成了第一个提供正规工程教育的国家
美国	19 世纪初美国在开发西部疆土中最先按照法国的专业学校模式建立学院工程教育

首先是大学设置一些工程学课程,继而在理学院设立工程学系或者单独组建工学院。例如,耶鲁大学和哈佛大学分别于 1852 年和 1862 年开设了工程学课程,1875 年剑桥大学首设机械工程教授职位,1864 年哥伦比亚大学设立矿冶学系,1870 年威斯康星大学设立工学院,下设土木、机械、矿山、采矿等学科。

其次是建立新的大学或将工业院校升格为大学,培养科学和技术人才。如美国的州立大学、德国的工业大学和英国的城市大学。虽然当时这些大学的地位不及文理大学,但它们对高等工程教育的发展起到了重要作用。

中国的工程教育则是在鸦片战争后才开始出现的。帝国主义的入侵使得沉沦于科举的旧教育难以为继了。一些开明人士主张"师夷之长技",出现了一些新式学堂。如福建船政局设立福建船政学堂(1866),以训练制造及驾驶轮船的人才;江南制造局附设机械学堂(1867),以培养机器制造人才。从此,中国工程教育开始以学校形态出现。特别是天津中西学堂的创立(1895),标志着现代意义上的工程教育在中国的诞生。

---

①　亚当·斯密从"人性"出发,阐述了自由放任原则,主张社会上每个人都自由地追求自己的利益,努力改善自己的境况,最终就会增进整个社会的利益。斯密认为,任何人的活动都受"利己心"的支配,都是为了追求个人利益,避免别人伤害自己的利益,因此也就不能不考虑别人的利益,于是人与人之间就产生了共同的利益,所以个人利益与社会利益是一致的。

由于帝国主义侵略,社会政治腐败,民族工业落后,我国工程教育时而效法日、德,时而模仿美、英,依附性很大,发展缓慢,学校布局不合理,学科也不齐全。直到1949年新中国成立以后工程教育才开始蓬勃发展。

3. 工程教育的发展

"二战"之后,世界的格局发生了翻天覆地的变化,工程人才在国际政治对抗、经济竞争和科技较量中的作用日益重要,工程教育从而获得了大发展的契机。半个世纪以来,工程教育在诸多方面都取得了重大进展。

结构趋向合理。随着社会生产力的发展和科技进步,工程范围不断扩大,工程学科迅速分化与综合,形成了一批新的工程学科领域,如计算机、航空航天、核能、环境、生物工程等。同时,机电土化等传统学科得到了更新改造。工程学科的发展推动工程教育的专业不断调整改革,工科专业数总体呈增加态势。另一方面,工程活动的延伸使工程人才的职能范围不断扩大,工程教育朝着多层次、多规格的方向发展。到60年代末70年代初,工程教育大体形成了专科、本科和研究生三级相连的基本层次结构。

模式不断完善。现代工程朝着大规模、综合性、复杂性的方向发展,多数工程问题需要不同领域专家的协同攻关。只精通一门技术领域的"专才"已经不能满足需求。各国应对这一问题的方法各不相同,但总的趋势是工程教育开始重视普通教育和专门训练相结合,并辅之以阶段性的继续教育。

内容日益丰富。一方面,在学校工程教育产生之前,工程教育基本上是基于实践的师徒传习,大学工程教育出现之后,理论教学成为工程教育的一个有机组成部分。另一方面,20世纪以后,工程活动中的资源环境、政治经济等非技术因素凸显出来,过去狭窄的"技术教育"已经不能满足需求,因而工程教育开始增加工程管理、经济以及人文和社会科学的教育内容。

职能逐步拓宽。19世纪末以后,工科院校基本赢得了与大学同等的学术地位。开展研究活动既是提高工科院校学术地位的需要,也是发展工科研究生教育的必然。到20世纪20年代前后,工程研究开发已经成为德、苏、日等国工科院校的一个组成部分,工程教育的科研功能逐渐增强。同时,伴随美国赠地学院而产生的社会服务职能在工科院校中获得了较大发展。知识更新的加快和国家工业化进程的深入推进,都要求工科院校在经济建设和社区发展中承担更多的责任。

第三章　院校工程教育的
工程性与创新性理论

　　院校工程教育以培养工程人才为目标。它除了具有一般高等教育的特征,还具有工程教育的独特属性,这种属性概括起来就是工程性和创新性。工程教育重视工程思维训练、强调工程实践能力培养,强调创新。在工程教育领域,工程性与创新性被赋予更丰富、更深刻的时代内涵。

　　中国科学院院士张光斗一直主张工科院校的培养目标应该是工程师。他提出:"以我国的国情而言,企业研究开发力量不强,工科大学培养目标宜是工程师。"①因此,院校工程教育的工程性与创新性是指院校工程教育应该具备的与工程活动、工程创新相联系的特点的集合。如图 3-1 所示,工程教育的培养

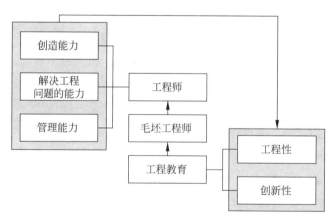

图 3-1　院校工程教育的工程性与创新性

　　①　张海英. 工科院校应该以培养工程师为主——张光斗院士访谈录[J]. 高等工程教育研究,2005(3).

目标是毛坯工程师,毛坯工程师是工程师的基础,工程师应该具有创造能力、解决工程问题的能力和管理能力等,因此,工程教育应当以培养学生具备上述能力为目标。在这一目标的指引下,工程教育应该具有工程性和创新性。

工程教育的培养目标更具体一点是指向创新型工程人才、课程体系设置的全面与综合、实践环节的安排、毕业设计与工程实践的结合、校企合作等,让工程活动的特点渗透到教育活动中来。因此,院校工程教育的工程性与创新性和工程活动的工程性与创新性既有联系又有区别。它们不是工程教育这种活动本身所具有的性质,而是以活动主体中的一部分重合人群为纽带,从工程活动过渡到教育活动中,是一种带有教育属性的工程性与创新性。

院校工程教育工程性与创新性内涵为:院校工程教育以工程理论和技术为主要内容,在发展过程中不断强化自身的知识的生产功能,使之成为国家科学技术持续发展的必要基础和源泉,逐渐加强与国家经济社会的密切关系,传授世界先进的科学技术和工程知识,教授先进的理论知识,培养直接面向社会生产实际的工程技术人才,从而真正推动我国经济社会的持续发展。院校工程教育的工程性与创新性可以产生巨大的社会效益。工程理论作为基础,支撑着工程技术的发展。工程技术转化为生产力,能够针对社会需要生产出产品。院校工程教育的创新性是以其工程性为基础的,既强调工程技术在解决实际问题上的实践性,又要求在实践的基础上培养学生的创新能力。

一、工程教育的工程性与创新性

1. 工程教育的工程性

高等工程教育是高等教育的重要组成部分,是培养工程师的专业教育,是一个国家工业发展水平的人才保证和智力基础。根据"工程"的完整概念(运用科学原理、技术手段、实践经验,利用和改造自然,生产、开发对社会有用产品的实践活动的总称)。可以看出,工程性的本质就是实践,所以工程的实践特殊性质决定了高等工程教育所培养的人才的实践特殊性,工科大学生实践能力的培养也成为了高等工程教育的根本。

我国工程教育实践教学强调课程实验与课程设计,侧重课程知识、研究方法的掌握,工程性较弱,缺乏对学生独立分析和解决工程实际问题能力的培养;毕业设计被安排在本科学习的最后阶段,由于缺少工程素质的前期训练,虽然具有综合运用理论知识解决一些理论与实际问题的能力,但与工程实际应用仍有一些差距。近年来,我国针对工程教育实践教学中存在的问题,普遍加强课程改革,增加实践教学比重,并通过学生立项资助和举办课外实践活动,引导学生投入实践训练,但总体而言,仍是侧重校内课程训练,没有与工程实际和生产实践相结合。

工科大学生的实践能力是一个综合范畴。从哲学意义上来说,实践能力是一种有目的、有意识地改造主观世界和客观世界的能力,它体现在主观见之于客观的活动之中,是架构主、客观的桥梁,是人类各种能力的整体显现和实际运用,是人类最基本的能力。对工科大学生而言,实践能力主要是指实践活动过程中所需要的各种能力,如应变能力、观察能力、表达能力、动手能力、社交能力、信息处理能力等能够完成任务的综合性能力。综合性是强调解决问题时常常要综合考虑技术本身、成本计算、社会价值、可行性等方方面面的因素。如搞机械产品设计,需要调查用户的需求,采用先进的、适合的技术,解决降低成本等问题,只有综合性的全面考虑问题,才能提出恰当的解决办法。

2. 工程教育的创新性

在全球化趋势下,工程教育有了新的发展要求。进入 21 世纪以后,科学技术发展日益加快,经济全球化的特点更加明显。人类面临的资源、环境以及科学伦理、道德等问题也比以往更加严峻。这些都使现代工程的复杂程度大大增加,并对工程教育的发展提出了创新性的要求。因此,工程教育必须重视基础教育的全面性与专业性;必须重视适应社会发展需求的交叉学科配置的科学性与可行性;必须重视科学技术教育与人文科学教育的交缘性与综合性;必须重视实验环节与工程技术训练的综合性与适用性。此外,21 世纪新技能和新工作的不断涌现,对人才的创新性提出了新的要求。我国现行的工程教育体系存在较大的差距,难以适应这种要求。究其原因在于,我们对工程教育的创新性缺乏系统的研究和足够的重视,工程教育教学思想观念陈旧。科学技术的飞速发展、知识淘汰率不断提高、更新周期不断所短、积累不断增加要求工程教育必须培养具备全面素质的工程师。这样的工程师必须具备学习的能力,具备一定深度和广度的科学理论基础知识,具备一定的本专业知识,具备解决实际问题的实践能力。

创新性不仅是高等工程教育的特点,而且是院校工程教育的培养目标。创新能力是一个国家、一个民族在世界上的竞争力的源泉。在面对 21 世纪的发展机遇和严峻挑战下,院校工程教育培养人才创新能力的任务变得更加紧迫。对于一个工程师来讲,其任务是为国家和社会提供显示的产品和服务,自觉地根据工程实际和我国的国情,创造出由中国特色的创新型工业。由于体制、文化、投入和师资等多方面原因,我国工程教育尽管在观念层面一直在强调创新性名单在实践中缺少培养拔尖创新人才的意识、方法和环境,没有自觉地把增强工程教育创新性的要求贯穿于人才培养的全过程,学生的实践能力、创新能力仍然是工程教育人才培养的薄弱环节。

3. 工程教育工程性与创新性的作用

教育从来都负有培养学生实践能力、创新意识、创新能力的任务,工程教育作为教育系统的一个子系统,因其本质而强调工程性,因其特色更强调创新性。建立在学科基础上的传统工程教育注重传授已有的文化科学知识与技术,强调继承人类已经创造出来的文明,这种教学模式主要培养知识型人才。创新是新的、独特的思维方式和做事方法。工程是关于科学知识和技术的开发应用,是为了满足社会需求的一种带有创新要求的专业。创新的根本在实践。实践教学是工程教育的重要组成部分,它能让学生学会横向思考,学会联系实际地学习,对各部分内容进行综合,处理好一些不确定性因素并进行团队合作。分析工程教育的工程性,探讨我国工程教育的实践问题,具有十分重要的意义。工程性和创新性是工程教育的内在本质,在整个工程教育中处于核心地位。培养具有创新精神和创新能力的工程技术人才是建设创新型国家的基础。

1) 具有工程性与创新性的工程教育对人类发展的作用

17 世纪以来,世界开始近代工业革命,现代科技的迅猛发展,使世界当前的发达国家两百年来的发展道路趋同化,并引领世界发展的潮流,在诸多方面也表现出了全球化发展的迹象,工程教育在此方面起到了重要作用,并取得了跨越式的发展。由于世界各国存在不同地域、不同文化、不同价值观、不同政治制度、不同信仰等多极化国际态势的影响因素,各国的经济、科技发展状况和发展水平产生了同质性和异质性、差距性和差异性。所以,现代科技和工程教育的发展影响着世界各国的兴衰命运,影响着人类社会前进的步伐。

发达国家始终把自己的工程作为国家的未来(Finniston,1980),把工程教育视为国家未来技术和经济的基础(NRC,1985),把工程人力资源视为发挥国家潜力的保证(NSB,2003),视为国家竞争力和国家创新能力的核心。工程科技人才承担着推动科技进步、实现产业发展的重要使命,是科技创新能力建设、经济建设、国防建设的基础支撑力量,是国家核心竞争力的关键要素。当今时代,谁能够培养和造就一支强大的工程科技人才队伍,谁就能够在激烈的国际竞争中掌握战略主动、赢得发展先机。新世纪以来,党中央、国务院先后制定颁布了科技、人才和教育三个国家中长期发展规划纲要,为我国加快经济发展方式转变、加快建设创新型国家、全面建设小康社会做出了顶层设计和系统谋划,为贯彻落实科教兴国和人才强国战略,推动社会主义现代化建设第三步战略目标的实现打下了良好的基础。更为重要的是,我国在 2006 年初召开的科学技术大会上提出了建立创新型国家的目标,建立创新型国家需要大量创新型人才,尤其是在大量工程实践中需要创新型人才,需要更多的合格的、卓越的工程师。对此,工程教育必须做出自己的响应,研讨对策,积极行动,回答挑战。

改革开放以来,在工程科技进步、国别援助或自主创新的大型工程建设及工程科技人才培养等方面促进着中国的发展,也为人类发展和世界和平做出了贡献。在工程科技进步方面,中国在太空行走、登月计划、电子对撞、大型计算机、基因工程、核工业、新能源开发、荒漠治理等方面都有与世界同步的科技创新,并与各国合作进步。在大型工程建设方面,三峡工程、载人航天工程、首次月球探测工程、青藏铁路、高速铁路建设等获得重大成功。在国别援助的促进下,中国的诸多工程项目的设计、规划、建设、人力和财力投入在近 20 年来,为社会繁荣和减少贫困人口等方面取得了显著效果,1981 年前全世界贫困人口近 20 亿,至 2005 年全世界发展中国家减少贫困人口共 6.56 亿,中国减贫人口为 6.24 亿,占世界 95.1% 的贡献率。中国工程项目的实施、工程科技的应用与开发、工程教育通过项目实施的发展,对人类和促进世界和谐的贡献,都体现着中国的国家责任。

另外,中国工程教育培养出的人才与世界共享。从世界范围看,工程师,尤其是优秀的工程师成为世界稀缺的高质量人力资本。随着经济、管理、金融、法学的迅速发展,欧美国家学工程的人越来越少,中国具有相对较多的工程教育在校生和工程师人才队伍,中国培养人才的经验将与世界分享。同时随着各种学术活动与留学交流、合作工作和项目交流的逐渐增多,人才的国际化趋势逐渐加强;在中国,工程教育人才培养方面逐渐开始注重基础学科之间、基础学科与应用学科之间、科学和技术、自然科学和人文社会科学之间的融合,准确把握微观和宏观的统一、还原论和整体论的结合等教育特征,使得工程技术教育和工程"社会"领域不断结合,培养出社会型、复合型的工程科技人才,人才的适应性和流动性也进一步加强。工程继续教育的规模也逐渐扩大,2000 年以来,全国参加继续工程教育的专业技术人员超过了 5000 万人次。近五年来,各级人事部门举办专业技术人员高级研修班 4000 多期,近 30 万高层次人才参加了研修。中国教育与人力资源报告预测:未来 50 年,中国平均每年需要提供 2 亿~3 亿人次的各类继续教育和培训。

2) 工程教育的工程性与创新性对中国经济社会发展的作用

开展院校工程教育工程性与创新性问题研究有利于提出相关政策建议,对于深化工程科技人才培养、鼓励和引导工程科技人才成长具有重要的战略意义。开展院校工程教育工程性与创新性问题研究将有助于我国高校和衷共济、协同努力,在新的世纪将我国从一个高等工程教育大国建设成一个高等工程教育强国。

中国的工程科技和工程教育的发展伴随着国家的发展,也体现着中国的发展和特点。从 1949 年至今,新中国在航空航天、核工业工程、水利工程、重工业等工程方面,向世界各国学习,取得了长足的进步;从 1978 年改革开放至今,中国在世界各国和相关国际组织对工程项目的援助下,在交通与建筑基础设施、环境保护、生物医药与卫生、教育、饮水、农业等工程方面,使国家在经济发展、社会繁荣、减少贫困等方面取得了显著的成果,也表现出了绩效和可持续发展。如在交通基础设施方面,1978—2007 年,中国铁路营业里程增加2.6 万公里,公路里程增加 269.4 万公里,其中高速公路从无到有,里程已达5.39 万公里,2009 年中国交通固定资产投资规模有望达到 1 万亿元。其中,铁路建设将迎来高速发展期,计划完成投资 6000 亿元,新建铁路里程 1 万公里。在铁路建设方面,一批客运专线、城际铁路、煤运通道、西部干线铁路等项目将陆续开工。此外,北京、上海、天津、广州等一批中心城市,还将大力推进以轨道交通为骨干的城市运输体系建设。在饮水工程方面,1999 年时,全国共建成各类农村供水工程 300 多万处,累计解决了 2.16 亿人的饮水困难,到 2004 年底,中国已基本结束农村饮用水难的历史,特别是 2000 年 9 月联合国千年发展目标提出 2015 年前使饮水不安全人口减少一半,中国政府做出庄严承诺,2001—2005 年,国家共投入资金 223 亿元,解决了 6700 万人的饮水困难和饮水安全问题。从 2006 年开始,农村饮水安全工程全面实施。到 2009 年,全国可累计解决 1.95 亿人的饮水安全问题,提前六年实现联合国千年发展目标。根据规划到 2015 年,中国将基本解决农村饮水安全问题,到 2020 年,基本实现农村普及自来水。

伴随着技术知识越来越快的增长和工科课程中有关新技术的内容越来越多,学士学位作为工程师的第一级专业学位已经不够,第一级(专业)学位有提高的趋势。美国《2020 行动报告》建议,学士学位应当被视为工科的预备学位或"毛坯工程师"学位,要把经过鉴定的硕士学位作为工程的第一级(专业)学位,以提升工程专业界的入门水准。人们越来越能意识到工程教育应该发展出一套像其他需要很多基础的专业比如法律和医学那样的体系,拥有本科阶段的专业前课程,然后是以实践为主的"工程硕士",或许最后还有以"工程博士"作为唯一能证明专业实践能力的学位。另外,在欧洲,旨在使高等教育一体化和标准化的"博洛尼亚进程"倡导工科培养计划采取"3+2+2"程序,即三年本科只提供工程预科学位,第一专业学位是需要两年的"科学硕士",一些在学术上有需要的学生可继续两年的学习并完成学位论文。无论是美国工程与技术鉴定委员会(ABET)的 EC2000 的十一条毕业生能力标准还是欧洲工程师协会联盟(FEANI)制定的十六条欧洲工程师业务能力标准,都传达出这样一个信息:工程师需要深厚的数学、自然科学和工程科学基础,坚实的工程专业知识与能力,同时也越来越需要交流、合作、适应的能力以及社会与环境意识。

创新能力培养是工程教育的核心,学校在改革中强调课程体系的改革。以创新能力为核心的人才培养模式实施"全过程、递进式"的实践教学体系,通过强化基本技能、培养综合实践能力和参与创新实践三个层次,体现认识深化和实践能力递进式提高的不同要求,培养学生的动手能力、基本技能、发表能力和工程综合能力。

3)工程教育工程性与创新性对院校管理制度的促进

在我国,相当多的工科类本科生,学的知识很多,但利用率却很低,尤其是不知道如何用所学的知识进行创新,这是人力资源的极大浪费。这种情况之所以出现,跟我国现行的教育制度有关。创新的灵感来自于对现实问题的探索,实践问题的刺激会不断地调整理论认知的架构,院校工程教育如果仅仅满足于传授知识或者简单的时间,是难以培育出一批科学大师和技术专家的。任何改革的成功都是从理念革新开始的,人才培养模式的改革是教育思想和教育观念深刻变革的结果。过去我们集中关注内容的创新,现在人们意识到,要把创新具体内容的事做好,首先要以理念创新做先导、还要以制度创新做支援、以管理创新为保障。我国已经进入高等教育大众化阶段,从世界高等教育发展的历史和现实来看,这一阶段高等教育的发展要求各类高等教育机构形成比较明确合理的功能层次分工,人才培养模式多样化,学校管理也是特色鲜明。但是我国现有的高等院校普遍存在规格不明、特色不突出、盲目向研究型大学看齐,重培养学生的专业理论基础,对学生的实践能力培养不足等等问题,这在工程教育上体现得非常突出,这主要是因为我国仍然没有摆脱传统精英教育办学理念的影响。华中科技大学校长杨叔子院士指出,我国高等教育中存在的弊端集中体现为"五重五轻":重理工、轻人文;重专业、轻基础;重书本、轻实践;重共性、轻个性;归根到底就是重功利、轻素质,即重功利,而轻素质。造成这种现状的原因是多方面的,但从管理的角度看,管理者对学校的定位思路和理念不清是一个重要的原因。所以,应深入思考"培养什么样的人"和"怎样培养人"的问题,在此基础上转变管理理念。不同高校的办学思想与管理模式应是不同的,高等院校建立起适应需要的管理制度和管理理念,以管理促进人才培养特色的形成。长期以来,在科学主义的影响下,工程教育走上了学科化、学术化的道路,中国高等理工院校很多效仿美国,纷纷提出建设研究型大学的发展战略和目标,这样的理念指导下的培养模式在工程实践的检验中其消极后果已经暴露。

有必要在全校广泛持久地宣传人才培养模式改革的新思想、新观念,使新理念深入人心;有必要对各级管理者通过有组织、有计划的培训,提高其水平与素质,完善管理内容、改进管理方法,只有从思想上真正接受才能在行动中确保改革的各项预期效果完美实现。随着内外环境的变化和高校内部管理问题的不断激化,高等院校转变管理理念,进一步完善自身的治理结构,建立现代大学制度,优化大学内部管理制度安排,提高人才培养质量就成为了高校管理改革的重要部分和第一步。

协调学校各部门的工作,协调学校与社区、学校与社会其他部门的关系管理是高校管理的重要职责之一。从内部看,高校内部部门繁多,各部分分工明确,但相互之间需要密切的配合才能保证真个高校系统的高校运作,最终实现学校培养高质量人才的根本任务。从对外部看,如今的高校已不是一座象牙塔,成功推销自己,在社会中建立学校的威信和知名度是促进高校在市场经济中发展的重要保证,所以高校管理工作中协调职能成为重要的一环,既要协调学校内部各部门之间的运作,又要协调处理好学校与其他社会部门的关系,积极打造高校开放的广阔的交流平台,积极推动学校之间的、学校和企业等的交流与合作。

企业和其他高校建立合作关系,通过产学合作等广泛多样的交流与合作正是沟通学校与社会的重要桥梁,是学校实现其社会功能的重要渠道,同时也能为学校自身建设与发展提供了条件和支持。观察和总结国外发达国家对工程人才培养,它们在教育过程中采取的企业、学校合作的模式都运行非常成功,对人才培养起到了举足轻重的作用。借鉴其先进经验,我国高校应主动、积极与中国企业加强对话,开展多样化的合作,建立密切的联系,了解其对人才的需求的实际状态,找到大学在国家的现代化进程中自己的正确位置,找到工程教育在行业发展中的正确位置。

二、院校工程教育工程性与创新性的来源

进入 21 世纪已有十多年,如何让工程教育进一步走出单一的技术教育和科学教育的阴影,完成本质独具的自我认知,承担新的更加重大的历史使命,这需要工程教育自身的转变。这种转变主要体现在重视工程思维训练、强调工程实践能力培养,强调院校工程教育的工程性与创新性,并赋予其更丰富、更深刻的时代内涵。院校工程教育的工程性与创新性,是在对工程活动的特点、工程师的工作内容进行充分考量的基础上凝练而成的。

1. 工程活动的特点

科学探索、技术发明、工程创造是三种不同类型的社会实践活动,它们相互影响。尤其是工程创造,与前两者交叉内容最多。科学是以发现为核心的人类活动,技术是以发明为核心的人类活动,工程是现代文明、社会经济运行和社会发展的重要内容和重要组成部分。从科学和技术的角度来理解工程,

可以发现"科学—技术—工程—产业—经济—社会"是一个自下而上的"链条",又像一张由窄到宽的"网络"。在这种"链条"和"网络"中,工程具有承上启下、承前启后的作用。工程不仅是科学和技术应用的平台,而且可以推动产业和经济的发展,然后服务于社会。随着工程的发展,除了工程理论和工程技术,工程意识、工程思维、工程决策、工程管理、工程伦理、工程教育等内容,渐渐引起工业界和教育界的重视。如何培养创新型工程人才成为企业和高校日益关注重点和难点问题。解答这个问题,需要我们从哲学的高度来认识工程和工程教育,对其特点和规律进行深入探讨,同时结合现实和形势的需要,对我国现有的工程教育进行反思,使之能够走向正确的方向,培养出社会需要的工程人才。

对工程进行客观全面的认识,首要问题是研究视角的问题。我们从什么角度来看工程,决定了我们把工程界定为什么内容。目前,我们对工程的认识有几个视角:一是从科学、技术、工程"三元论"角度入手,对工程进行界定。在这个视角中,科学是以探索、发现为核心内容的人类活动,活动目的是发现自然规律,追求真理;技术是以发明、应用为核心内容的人类活动,技术主要是方法和技巧,通常与实践紧密相连;工程是以建造为核心的人类活动,工程是按照社会需要设计造物,构筑与协调运行,讲求价值,追求一定边界条件下的优化。这种视角是把科学、技术和工程进行单独定义,从而把这三者区分开来。二是刚才提到的,从"科学—技术—工程—产业—经济—社会"的"链条"和"网络"中认识工程。工程和"链条"中前后部分的内容既有区别,又有联系。通过这种动态的、联系的视角认识工程,我们可以对工程在人类实践活动中的位置把握得更为客观和具体。三是从工程与生产、实践的相互关系中界定工程,认为工程就是包含了设计和制造活动在内的生产实践活动。这种界定从活动内容出发,强调工程活动的实践性和创新性,同样值得借鉴。

综上所述,工程活动的特点有以下几个方面:第一,工程是有一定的理论基础的,工程是在科学和技术的基础上发展起来的,是科学和技术的综合。任何一项工程,其实施都必然有一定的科学知识和理论做基础。可以说,工程是一定的科学理论的体现。特别是工程活动日益复杂的今天,一些关键性技术、技术群的应用,更是这样。例如,我国的"神舟"系列飞船,就离不开材料学、动力学等方面技术的综合应用。第二,工程是有特定目标的,无目标的工程活动如同无源之水、无本之木。工程是在一定的目标指引下,有特殊的对象,注重过程、注重效益,按照一定的工作步骤,遵循一定的原则,分阶段、有步骤的进行。确定合理的目标,是进行工程活动的首要步骤,也是保证工程能够顺利实施并取得成功的必要条件。第三,工程是通过实践活动实现的,具体的工程都需要人类的实践活动来实现,如建房、造船、修桥、铺路,都要通过实践活动将一步步的设计来付诸实施,从而完成整个工程活动。第四,工程活动需要集成和优化,工程是一个复杂的组织系统或社会化系统,有工程指挥中心,有技术攻关人员,还有大批施工建设者等。一个工程往往有多种技术、多个方案、多种路径可被选择。

2. 工程师的工作内容

"工程师"一词源于拉丁文,是从古拉丁文 ingenium 派生出来的。在中世纪,ingeniator 被用来称呼破城槌(battering rams)、抛石机(catapults)和其他军事机械的制造者,但有时也用于称呼其操作者。从 16 世纪最初在荷兰用于称呼从事建筑的人;在英语国家,人们起初将从事水利工程行业的专家称为工程师,后来称铁路建设者为工程师。[①]

世界上第一个称自己为 civil engineer(可直译为"民用工程师",但通常译为"土木工程师")的人是英国的约翰·斯米顿(John Smeaton,1724—1792)。1742 年,他到伦敦学习法律,后来参加了皇家学会,开始研究科学,18 世纪 50 年代后期他从事建筑,重建了艾迪斯顿灯塔。[②] 1768 年,他开始称自己为"civil engineer",以便从职业来源和工作性质上都与传统的"军事工程师"相区分。"civil engineer"所指的范围在英国和欧洲大陆有所不同,在英国范围较窄——指设计道路、桥梁、供水和卫生系统、铁路等等的人;而在法国,ingenieur civil 至今指那些不是受雇于国家的工程师。[③]

在欧洲的一些国家,"工程师"这一称谓的使用要受到法律的限制,而且必须用于持有学位的人,没有学位人士使用工程师的称谓属于违法行为。在美国大部分州及加拿大一些省份亦有类似法律规定。通常只有在专业工程考试取得合格才可被称为工程师,法律约束的范围一般限于使用这一称谓蓄意欺诈的情况。

---

① 李曼丽. 工程师与工程教育新论[M]. 北京:商务印书馆,2010:38.
② 李曼丽. 工程师与工程教育新论[M]. 北京:商务印书馆,2010:39.
③ 李曼丽. 工程师与工程教育新论[M]. 北京:商务印书馆,2010:40.

　　李伯聪认为,工程师的职业性质和特点是一个非常复杂的问题,需要从两方面入手来理解。一方面是工程师其他社会角色的对比,另一方面是工程师与其他社会角色的相互关系。从这两方面进行分析,可以发现,工程师与工人的区别是:工程师必须拥有专业性很强的工程知识,而工人只需要拥有操作能力。工程师与科学家的区别是:工程师拥有的知识主要是工程知识,科学家拥有的知识主要是科学知识。① 这种对比的方法为我们认识工程师职业提供了更为直观的途径。

3. 工程师的分类

　　工程涵盖广阔多样的领域,也包含各种类型与水平的工程师——从大学里与被称为"工程科学"(而非工程实践)的研究和教学相关的工程师,到时实践的、专业与顾问工程师,再到技术专家与技术员。② 由于标准不同,研究者们对工程师类型的划分也有所不同。这些划分都为我国从整体上对工程教育进行系统设计,培养不同类型卓越工程师打下理论基础。

　　1)根据工程师的职能作用划分

　　美国麻省理工学院工学院前院长布朗(Gordon S. Brown)根据工程师在社会中的职能作用,将工程师分为四种类型:(1)工程科学家,即具有抽象思维才能的工程科学专门人才。(2)创新发明家,即能创造性地应用现代知识来发明或建造新系统的工程师。(3)现场工程师,即在现场建造、操作、维护复杂机器和工程系统的工程技术专家。(4)技术规划和管理工程师,在领导或管理部门工作,但活动仍然以科技背景为主。

　　2)根据工程人才的多样性划分

　　2008 年,中国工程院在《创新型工程科技人才培养研究》总报告中,提出创新型工程科技人才就是具备技术创新能力的工程科技人才。此外,创新型工程科技人才并不是特指一小部分人,而是具有普遍性的特点,既包括杰出创新人才,也包括一般创新人才。这种提法使得创新型工程科技人才具有了多样性的特点。中国工程院潘云鹤院士从理论、实践等方面入手,将工程师归纳

---

① 李伯聪. 关于工程师的几个问题——"工程共同体"研究之二[J]. 自然辩证法通讯,2006(2).

② 世界工程组织联合会,国际工程技术科学院理事会,国际咨询工程师联合会编;王孙禺,雷环,张志辉译. 工程:发展的问题、挑战和机遇[M]. 北京:中央编译出版社,2012:7.

为 5 类,①如表 3-1 所示。

表 3-1　工程人才的分类

内容	人才类别
理论+技术实践	解决工程技术问题的科技人才
理论+发展新技术+发表研究成果	工程科学人才
理论+技术实践+在本专业应用新技术	技术交叉创新人才
理论+技术实践+创新设计	开发新产品的人才
理论+技术实践+创业与市场能力	工程管理与经营、有经验的工程师

3）按工程或产品的生命周期划分

我国工程师的类型分为服务工程师（Service Engineer）、生产工程师（Produce Engineer）、设计工程师（Design Engineer）和研发工程师（Research& Develop Engineer）四种。其中,服务工程师主要从事工程项目建成后的运行、维护与管理,或产品的营销、维修与服务,或生产过程的维护,应具有一定的理论基础、较强的实践动手能力和完善的市场服务意识。生产工程师主要从事工程项目的建造,产品的生产制造,或生产过程的运行,应具有良好的理论基础、较强的工程实践能力,尤其是应用创新能力和一定的人文素质。设计工程师主要从事产品、工程项目或生产过程的设计与开发,应具有较为宽广的知识面、扎实的理论基础、良好的技术创新能力、较强工程实践能力和良好的综合素质,具备设计开发出拥有自主知识产权的新产品、新生产过程或新工程项目的能力。研发工程师主要从事复杂产品或大型工程项目的研究、开发和咨询以及工程科学的研究,他们应具有宽广的知识面、精深的专业理论基础、超卓的技术创新能力和植根于丰富工程经验的全面的综合素质,具备创造出具有国际竞争力的专利技术、专有技术、尖端产品或高技术含量的工程项目的能力。②

4）根据工程学科分类进行划分

根据学科对工程师进行类型上的划分,有利于将工程师的培养过程与培养目标紧密地结合起来,使培养过程更具有针对性。由于"卓越计划"主要针

---

① 潘云鹤. 中国的工程创新与人才对策[A]. 2009 国际工程教育大会论文集[C]. 2009.
② 林健. 高校工程人才培养的定位研究[J]. 高等工程教育研究,2009(5):13.

对工科人才培养,可以从工程学科分类的角度对卓越工程师进行分类。在国家教育部最新修订的《普通高等学校本科专业目录(2012年)》中,工学有31个大类专业,共169个专业,如表3-2所示。因而可以把"卓越计划"培养的工程师大致划分为与这31大类相对应的范围,如机械工程师、材料工程师、电气工程师,等等。

表3-2　普通高等学校本科工学专业类别

08学科门类:工学			
0801	力学类	0817	轻工类
0802	机械类	0818	交通运输类
0803	仪器类	0819	海洋工程类
0804	材料类	0820	航空航天类
0805	能源动力类	0821	兵器类
0806	电气类	0822	核工程类
0807	电子信息类	0823	农业工程类
0808	自动化类	0824	林业工程类
0809	计算机类	0825	环境科学与工程类
0810	土木类	0826	生物医学工程类
0811	水利类	0827	食品科学与工程类
0812	测绘类	0828	建筑类
0813	化工与制药类	0829	安全科学与工程类
0814	地质类	0830	生物工程类
0815	矿业类	0831	公安技术类
0816	纺织类		

数据来源:中华人民共和国教育部《普通高等学校本科专业目录》(2012),http://www.moe.edu.cn/publicfiles/business/htmlfiles/moe/s3882/201210/143152.html。

工程活动的特点有以下几个方面:第一,工程是有原理的,任何一个工程的实施都有其自然科学原理的根据,是一定的科学理论的体现,特别是复杂的关键性技术、技术群的应用,更是这样。例如,阿波罗登月计划,就离不开空气动力学的理论指导和航天技术、材料技术、电子技术、自动控制技术等的综合应用。第二,工程是有特定目标,注重过程、注重效益的。工程项目都有其特殊对象、有明确的目标要求、有确定的步骤、阶段和资金投入。工程的质量是工程的生命所在。要把工程的目标确定好、工程项目设计好、完成好,取得好的效益,不是一件容易的事情。第三,工程是通过实践活动实现的,具体的工程都需要人类的实践活动来实现,如建房、造船、修桥、铺路,都是要通过一步步的工序、工艺、工期来完成的。第四,工程活动需要集成和优化,工程是一个复杂的组织系统或社会化系统,有工程指挥中心,有技术攻关人员,还有大批施工建设者等。一个工程往往有多种技术、多个方案、多种路径可被选择。

三、院校工程教育的工程性与创新性的内涵

院校工程教育的工程性与创新性内涵为:院校工程教育以工程理论和技术为主要内容,在发展过程中不断强化自身的知识的生产功能,使之成为国家科学技术持续发展的必要基础和源泉,逐渐加强与国家经济社会的密切关系,传授世界先进的科学技术和工程知识,教授先进的理论知识,培养直接面向社会生产实际的工程技术人才,从而真正推动我国经济社会的持续发展。院校工程教育的工程性与创新性可以产生巨大的社会效益。工程理论作为基础,支撑着工程技术的发展。工程技术转化为生产力,能够针对社会需要生产出产品。院校工程教育的创新性是以其工程性为基础的,既强调工程技术在解决实际问题上的实践性,又要求在实践的基础上培养学生的创新能力。

1. 我国院校工程教育的培养目标

1) 培养工程人才

根据教育部工程教育改革试点高校的总体布局,立足高端性和引领性,工程类人才培养的目标应当是:具有国际视野的行业领军人才、国际认可的高级工程技术人才和创业、研发型高端人才。创新能力培养是卓越工程师培养的核心,学校在改革中强调课程体系的改革。以创新能力为核心的人才培养模式实施"全过程、递进式"的实践教学体系,通过强化基本技能、培养综合实践能力和参与创新实践三个层次,体现认识深化和实践能力递进式提高的不同要求,培养学生的动手能力、基本技能、发表能力和工程综合能力。

2) 培养创新人才

① 高等教育的历史使命

中华民族是一个具有创新传统的民族,在 16 世纪之前,中华民族曾以无与伦比的创造发明和辉煌的历史文化,雄踞于世界民族之林。但是,第一次工

业革命以来的世界重大科学发展和重大发明,几乎没有中国人的专利,这不能不引起对我们教育的全面反思。深化教育改革,注重创新精神和创新人才的培养,全面推进素质教育,是我国教育迎接21世纪挑战的必然选择,也是高等教育必须担负的重要历史使命。当今时代,是一个国际交往与合作更加紧密、综合国力竞争更加激烈的新时代。人类要生存和发展,就必须不断地创造和创新。高等学校担负着培养和造就高素质创造性人才的历史使命,深化高校内部改革、建立创新机制、培养创新人才是摆在高校面前的一项迫切任务。创新是一个民族进步的重要动力。事实证明,创新是经济发展的源泉,没有创新就没有新技术、新产业,经济发展也就成了无源之水、无本之木。高校是科技兴国的主力军,是我国科教创新体系中的重要组成部分,是培养和造就高素质的创造性人才的摇篮,是认识未知世界、探求客观真理、为人类解决面临的重大课题提供科学依据的前沿,是知识创新、推动科学技术成果向现实生产力转化的重要力量,又是民族优秀文化与世界先进文明成果交流借鉴的桥梁。

② 建设创新型国家的要求

建设创新型国家,关键在创新型科技人才。高等工程教育必须从增强自主创新能力、提升国家核心竞争力的高度,充分认识创新型国家建设背景下工程教育所承载的历史任务,认真设计各个层次工程教育的培养目标与培养计划,加紧培养高素质创新型工程科技人才。

胡锦涛总书记在2006年两院院士大会开幕式上的重要讲话中,高度概括了当代中国创新型科技人才所必须具备的一些基本素质和特点:(1)具有高尚的人生理想,热爱祖国,热爱人民,热爱科技事业,努力做到德才兼备,坚持在为祖国、为人民勇攀科技高峰中实现自己的人生价值。(2)具有追求真理的志向和勇气,坚持解放思想、实事求是、与时俱进,保持强烈的创新欲望和探索未知领域的坚定意志,对新事物新知识特别敏锐,敢于挑战权威和传统观念,为追求真理、实现创新而勇往直前。(3)具有严谨的科学思维能力,掌握辩证唯物主义的思维方法,善于运用科学方法和科学手段,坚持终身学习,不断更新知识、夯实理论功底,构建广博而精深的知识结构,养成比较全面的科学文化素质。(4)具有扎实的专业基础、广阔的国际视野、敏锐的专业洞察力,能够准确把握科技发展和创新的方向,善于对解决重大科技问题提出关键性对策。(5)具有强烈的团结协作精神,善于组织多学科的专家、调动多方面的知识,领导创新团队在重大科技攻关和科技前沿领域取得重大成就。(6)具有踏实认真的工作作风,淡泊名利,志存高远,坚忍不拔,不怕艰难困苦,不畏挫折失败,勇于在科技创新的实践中经历磨炼,不断攀登科学技术高峰。①

胡锦涛总书记提出的六点素质对我国工程人员的培养具有重要的现实指导意义,他明确了新时期我国对工程师的基本素质要求。由于时代发展,工程项目越来越复杂和庞大,在传统的实践能力上,新时代的工程师所具有的工程能力还包括:创造能力、交流能力、管理能力、终身学习能力、国际交流能力、竞争能力,等等。

2. 院校工程教育教学内容和方式视角

1)基本特点:工程性

工程教育作为教育的一个类别(科类),广义而言,是指培养工程人才的社会活动;狭义而言,是指培养工程人才的学校教育。它除了具有一般教育的共同特征,还具有自身独特的属性。工程教育应具有综合性与实践性的特点。工程旨在造福人类,其过程受社会政治、经济、文化制约,其产物需要满足社会需要,其出发点、过程和归宿都离不开社会。因此,社会属性是工程的基本属性之一。工程是社会建构的产物,是负载着"利益""文化"和"实践"的社会、历史过程的建构产物。工程活动是嵌入社会的,从产生目标的设定来看,工程目标不是由一个或几个人决定的,而是地区、城市或国家发展的需要,并在现有的社会经济等条件下可以实现的,因此,其产生具有社会性。第二,从工程的影响来看,一方面由于工程服务的对象是一个社会群体,其质量优劣直接影响着所服务群体的衣食住行等日常生活;另一方面,造物和做事的工程文化,已经慢慢开始影响社会,逐步与科学文化、人文文化具有同样的社会地位。

针对工程的属性、工程教育的特点、目标和新时代我国创新型国家建设对院校工程教育的要求,可提出如下所述的院校工程教育的工程性与创新型评价标准,即从四个角度来评价院校工程教育的工程性与创新型,包括专业性、实践性、系统性和启发性。

专业性指学校对于某一类型的工程师在培养过程中,能够给学生足够的专业知识、专业技能和未来在该领域工作的专门经验。专业性的培养要求学校开设足够数量和水平的专业课程,拥有与当前实际工程水平相适应的专业

---

① 胡锦涛.在中国科学院第十三次院士大会和中国工程院第八次院士大会上的讲话,2006年6月5日。

设备仪器,并且有一支专业素质过硬的高水平教师队伍。同时,根据前文调查结果,由于工程师的数学造诣非常重要,因此数学课程的水平也是塑造学生专业性的重要方面。

随着现代工程项目的复杂化,工程师的系统性知识、系统性思维能力变得非常重要。他们不仅要具备专业的知识和技能,还要具有全局性分析和解决问题的能力,互相协作的能力和协调能力。因此院校工程教育要加强系统性,对工程师的培养不但要专,更要博,开设一定量的专业基础课,普及专业领域内其他相关知识,开设思想道德修养课,加强思想政治素质和职业道德建设,开设人文和公共管理课程,培养大工程观。

工程人力资源不是从事"纸上谈兵"的职业,他们要切实解决现实生活中的各种工程和技术问题。工程教育应当讲求实学原则,不空谈理论,要以实践为导向。

众所周知,美国麻省理工学院是美国工程教育也是世界工程教育的领军者,其前任校长格雷(P. E. Gray)曾用"开创未来的精神",概括了MIT自其创始人罗杰斯(Rogers)教授办学以来一脉相承的传统。这个传统今天看来也就是美国工程教育努力坚持和实践的传统。这个精神似可完整地表述为:精研学术、致用实行、贡献国家、开创未来。亦可表述为:求是、务实、创新。或者更加简单地说:实学精神或求是精神。

(1) 综合性

工程活动具有复杂、综合、交叉的特征,这意味着工程教育必然具有综合性,就是说,工程教育应当培养具备复合性的知识背景和在工程创新实践中整合各种知识的能力的工程人才。工程本身就带有综合性,任何一项工程实践都不是单一学科或者单一个人的事情。尤其在科学技术会聚发展、工程问题日趋复杂的今天,工程师在拥有良好的科学技术知识与数学能力的基础上,还必须拥有必要的政治、经济、文化、法律等学科的知识与实践经验,以及团队协作的能力。因此,工程教育必须打破传统上以单一学科为架构的人才培养模式,开展跨学科教育与研究,以保证培养的"毛坯工程师"具备跨学科与知识融合的能力。另外,从军用工程与民用工程两个分支的交替推动来看,工程领域始终在不断拓展,历史上产生了土木、采矿、冶金、机械、化学、电气和工业工程,今天的工程领域则进一步分化和综合,其拓展过程将随着跨学科的应用与知识融合的催化而不断加快。21世纪,以纳米技术、生物技术、信息技术和认知科学为核心的"会聚技术"正在崛起,学科会聚已成为知识生产、传递与应用的新趋势、新模式,也对工程的综合性产生了重要影响。

任何一项工程都是多学科的综合体,是知识的集成、整合和创造。工程与技术、工程与资源、工程与材料、工程与环境、工程与安全、工程与经济、工程与管理的关系是每项工程所必须面对的问题,特大型工程还要融入社会、生态和人文因素。传统工程教育是按照学科结构体系纵向编排课程,在这种模式下培养的工程师无法解决复杂的现代工程问题。在社会问题复杂化、科技发展综合化、人才培养复合化的形式下,工程教育再也不是各个学科各自为政、追求分析至上的离散模式,而需要讲求集成原则。

集成原则下的工程教育,需要根据现代工程活动特点重新整合或集成工程教育教学内容与课程体系,对工程学科进行纵向和横向的相互关联打通,打破学科壁垒,把被学科割裂开来的工程再还原为一个整体,将科学、技术和人文学科相互渗透相互交叉融合,为现代复杂工程问题的解决提供整体的、集成化的知识。综观国际和国内工程技术研究现状和发展动态,综合与集成将成为现代工程问题的研究主体。因为现代工程问题,覆盖范围广泛,系统非常复杂,往往涉及多门学科的综合知识。例如,从工程技术本身看,现代工程涉及研究、开发、生产、管理、营销等诸多领域的工程技术专业知识;从社会环境看,涉及政治、经济、社会、法律、地域、资源、人文和心理、生理等方面的因素。工程本身就是一个集成的过程。

为满足我国工业发展水平对现代工程师的长远需求,工科大学生必须具有新视野、新思维,充分了解科学发展前沿,形成综合、交叉、富有创新活力的多元化知识结构。以往人们评价一个人的才学是以他的学历的高低和他的知识程度的高深为标准的,而知识经济时代对一个人的才学的评价则是以他的知识结构的优劣为标准,有知识并不等于有能力。知识结构是各种知识在人的大脑中的组织方式,它包括各种学科知识的配置比例、相关程度和协同关系。现代社会要求工科大学生的知识结构必须是动态性的、合理的、多元化的模式,不但各学科知识齐全,比例得当,而且各学科知识之间的相关性好,整体上要随着科技的发展不断延伸、扩展、更新和改造,以始终保持知识结构优化的状态,适应客观世界变化发展的需要。

工业发达国家有两句批评他们本国工程技术教育的话,一句是"技术上狭窄的"(technically narrow)教育,学机的不懂电,学电的不懂机。我们国家的工程技术教育更狭窄,学热加工的不懂冷加工,学流体的不懂固体。另一句话是"狭窄于技术的"(narrowly technical)教育,工科学生不懂成本、经营、管理,更缺少人文修养。我们的情况似乎也不例外,或许更突出。1996 年 4 月,中国科学院副院长、两院院士路甬祥提出:21 世纪的工程师至少要做好回答 4 个问题的准备。第一个是"会不会去做"(一项工程技术任务甚至科技难题放在面前,你拿不拿得起),第二个是"值不值得做"(看你在人、财、物和时间要求的现实约束条件下,能否经济合理地完成这项任务),第三个是"可不可以做"(看你能否在政策法规、社会公德、文化习俗允许的前提下,既遵照法律又合乎道理地把事情办成),第四个是"应不应该做"(看你能否自觉地考虑生态的可行性,以本职的技术工作为可持续发展做出贡献)。这就要求工科大学生有扎实的工程基础理论和实践知识,还要懂得工程与社会、人、环境等因素之间的复杂关系,扩展人文、社会及管理科学等方面的知识,成为具有良好综合素质的、全面发展的现代工程师。工程科学技术的发展具有"双源性",一方面它依赖于基础科学和技术科学提供的理论知识;另一方面,因其具有综合性、复杂性、应用性,并以造福于人类为目的,以及在多重的约束条件下寻求最优化方案等等特点,决定了它还依赖于源自工程实践的经验定律和经验法则。因此,欲造就合格的工程人才,工程理论知识学习和工程实践训练二者缺一不可。我国著名工程教育家刘仙洲认为《公羊传》中的名句"巧心劳手成器物曰工"是对"工"下的最好定义,他认为,对工程人才,"巧心"和"劳手"两种条件,实在是非兼备不可,这里的"巧心"是指学习工程理论,"劳手"是指工程实践训练,学习工程理论与工程实践能力具有同等重要的作用,实践能力是工程师的灵魂。工科大学生的培养是应用型人才的培养,必须依托大量的实践教学环节,只有经过大量实践教学环节的学习,才能掌握实用的知识,成为适合社会需求的技能型人才。新时代生产的发展对工科大学生的要求越来越高,用人单位要求工科毕业生不仅懂得理论分析,而且能动手操作;不仅会操作计算机,而且能操作生产设备;不仅会坐在办公室设计产品,更能在生产第一线确保生产的顺利进行。

(2) 实践性

工程的社会性决定了工程教育的实践性。工程是一种特定的社会实践活动,工程师是从事这种造福人类的实践活动的主体,因此以培养这种工程人才为目的的工程教育在本质上也必须具有实践性。工程教育以应用和实践为主,强调实学、集成和创新的原则,其人才培养的方向是综合性、实践性和创造性。实践性即实践性原则:是指人们在进行创造性思维的过程中,必须参与实践,必须在实践中促进思维能力的进一步发展,在实践中检验思维成果的正确性。没有实践,思维的发展就失去了动力,就不会有创造性的思维。没有实践,创造性思维其他原则就会变形或是被误用,比如独立性原则,就会变成"孤僻性"原则,求异性就会变成主观中的多样性,跳跃性就会变成臆想中的胡乱联系。所以,实践性原则是创造性思维中的根本原则,它的贯彻、实行与否,直接关系到其他原则的贯彻与否,并且它统摄其他原则。作为面向工程实践、培养工程师的教育,工程教育的实践性非常重要,它包括实践性课程的设计,实习、实验的锻炼,毕业设计的实践性,也包括教师队伍实践能力和实践经验的积累。

刚刚过去的 20 世纪是人类社会的工业文明经历材料文明、能量文明,向信息文明发展变化的世纪。不说人世间那些造福苍生的民用工程,更不说那些惊天地泣鬼神的武器军备,只要看看 20 世纪的这些发明:现代汽车、洗衣机、传真、飞机、手表、空调、白炽灯泡、电冰箱、电视、核能利用、电脑、录像机、人造卫星、因特网、机器人,等等,就足以让人去感受、体会与思考工程的实践性。航空工程的先驱者、美国加州理工学院的冯·卡门教授有句名言:"科学家研究已有的世界,工程师开创全无的天地。"创造人工物的工程活动以及认识其规律性的工程科学研究都必须讲究实践目的,也就是说,必须要求它们能满足客观需要,努力探究并且解决实际问题。在新世纪,工程教育将进一步走出技术教育和科学教育的阴影,完成本质独具的自我认知,作为工程自己的教育来承担新的更加重大的历史使命。这种转变主要体现在,赋予重视工程思维训练、强调工程实践能力培养以更丰富更深刻的时代内涵。以 MIT 为代表而掀起的"回归工程运动"自 20 世纪末以来,在世界范围内方兴未艾。实践训练在工程教育中的作用得到充分强调,旨在培养学生创新能力,特别是工程设计能力的"以问题为中心",融合"理论教学"和"研究型教学"的实践性课程得到开发。实践性教育重新成为指导工程教育改革的重要思想。德国的工程教育则强调工程师不但要具有扎实的理论功底,也要兼备熟练与高起点的技术执行能力。工科教师多来自工业企业的工程第一线,工科大学明确规定学生在校期间必须完成足够周时的生产实习等等。可以预知,在新世纪,工程教育向工程实践回归的趋势将越来越明显,而产学研合作教育是推动高等学校工程教育发展的重要途径。

2）重要特点：创新性

创新是以新思维、新发明和新描述为特征的一种概念化过程。创新意味着改变，所谓推陈出新、气象万新、焕然一新，创新是对旧的替代和覆盖，创新意味着付出，因为惯性作用，没有外力是不可能有改变的，这个外力就是创新者的付出，创新通常意味着在某一领域长期的探索和努力。创新谈到院校工程教育的创新性，我们不能要求一群还没有出校园的学生做出颠覆性的创新成果，这毕竟需要大量实践的积累，但是作为教书育人的学校，我们可以对学生的创新性思维和创新能力、创新意识进行启发。院校可以充分利用自身高素质人才聚集的优势，开展各种类型的科技活动，引发学生之间思维的碰撞，启发学生的创新性思维。同时采用启发式教学和考核方式，鼓励学生的创造性，为他们在未来的工程工作中进行开创性活动奠定基础。

创新是一个民族进步的灵魂，是国家兴旺发达的不竭的动力。创新的意义对国家民族如此，对工程亦如此。创新包括三个层次，即理论创新、体制创新和科技创新。作为科技创新之一的技术创新，与工程关系最为密切，包括原始创新、集成创新和引进消化吸收再创新。工程是在物质领域中的活动，一般是创造新的实体或者对旧的实体进行改造，使之具有新的功能和价值。因此，工程内容应包括建设项目、技术改造、研究开发等活动，也包括它们的前期工作，如规划、战略、设计等活动。从上述可见，工程活动不包括现有事物的一成不变的运转，也不是现有事物毫无变化的重复，而一定会有一些新的东西、新的内容，因此工程本身具有创新的属性，也是其活力的来源。

教育负有培养学生创新精神和创新能力的任务，工程教育作为教育系统中最注重创造和实践的一个子系统，应当尤其关注对学生创新意识、创新能力的培养。创新教育是社会经济活动对于人的要求在教育领域的反映，如何通过工程教育促进整个社会的创新行为，培养具有创新意识、创新能力和创新人格的人才，是工程教育界圣待解决的问题之一。

工程教育要发展，必须消除守旧思想，排除两个极端，即"不思进取为一端，忽悠折腾为另一端"。任何一个具有蓬勃生命力的工程教育系统，必定在教育理念、培养目标、教学环节、课程内容、培养模式、成长通道、保障体系等多方面实现了或努力追求着包括学科创新、路径创新与战略创新在内的教育创新。如学科创新，就包括新学科的创立、老学科的改造、跨学科的推动等方面。

工程教育涉及科学技术的前沿,比如生命科学、电子信息、新型材料、先进制造、新型能源、海洋、激光、航空技术等均是工程教育的内容。接受工程教育的学生今后将参与这些领域的创新发展,学生可以运用学校所学的知识和技能推动科学技术达到新的前沿。

3)培养学生工程性与创新性的阶段安排(图 3-2)

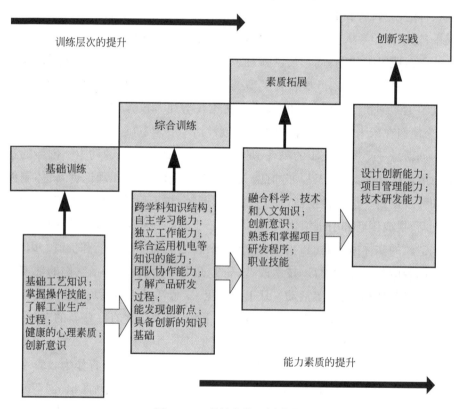

图 3-2　工程教育的不同阶段

(1)基础训练

工科大学生实践能力的培养,不能仅仅依赖于实践教学环节,必须贯穿于整个教学计划中,通过完善课程设置和在课堂教学中培养并提高工科大学生的实践能力是非常重要的。清华大学教授罗福午曾说:无论时代怎样变迁、社会怎样发展,也无论大学的理念怎样更新、大学的职能怎样扩展,"育人"始终是高等工程教育最重要的职能,"教学"永远是培养人才最主要的渠道,"教学改革"必然是各种教育改革都要落到实处的基石。

（2）综合训练

高等工程教育既有高等教育的"专业性""高深性""创造性"等共性特征，又有工程教育的"应用性""技术性""实践性"等个性特征，这就决定了高等工程教育课程设置与其他科类高等教育课程设置的根本区别。高等工程教育课程设置中，理论教学与实践教学之间的比例是最为关键的问题。比较而言，工程专业实践性、应用性突出，在课程设置上实践教学环节显然应该比理论教学环节安排更多的时间。而事实上，在我国实践教学环节长期受到忽视，这从学分比例、系统性等方面可以明显地看出实践教学环节还处于理论教学的从属地位。高等工程教育课程设置应在保证有扎实的教学和科学基础的前提下，改革现有的课程体系，使之尽早面向工程实际，更好地面向课程交叉、动手实验、工程实践、团队工作、系统思考和创新设计等。所以应该在尽量提高实践教学环节比例的同时，改变以"课堂"和"书本"为中心的教学方式，将与实践密切联系的课程放入实践中教学，发达国家都非常强调在实践中学习专业知识，这是非常值得我们借鉴学习的。另外，各校还可根据自身条件状况增设一些工程训练理论课程和实践课程。如丹麦的奥尔堡大学在设计课程时，把教学内容编成工程项目，让学生组成工程师团队，在教授的指导下，通过共同完成项目来培养解决问题的能力并获得所需的专业知识，同时，项目设计和管理所需的沟通交流技巧和创新精神也能得到培养。

（3）素质拓展

在工科院校学习的大学生，必须树立和培养大工程意识，充分利用学校提供平台积累工程师所需的基础知识和基本能力，提高工程实践能力和意识，培养良好的职业道德社会责任感。素质拓展作为现代管理领域的重要培训课程，弥补了工科院校人文素养不足的缺憾，从责任意识、团队协作意识、组织领导、心理素质潜能挖掘、创新思维、意志品质、人际交往、社会意识等方面培养和促进工科大学生树立大工程意识，从而切实提高工科大学生就业、创业的核心竞争力和可持续发展力。

（4）创新实践

工科大学生创新实践是培养和提高学生科研创新能力的有效形式和重要途径。通过进一步拓展和整合课内外科研实践环节，不仅使学生尽早进入了本专业的科研领域，接触和了解学科的前沿和发展动态，而且有利于因材施教,充分利用学科的综合交叉优势以及教学和人才资源优势培养复合型人才:既培养了学生理论联系实际的创新精神、实践动手能力和独立工作能力,又加强了师生的团队合作精神、语言表达和交流沟通能力。

3. 院校工程教育环境的视角

1) 支持条件

(1) 实验室

高等工程教育课程中大部分课程是理论课与实验课相结合的,对工科大学生来说实验教学在工程实践训练中占有举足轻重的地位。实验室是大学生将理论与实践有机结合,提高综合素质和实践能力的重要基地,而经调查研究发现,尽管近年来实验室建设从硬件方面得到了很大提高,实验设备、仪器相对增加了,资金投入加大了,但是实验室的利用率却不高,实验室开放程度不够,特别是重点实验室几乎没有对本科生开放。大部分工科大学生进实验室之前不明确将要做的实验目的,实验过后也觉得实验没有意义或者没有收获。原因除了学生对实验不够重视,主要是因为实验过程大都属于观摩的性质,一间实验室里挤满了 30 多个学生,学生根本没有亲自动手操作的机会。没有实验课的时间,大部分的实验室的大门紧闭,不但没有起到培养学生实践能力的目的,反而浪费了教学资源。

(2) 实训中心

根据我国的具体国情结合国外的经验,建立适合中国高校发展的有中国特色的实践教学机制。成立工程实践中心、营造实践教育平台就是这样一个很好的举措。在我国成立工程实践中心或实践教学中心,整合教育资源,有效地发挥实践教学的作用。使本科一二年级学生得到大面积的实践基础能力的培养,而且还通过实践项目的开展,跨学科多领域地训练高年级学生的实践能力;同时根据实践教学平台的规模和水平,指导一定数量的毕业设计。

(3) 校外实习基地

校内实习基地受到场地、设备、经费等因素的限制,不可能完全具备工程实践教学所需要的各种条件,为了让学生经历完整的实践教学过程,需要充分利用社会资源为教学服务,进行校外实习基地的建设是非常必要的。校外实习基地是校内实践教学条件的重要补充,是学校理论教学和社会实践工作的重要桥梁,是学生理论联系实际的重要场所,更是学校与社会进行全面合作的一种平台和触发点。目前,联系校外实习单位、企业一般凭教师个人的关系,如果是与企业比较熟悉得的老师去联系实习场地,企业还可能配合,若是一般老师去联系,企业就不一定买账了。各种各样的原因导致了现代企业越来越不愿意接受本科生去实习。所以建立稳定的校外实习基地的必要性更显得重要。

在实践教学中也可积极考虑引入新的机制,多方筹措资金,与企业或团体共建实践教学基地。例如,与企业、政府联系,成立相应工程实训中心,并根据协议或条款成立管理中心的董事会,把企业的管理机制引入高校。这种形式可为高校、企业与政府等不同的合作部门带来多方的益处。例如,通过企业对科技发展的敏感性与需求性,与高校合作共同开设具有特色的学科专业方向;通过高校与企业及政府的合作,有效地促进产学研的结合,促进当地地方经济的发展;为企业输送了大批的人才资源;根据企业的需求可依托高校的科技研究力量,为企业的研发提供技术与人力上的支持;高校也可为企业提供前沿知识上的技术培训,为高校筹集资金;最为根本的是通过与企业共建,解决了高校对实践教学投入上的资金困难与不足。

2)制度保障

(1)质量保障体系

工程教育专业认证在国际上很多国家已经开展,其对工程教育发展的促进作用也在很大程度上得到了证实。加入 WTO 以后,工程与教育面临越来越严峻的国际竞争。在经济全球化背景下,高等工程教育专业认证制度是促进我国工程技术人才参与国际流动的重要保证。建立高等工程教育专业认证制度对于提高我国高等工程教育的国际竞争力以及确保我国高等工程教育的质量都具有十分重要的作用。①通过专业认证,明确工程教育专业的标准和基本要求,促进各院校和专业进一步办出自己的特色;改善教学条件、增加教学经费的投入,促进教师队伍的建设和专业化发展;发现大学相关专业院系教学管理的薄弱环节,促进建立科学规范的教学质量管理和监控体系,从而提高大学教学管理水平。②通过专业认证,加强高等工程教育与工业界的联系。把工业界对工程师的要求及时地反馈到工程师培养的过程中来,引导高等工程教育专业改革与发展方向,密切高等工程教育和工业界的关系,使工业界参与工程师培养过程中的培养方案的制定、培养过程的改进与培养成果的验收,促进工业界对高等工程教育的了解和支持。改善高等工程教育的产业适应性,促进高等工程教育为工业提供合格的工程师。③通过专业认证,推动工程教育改革。近年来,随着科学技术和社会经济的迅速发展,各国高等工程教育对质量提出的要求越来越高。美国工程与技术认证委员会 ABET 近几年在高等工程教育方面提出 11 项学生核心能力指标(EC—2000),这些能力指标旨在评价学生的综合能力,包括沟通、合作、专业知识技能、终生学习的能力及世界观等等,为教师、教育机构在设计课程上提出了明确方向与要求。④通过专业认证,促进高等工程教育的国际交流,提升我国高等工程教育的国际竞争力。使我国的工程技术人员能够公平地参与国际就业市场的竞争,满足进入国际就业市场的现实要求并获得公平待遇,提升国际竞争力。

2006 年,全国工程教育专业认证专家委员会在北京召开成立大会。教育部副部长吴启迪在会上指出,工程教育在快速发展的同时,要切实把重点放在提高质量上。要提高大学生的创新能力,推进产学研结合,加快紧缺人才培养,加强实践教学环节,构建工程教育质量体系。吴启迪指出,我国的工程教育规模目前居世界第一,在快速发展的同时,也存在着不少问题和挑战。如工程教育体系不够健全,工程教育和工业界脱节,课程体系相对陈旧,工科教师队伍普遍缺乏工程经历,工程师职业资格制度缺失,工程师培养体系不够健全等。要解决这些问题,必须放眼国际,建立具有国际实质等效性的我国工程教育质量监控和保障体系。

2010 年 6 月,教育部在天津召开"卓越工程师教育培养计划"启动会,联合有关部门和行业协(学)会,共同实施"卓越工程师教育培养计划"(以下简称"卓越计划")。教育部"卓越计划"旨在培养造就一大批创新能力强、能适应经济社会发展需要的高质量各类型工程技术人才,为国家走新型工业化发展道路、建设创新型国家和人才强国战略服务。

卓越工程师培养计划旨在建设系统化的实践教学体系、开放实践教学模式、搭建课程结构的模块化学习、使实践教学平台层次化,同时力求完善实践教学管理体系和实践教学评价机制。根据此计划的要求,工科院校应尽量减少与就业和素质培养没有关系的课程,增加国家、社会需要的专业,减少过时的专业,为学生争取在企业中实习的机会,延长实习期限,聘请企业里的专家人士作兼职教师,把真正有启发的实践项目引入高校,作为课程的一部分。同时,工科院校还应在专业学科设置上强调跨学科跨领域的综合素质人才的培养,特别是在教学过程中使用启发性的教学方法,对教学内容及时更新,让学生尽可能多地接触到前沿信息，主动参与学习，积极实践，追逐兴趣爱好，为学生提供尽可能多的跨领域实践的机会，以紧跟时代的步伐，满足及企业对实用人才的需要。2006年，全国工程教育专业认证专家委员会成立后，机械工程与自动化、电气工程及自动化、化学工程与工艺、计算机科学与技术4个试点工作组，先后成立并分别完成了两所学校的试点认证。2012年，试点认证的范围进一步扩大，按照与国计民生、国家安全、人身安全关系密切的原则，计划新增环境类、水利类、交通运输类、轻工食品类、地矿类等5个新的试点专业，加上以往的4个试点专业和建设部组织进行的土建类专业评估，共有10个专业开展专业认证。工程教育专业认证通用标准分专业目标、质量评价、课程体系、师资队伍、支持条件、学生发展和管理制度7个指标。认证标准是对工程教育专业的最低质量要求，是办合格专业的最低门槛，标准不会限制办学多样性。过了门槛，专业按着定位自我发展，如研究型、复合型、应用型等模式进行人才培养。

2012年，工程教育认证委员会又对认证体系做了修订和完善，以适应我国工程教育加入《华盛顿协议》的需要。

（2）产学研合作制度

产学研合作对高等学校工程教育的教学内容和学术水平提出了严格的要求。学校不是企业，学校和企业必须各有所长，才能相辅相成、相互依赖、相得益彰。学校的长处在于研发工作和教学内容的学科综合性和先进性。仔细分析当前我国工程技术创新的全过程，不难看出，在工业生产中，应当在大量技术引进后及时进行消化、吸收、仿制、跟踪并从中提炼出工艺、材料、运行、调控等一系列问题，为此，人们需要开发新工艺、新材料、新工作原理、新计算方法、新设计，而所有这些创新必须得到材料科学、力学、控制理论、信息科学等诸多学科综合的强有力的支撑。在这样一个完整的过程中，学校如何正确定位是亟待解决的问题。显而易见，学校的教学内容和学术水平必须"源于实际而高于实际"。高等学校应该定位于科学理论研究、生产工艺实践、创新技术开发。

学校是向社会开放的大系统，与社会有千丝万缕的联系：学校遵循国家的教育方针，接受教育领导部门的引导和指示，国家资金和科研经费保证了学校的运行和发展；学校从企业获得国防工业发展、科学技术进步、人才需求的信息，也接受企业的研究项目和资金，有时还进行人员交流。面对国家和企业乃至于整个社会的要求,学校理应走产学研合作的道路,认真规划自己的工作,力求在科学研究、社会服务、人才培养等三大功能上充分满足客观形势的需要,培养出理论联系实际的具有一定工程实践能力的创新型人才。

我国以往的产学研合作主要以高校、研究院所的研究力量为主,企业基本上不负责研发,高校处于校企产学研合作的主导地位,企业处于较被动的地位。随着市场经济的发展和企业技术研发力量的不断壮大,企业逐渐成为技术创新的主体,校企产学研合作内涵和外延将发生变化,企业技术创新的主体将由高校、科研院所向企业转变。以企业为主体的技术创新体系,将使高校由原来的技术创新型向为企业提供技术和人才支持服务方向转变,高等学校必须适应这种新形势的变化和要求,整合学校力量,推动与企业的产学研合作。另外,高校要努力寻找与企业进行产学研合作的契合点。提倡高校参与企业的技术创新活动,并非强调高校应放弃追求科学进步而一味迎合企业"市场化"的技术创新要求,而是要找出高校与企业合作的最佳结合点。企业和高校都有开展技术创新合作的动机与意愿,但企业和高校的考虑各有侧重,例如学校比较关注发展学科、出原创性成果,而企业关注市场和效益。高校和企业在开展技术创新合作时需要从这种差异中寻找到契合点,才能有效推动双方的合作。

第四章　院校工程教育的制度安排

一、工程教育发展的背景

经济转型和降低经济发展成本对工程教育的要求

科学发展观强调坚持可持续发展。可持续发展的重要思想就是要把经济发展的负面效应和代价减低到最低程度,或者说将经济发展成本降到最低。经济发展成本是一个国家(或地区)为获得发展而支付的全部成本费用,它是把社会、经济、人口、资源、环境之间的协调发展和良性循环作为一个有机整体,综合研究人类社会发展进步的成本支出。从广义上看,经济发展成本主要分为两大类:一是自然成本,包括资源成本、生态成本、环境成本;二是人文成本,包括制度成本、人力资源成本和社会稳定成本,见表4-1。

表 4-1　经济发展成本的构成及含义

	成本构成	含义
自然成本(Cn):处理人与自然之间关系时发生的成本	资源成本(Cre)	人类社会经济活动使用和消耗自然资源所必须支付的代价
	环境成本(Cen)	人类生产活动和消费活动对环境资源的需求量
	生态成本(Cec)	超过生态系统的资源供应量的生态系统恢复能力而造成的生态价值损失
人文成本(Cs):处理人与人之间关系时发生的成本	制度成本(Cin)	制度从建立到实施所要耗费的社会资源
	人力资源成本(Chr)	获得、开发、使用、保障必要的人力资源及人力资源离职所支出的各项费用的总和

续表

	成本构成	含义
人文成本(Cs)：处理人与人之间关系时发生的成本	社会稳定成本(Cst)	包含维稳成本,在转型期,社会矛盾和冲突高发,群体事件甚至暴力事件耗费的巨大的社会资源,以及国家为维护社会稳定,以法外方式解决、特殊处理一些可能影响到国家稳定成本

从自然成本看,资源成本的降低关键在于"资源使用效率和新能源替代率的提高";环境成本的降低关键在于"循环使用率和三废治理率的提高";生态成本是由于自然资源过度利用和环境破坏而引发所形成,因而资源成本和环境成本的降低自然会促使生态成本降低;从人文成本看,其成本降低的关键在于"组织创新以及高素质人才的参与"。而所有这些都离不开知识经济的作用与贡献,见图4-1。

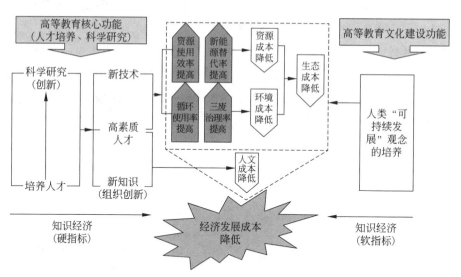

图 4-1　高等教育、知识经济与经济发展成本降低关系图

根据 OECD 定义,"知识经济是直接依据于知识和信息的生产、分配和使用的经济"。① 知识经济的主要特征是:科学技术的研究与开发日益成为经济发展的基础,信息和通信技术在经济发展过程中处于中心地位,提供知识和信

---

① 经济合作与发展组织 OECD. 以知识为基础的经济[M]. 北京:机械工业出版社,1997.

息服务的行业在经济生活中扮演了主要角色,人力的素质和技能成为经济发展的先决条件。换言之,知识经济就是创新经济、信息经济、人才经济。知识经济对于降低经济发展成本无疑起着巨大的作用。而高等教育在人才培养、科学研究、文化建设上具备的核心功能与巨大作用,决定了高等教育对于推动知识经济建设的重要意义,这从前面的分析中能清晰看出。因此,我们可以进一步认为,高等教育发展对于促进我国经济发展成本降低、实现人类社会的可持续发展具有极为重要的作用。

我国开设工科专业的本科高校占到了本科高校的 90%,每年的工科毕业生占到毕业生总数的 1/3 以上,可见高等工程教育是高等教育的一大重要组成部分。因此,工程教育应当在降低经济发展成本中起到引领和推进作用。工程教育应当用降低经济发展成本的思想方针来引导人才培养、知识创新和技术创新,培育和弘扬可持续发展的工程观和工程文化,在人才培养目标和人才知识能力标准的设定上充分考虑现代工程中的自然、生态和人文因素对工程师素质的要求。

新型工业化对工程教育的要求

改革开放以来,中国发生了人类历史上规模最大、速度最快的"五化"(工业化、城镇化、信息化、国际化、基础设施现代化),这是中国经济保持高增长的"五大引擎",未来二十年,中国经济增长的这"五大发动机"还将为中国经济增长提供新的源源不断的动力,见图 4-2。

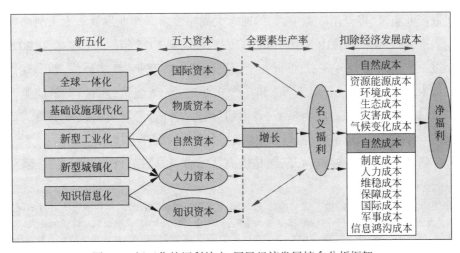

图 4-2 新五化的福利效应:国民经济发展综合分析框架

新型工业化是新五化的重要内容之一。中国将从工业为主的经济体转变为服务业为主,特别是现代服务为主的经济体。到 2030 年,三大产业的比重为 5%∶33%∶62%,这标志着中国用了 80 年左右的时间完成了西方国家 200 多年的产业现代化历程,从一个农业大国(1949 年),转变为工业大国(1978 年),再转变为工业强国(2010 年),最后转变为一个现代服务业大国(2030 年),未来还要进一步转变为现代服务业强国(2050 年)。[①]

在产业结构不断升级的发展需求下,就业结构也随之发生变化。[②] 预计未来第一产业就业人口的比重将出现较大幅度下降,从 2015 年的 32.1% 下降至 2030 年的 16.6%;第二、三产业就业人口的比重则将进一步升高,特别是第三产业的上升幅度较大,分别从 2015 年的 29.0% 和 38.9% 上升至 2030 年的 31.6% 和 51.8%,见表 4-2。

表 4-2　中国就业结构(%)

	2009 年	2015 年	2020 年	2025 年	2030 年
第一产业	38.1	32.1	27.0	21.8	16.6
第二产业	27.8	29.0	29.9	30.8	31.6
第三产业	34.1	38.9	43.1	47.4	51.8

注:2010 年数据引自国家统计局编:《中国统计摘要(2011)》,第 43 页,北京,中国统计出版社,2001 年;2015—2030 年数据系作者估计。

为适应产业结构调整升级的需求,我们要大力发展若干战略性新兴产业。促进产业集聚、提升国际竞争力,加速七大战略性新兴产业发展。七大战略性新兴产业占 GDP 比重由 2010 年的 4% 左右提高到 2015 年的 8% 左右,在 2020 年进一步提高到 15% 左右,形成 4 个国民经济支柱产业(节能环保、新一代信息技术、生物、高端装备制造业)和 3 个先导产业(新能源、新材料、新能源汽车)。以战略性新兴产业为核心,着力引导、形成符合经济可持续发展方式需求的产业结构,知识密集型、资源集约型、生态友好型产业体系。

新型工业化道路的核心问题是提高技术含量,以提升附加值,提高经济、

----

① 清华大学国情研究中心. 2030 中国:迈向共同富裕[M]. 北京:中国人民大学出版社,2011:66-67.

② 目前,我国二、三产业就业人口还大大偏低,2009 年,我国三次产业就业人口在总就业人口中所占比重分别为 38.1%、27.8% 和 34.1%。第一产业所占比重过高,第二产业比重仅相当于美国工业化初期即 1870—1910 年水平,第三产业比重则大大低于发达国家 60%~80% 的水平。

环境和社会效益。为此,必须大力开展创新活动,提高科技含量。实现技术创新关键在于人才,新型工业化在发展过程中,需要一大批具有创新性思维、在科学技术创新和创造性等应用上都能够创造性地开展工作、创造性地解决问题、开拓工作新局面的创新型工程技术人才。

因此,工程教育要适应新型工业化的发展需求,院校工程教育体系的构建必须与产业发展深度融合,建立符合战略性新兴产业、先进制造业、现代服务业、现代农业发展要求的人才培养目标和人才培养体系,努力加强人才的实践能力和创新精神培养,为新型工业化发展培育大量高素质的创新型工程人才。

现代工程的特点对工程教育的要求

1. 工程目标的多元化

现代社会是一个文明多样化、生活多彩化、价值多元化的社会,这种态势在工程实践中的反映就是工程目标的多元化。社会需求是工程实践的强大动力和基础,现代社会有技术、经济、政治、文化、社会、军事、生态、审美等多种多样的需要,而这些不同需要之间存在着较强的关联度,为了有效地满足社会发展的多种需要,人们在规划、设计、建造工程中必须设定多元的价值目标,这就造成了工程目标的多元化。

在现代社会的工程设计和建设中,许多工程既有实用的目标,又有审美的目标,既有经济社会目标,又有生态伦理目标,既有技术目标,又有人文目标,成为多个目标的集合或目标群。例如,三峡工程就具有防洪、发电、改善航运条件,改善生态环境等多项目标。

在工程思维方面,工程目标的多元化要求我们打破仅仅从经济、技术、工具化的单一视角和维度考虑工程活动的片面化、一元论、线性简单化思维,而代之以更广阔、更全面的“生态—自然—经济—科技—社会—人文”等多侧面、多向度、多视角、立体化、多元论、非线性的复杂性思维,以此去谋划、策划和规划、组织、管理、评估工程活动,取得良好的综合效益。

对此,工程教育亟待培养一批具有战略化眼光、全局性意识、复杂性思维、战略智慧和良好的组织协调与管理能力的工程师,以此带动和促进工程科技人才队伍建设,提升我国的工程建设整体化水平。

2. 工程创新与科技进步的联动性增强

随着知识经济的深入发展,科技进步成为现代工程进步与发展的强大引擎。工程作为人类改造世界的活动,毫无疑问需要技术的强大支撑。现代许多大型工程,往往依赖于一项或几项关键技术的突破,技术创新、科技进步往往成为工程发展的强大推动力。例如,我国的青藏铁路工程,正是在冻土路基保护这一关键技术取得突破性解决的基础上才得以顺利实施,并取得最后成功的大型工程。

科技含量、知识含量在工程建设中的作用日益明显,是成为优良工程的质量保障。在现代社会,工程活动中的科技含量、知识含量越高,综合性越强,工程的效益就越好。例如,我国的载人航天工程,是一项综合性的现代高技术工程,它知识密集度高(涉及航空、航天、气象、天体物理、材料学、能源与动力学、生命学等众多知识),科技含量高(涉及信息科学、生命科学等高新技术群),建立了一整套科学的智能型管理体系,因而获得了坚实的工程质量保障体系,从而成为"零疑点、零缺陷、零事故"的高科技优良工程。

工程活动的高科技特点和综合性特点要求工程教育加强工程与科技的密切合作与沟通,用科技发展引领工程教育发展,在课程体系中注重融入对科技前沿和发展趋势的学习和了解,在教学中注重工程与科技的结合以及学科交叉思维方法与学科综合能力的培养,培养一大批具有较强科技运用能力的创新性工程科技人才。

3. 工程中的环境问题和伦理问题日益凸显

工程作为一种人工造物活动离不开自然生态环境。任何工程都是在一定的自然生态范围内实施的,都要与自然环境进行物质、能量、信息的交换。工程系统与自然生态环境是一种相互制约、相互影响、相互作用的关系。任何工程的实施运行都会对自然生态系统产生一定的影响。随着人类工程实践的发展,自然环境受到的干扰也越来越大。近代以来,由于人类过度的、大规模的干扰与破坏自然环境的活动,使得自然生态系统的自我调节和自我修复的能力不断下降,生态系统变得越来越脆弱,这就使得工程活动的环境(生态)影响力越来越大。

这些情况要求我们在工程立项、决策、规划、设计、运行、管理与建设实施的各层面上必须牢固树立工程与环境相协调的可持续发展的工程理念,确立工程生态观,既要把生态环境视为工程活动的外生因素,又要把它视为工程决策、运行与评估的内生因素来考虑。

现代工程规模的庞大化、结构复杂化、系统集成化使工程共同体内部各群体、组织之间协作、竞争、互动性增强,现代工程的高科技化使工程中人的因素、管理因素、文化因素的作用更加重要,这就使得各个群体之间的相关伦理问题日益增多,工程师、投资者、管理者、技术工人等工程群体的伦理责任界限变得更加难以厘清,形成了紧密相关的伦理责任链。

现代科技的进步,使工程活动介入人类社会生活的深度、广度、强度增大,引起了许多新的伦理问题,特别是一些新型高新技术工程的出现。例如,信息网络工程、基因工程、生命工程等,引发了个人隐私权保护、生命尊严维护、人工器官复制权、生命权、自然生命与人工复制生命的关系、人—机主体行为系统的责任等新型伦理问题。

工程活动中日益显著的环境和伦理问题就要求工程教育注重培养学生的工程生态观、工程世界观、工程价值观、工程审美观以及工程伦理道德观,树立可持续发展的工程观和工程师的环境责任意识。指导学生如何在解决工程实际问题时充分考虑自然生态、人文、社会和伦理等非技术因素的影响。

二、院校工程教育政策制度的制定

如前所述,经济发展方式转型要求新五化发展,新五化特别是新型工业化的发展带动了工程的新发展,工程活动产生了工程性和创新性的新要求,这就对工程教育提出改革改进的要求,因而院校承载着工程教育的制度安排,见图4-3。经济社会发展不断对工程发展提出的新要求,是院校工程教育制定出台相关政策的依据。

国际高等工程人才培养模式特点分析

1. 培养目标分析

在大学阶段的工程人才培养上,一般认为主要有两种模式,美国工程教育主要是让学生打好基础科学和技术科学理论基础,专业知识和技术由企业培

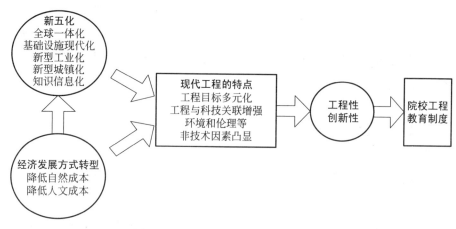

图 4-3　院校工程教育出台政策的依据

训,即所谓"毛坯工程师";德国和法国工程教育则实行"文凭工程师"制度,工程教育和职业资格紧密联系在一起,学生在学期间学科学理论,也学专业知识和技术,重视设计和生产实习,毕业后到企业继续培训。两者都用了六年左右的时间完成一名工程师所应具有的基础科学、工程科学和工程技术等方面的基本培训,其主要区别在于学校工程教育和毕业后在企业接受的继续工程教育的时期长短所占比例的不同。

　　以美国为代表的一类高等工程教育本科是准专业性质或专业入门性质的教育。它着重数、理、化等自然科学、人文社会科学以及工程科学基础的教学。以美国麻省理工学院为例,本科四年培养理学士(Bachelor of Science),目标是要培养"学生具有运用扎实的基本原理全方位洞察、展望自然和社会现象的能力、孜孜不倦地学习习惯和严密而系统的学习方法,以保证学生今后的业务提高和个人成长"。学生毕业后进入工业企业的培训机构,从事两年左右的工程技术学习培训才基本完成工程师的培养过程。

　　以德国为代表的另一类高等工科教育则是专业性质的教育。它的培养目标是文凭工程师(Diploma of Engineer)培养专业很强的科技人才。工程本科专业的培养年限一般为五年,但实际上学生获取文凭往往要用六年甚至更长的时间。其间有严格的基本理论学习、工程设计、实验技能基本训练和工程实践与实习等系统的培养环节。教学内容多,考试要求严格。学生学习失败或被淘汰率高,一般为 30% 以上,有的高校个别专业高达 50%。在德国高校考试是保证其学生质量的重要一环。

2. 专业设置特点分析

美国一类的大学本科专业一般按系科设置,且随社会经济发展变化而兴衰起伏。所以其专业设置具有明显的强调通才教育的特色,给予科学技术基础课程和人文社会课程同等的重要性。其培养规格都有明确作为大学生素质培养的基本要求,包括自然科学、人文社会科学、技术写作等约占本科学分的一半。例如,除了 MIT 的本科生在完成专业课程,必须完成学院普遍必修要求(GeneralInstitute Requirements),它包括科学技术以及人文、艺术及社会科学必修要求(Humanities,Arts,and Social Sciences Requirement,简称 HASS 要求)。在共同基础上设置较灵活的主辅修制(Major-Minor)或双学位制,并强调多种学科综合交叉。例如,MIT 电气工程与计算机科学系的本科理学士就包括电气科学与工程、计算机科学与工程及跨学科三种学位。

德国一类高校则按照技术和工程学科设置专业,但其覆盖面很宽。如亚深工业大学机械系就包含了机械工程、精密仪器和机械设计、汽车工程、热能工程、化学工程、生物工程、航空、运输工程、塑料及纺织技术工程等专业方向。学生可根据社会经济发展变化及自己的爱好选择专业方向。

3. 实践环节特点分析

美国一类高校的实践环节一般仅包括习题式大作业和实验等内容,但要求严格。在美国工程教育界提出"回归工程"的建议呼声中,美国一些大学开始设置一些可供学生选择的实习环节,但其学习分量仍比较小。个别学校例外,如东北大学实行产学结合五年制培养模式,5 年中有 4~7 次去工业企业公司工作实习的机会。哈维·马德学院则安排近一学年时间进行真刀真枪的毕业设计。

德国一类高校则十分重视实践在教学中的作用,注重对学生理论联系实际和工程设计能力的培养。这在教学计划中明显体现于:

① 设置占较大学时比例的习题课、讨论课和实验课。实验课一般占总学时的 10%~15% ,习题课、讨论课一般占讲课学时数的 1/2,有的甚至高达 2/3。实验课一般也是以学生自己练为主,基本不讲课。

② 要完成总学时 400 的主修和辅修两个工作量很大的课程设计,且设计内容是来自工业界带科研性质的课题。它训练学生把学到的理论应用于

实践。

③ 在校期间要完成长达 26 周的生产实习。

④ 要完成 3 个月至 1 年时间不等(视来自工业界的课题大小)的毕业设计或毕业论文。

三、院校工程教育培养机制及培养模式发展历史回顾

中国高等工程教育一直在不断的改革与探索,新中国成立后工程教育的发展经历了几个阶段。

第一阶段是 1951—1957 年。高等工程本科教育稳步发展,专科工程教育一度较快发展,研究生教育处于实验阶段。

新中国成立初期,出于经济发展的需要,由国家主导,对我国高等学校进行了一次大规模调整,其方针是“以培养工业建设人才和师资为重点,发展各类专门学院,整顿和加强综合性大学”。经过调整,工科院校的数量及其比例大增,明确了工科大学的培养目标是培养工程师。建成了机械电机、化工、土木等比较齐全的工科专业体系,而且设置了新的技术专业,国家迫切需要的系科或专业得到加强,高等工程专业教育得到了提高。此阶段工程教育效仿苏联,以培养“工程师”作为工科的培养目标,实质是培养专才。那时为了适应大规模经济建设的需要,强调学以致用,强调专业知识教育。同一专业按同一模式培养人才,制订统一的教学计划,编写统一的教材,培养统一规格的学生。不管是什么学校的毕业生,只要专业相同,他们学的课程就是一样的,课程设计是一样的,毕业设计的题目也是大同小异的,教学的实践环节也是一样的。学生的知识能力结构差异不大,培养的是“标准件”毕业生。当时讲究专业对口,基本上是专业对应于行业,或行业中的技术分工。

第二阶段是 1958—1965 年。《高教六十条》确立了本科工程教育的培养目标,专科工程教育起伏很大,研究生教育有了一定的发展。

1958 年,我国教育界在“破除迷信,解放思想”的浪潮中,开展了以教育与生产相结合为中心的教育大革命。由于“大跃进”运动的冒进,我国高等教育包括工程教育一度发展过快。1961 年,随着“调整、巩固、充实、提高”方针的贯彻和《高教六十条》的执行,纠正了发展过快的做法。这一时期稳定了工程教育中的本科教育,调整了专科教育,同时对研究生的招生、培养、分配、管理等作出了明确规定。这一阶段重视加强基础,提出加强“三基”。教育家蒋南

翔提出了著名的命题,"猎枪与干粮袋"。提出高等教育不能仅是知识传授,应是知识加能力,强调要着重培养学生分析问题和解决问题的能力。培养目标由知识型向知识加能力型转变,是此阶段的一个基本教育思想。

第三阶段是 1966—1976 年。在"文革"时期,包括工程教育在内的整个高等教育遭到严重破坏,造成各条战线一度青黄不接、后继乏人的严重状况。

第四阶段是 1977—1985 年。高等工程本科教育获得了较大发展,高等工程专科教育稳步发展,研究生教育进一步得到重视。

随着改革开放的不断深入,工程教育的结构也得到了调整和改革。专科工程教育受到重视,改变了以往把大专层次的人才培养作为满足急需的一种临时性措施而出现大起大落的情况,专科工程教育进入了持续稳定发展的阶段。1980 年,国家颁布了《中华人民共和国学位条例》,1981 年国务院批准了《中华人民共和国学位条例暂行实施办法》,制定了学士、硕士、博士三级学位的学术标准,建立了学位制度,相应建立了工程教育的专科、本科和研究生培养体系,高层次工程专门人才的培养受到格外重视。

第五阶段是 1985 年至今。《中共中央关于教育体制改革的决定》颁布后,高等工程教育发展迅速,研究生教育需求旺盛。

1991 年以来,为了拓宽人才培养的类型和规格,加快培养社会急需的复合型、应用型高层次人才,针对经济建设和社会发展的不同行业背景、不同类型、不同规格高级专门人才的需要,国务院学位委员会批准设置工程硕士等多个专业学位。专业学位培养已成为当前和今后我国培养复合型、应用型高层次专门人才的重要渠道。

1998 年,国家颁布了新的本科专业目录,高校的专业种类大幅度减少,专业面进一步拓宽。工科基本专业目录从 1993 年专业目录中的 22 类 181 中调整为 21 类 70 种。此外提出专业面向更宽的工科引导性目录专业 9 种。这次专业目录调整体现了符合科学发展及教育科学规律的科学性,又体现了我国科技、经济和社会发展对工程人才要求的前瞻性,推动了工程教育人才培养模式的改革。

随着"211 工程"和"985 工程"的实施,办学体制和运行机制的改革,我国工程教育发起了以提高教学质量和办学效益为中心的教育思想大讨论、大改革。

2010 年 6 月 23 日,教育部在天津启动了"卓越工程师教育培养计划",联合了与教育有关的不同部委和行业协(学)会,共同实施"卓越工程师教育培养计划"。卓越工程师计划的开展,推动了工程教育改革和创新,有助于全面提高我国工程教育人才培养质量,使我国从工程教育大国走向工程教育强国迈进。

从课程改革来看,改革开放后工程教育课程大体经历了三个阶段:20 世纪 80 年代高等工程教育的课程改革主要是加强基本建设;90 年代初期的课程改革的重点是重基础,宽口径,即加强基础课,减少专业课,增加选修课,拓宽专业口径;90 年代后期,确立了素质教育和创新教育等教育理念,工程课程增加了人文社会科学类课程。近年来,工程教育改革更加强调工程实践能力的培养。2005 年教育部高等教育司实施了"高等理工教育教学改革与实践项目",包括上海交通大学、天津大学、同济大学、浙江大学、大连理工大学、西安交通大学等国内知名的理工大学在内的共 70 所院校参与了该实践项目,项目主要围绕培养学生的创新实践能力展开。

从制度变迁的视角来看,作为我国工程院校重要的类型,行业特色高校的发展经历了"行业化"—"去行业化"—"再行业化"的变迁历程。相应地,人才培养模式也经历着三次大的变革。

"行业化"阶段起始于 20 世纪 50 年代我国的院校调整,受苏联专业化教育的影响,形成了一大批行业特色型高校。在人才培养模式上强调面向行业办学,形成了以培养应用型专业技术人才为主的专才培养模式。文辅相教授将其归纳为"四过",即"受被固化和强化的苏联模式的影响,文理分割,重工轻理,重专业教育,轻通识教育,加上过于集中统一的管理,给学生带来了过弱的文化陶冶,过窄的专业教育,过重的功利导向,过强的共性制约"。行业特色型高校的专才教育模式一直延续到 90 年代并没有得到很好的改变。

"去行业化"发生在 20 世纪 90 年代的中后期,在"共建、调整、合作、合并"的八字方针下,为克服传统管理体制中条块分割的弊端,通过划转与合并,许多行业特色型高校在行政管理上脱离原行业部门的管辖,除少数划归教育部管理外,大多数划归地方管理。学校自身也采取"去行业化"发展战略,改变服务面向,逐渐淡化与原行业部门之间的联系,着重为地方经济社会发展培养人才,在素质教育思想的影响下,推行通专并重的人才培养模式。普遍做法是在课程结构上采取"通识教育+专业教育",目的是为地方培养应用性复合型人才,但是,由于行业特色高校人才培养模式单一化及学科狭窄等多方面因素的影响,通专并重的人才培养模式并没有取得预期的效果。

"再行业化"阶段主要是 2007 年以来,在高教强国思想的引导下,倡导高校分类发展,走特色化发展道路,划转到地方的行业特色型高校再次面临战略调整,改变原先的单一面向,提出面向行业与面向地方经济社会发展相结合,回归行业,重新加强与原先行业部门联系,开始推行分层次人才培养模式,按照地方经济社会需要和行业发展需要多层次培养人才,这是目前行业特色型高校普遍采取的人才培养模式。在行业特色型高校的制度变迁过程中,从"去行业化"到"再行业化",这种过渡性的制度安排并没有实现行业特色型高校人才培养模式的"平滑转型",其主要原因在于在制度变迁过程中的制度求同。在"去行业化"发展过程中,一些学校脱离了自身的现实条件和办学历史,盲目照搬国内外综合性大学的培养模式,自身的发展定位和人才培养目标又与综合性大学盲目趋同,因而逐渐失去了自己的办学特色和竞争力,致使这类高校人才培养模式存在以下三个方面问题:一是学科专业发展不平衡,人才培养环境不利;二是培养模式单一,缺乏个性化的人才培养方案;三是偏重知识的传授,对实践能力、创新精神培养不足。"再行业化"就是要克服这些弊端,但不能只关注人才培养模式自身的问题,从制度变迁的视角来看,还应包括教育理念的纠正和制度创新两个方面。教育理念是人才培养模式价值取向的根本,缺乏明确的教育理念就使人才培养模式失去方向,培养目标必然发生偏离。同时,人才培养模式的摇摆不定是与人才培养制度的不完善相联系的,只有建立并执行创新教育制度,才能确保人才培养模式得以顺利实施。①

---

① 吴立保. 制度变迁视角下的行业特色型高校人才培养模式透析[J]. 黑龙江高教研究,2011(6):5-8.

第五章　工程教育实践的经验与发展

一、国内外工程教育实践的经验

国外工程教育实践经验

1. 美国"回归工程实践"的改革

美国在 20 世纪 50 年代提出"回归工程实践"的改革理念,开始重视工程教育的应用性、实践性和创新性,并从课程设置、教学体系和教学过程等方面都进行改革,强调产学研的合作教育。美国各高等院校普遍开始加强工程训练的内容,强调对学生工程设计能力的培养,强调对教师和学生的工程实践训练,开发"以问题为中心",融合"理论教学"和"研究型教学"的实践性课程来培养学生的创造能力,并以一系列政策和标准促使学生积极开展多样化的工程训练,让学生根据自己需求,自由决定到有关场所或实验室进行实习训练,甚至利用其他国家的资源开展有针对性的训练。如,1990 年曾有一批计划到发展中国家工作的大学生,到中国南京理工大学等高校的实习工厂进行实习。美国高校及理论研究基地不断加强对高等工程教育的研究,形成了自己的理论体系,并积极将理论与实践相结合,以新的人才培养标准衡量高等工程教育,以一系列评估标准衡量现代工程师的质量。当前,美国形成了政府主导和依托市场经济发展高等工程教育的模式,奠定了美国现代工业以技术为导向的发展模式。美国重视"改革工程教育,培养新一代工程师"的目标,支持重大技术发明的推广和应用,为美国工业化的发展提供了重要支撑。根据社会经济发展的状况,美国高等工程教育界加强了与其他部门的广泛交流,美国国家科学基金会、美国教育部以及许多民间组织,经过长期调查、研究和讨论,提出了许多改革建议。面对当今科技迅速发展的实际情况,许多大学根据自身的条件及社会需要推进"学科交叉计划",其基础专业课程中设置了不少国际性课程,使课程设置带有明显的国际化倾向,同时还把学校作为引进人才和技术,从而吸收世界文化精华的重要窗口和渠道,促进了美国高等工程教育的国际化。

美国高校向来重视培养学生独立解决问题的能力,鼓励学生独立选择科研课题,独立制定研究方案,进行观察研究与试验分析,运用所学知识设计具有创新意识的方案。美国高校实践能力培养的形式主要有工厂实习、开展科研项目和鼓励校园活动等。工科学生在掌握一定专业知识的基础上,都会有到工厂实习的机会。在实习的过程中,将理论运用于实践,提高观察能力和动手操作能力。实习结束后学生们会带着发现的问题和经验回到学校继续学习,往往就会激发出创新的欲望并付诸实施。开展科研项目和学术活动来培养学生的技术创新能力是很多高校特别是一流的大学采取的措施。鼓励和组织学生参与科研工作,可以让学生了解和掌握科研的方法,科研能力会得到系统的提升。

2. 法国着眼于未来的精英教育

法国的高等工程教育实施精英教育。从总体上来看,法国的高等工程教育确立了以下指导思想:第一,工程师的培养要着眼于未来。第二,注重科学基础教育和工程技术训练。第三,强调理论与实践的结合。第四,"通过科学研究"进行人才培养。同时,法国也注重未来工程师的非技术教育和实践性教学,采取"工学交替"的方法,即校内教学和企业实习相结合的方法加强人才的培养,让学生到企业参加实践活动,学习和掌握工程技术知识,进行工程训练,开展应用研究,了解企业运作的过程,养成良好的工程素质。法国的工科学生在两年预科之后,经筛选入校。在此后的三年培养中,第一年在企业(国内或跨国公司)一个月,第二年在企业两个月,第三年在企业三个月,总共有半年的工业实践时间。学生毕业时所获得的是工程师称号,而不是学士学位。构成了国家、学校、社会、教师和学生五位一体的工程教育培养体系,确保了培养质量。

中国工程教育改革实践

通过分析工科大学生实践能力的内涵,研究培养工科大学生实践能力的教学规律,可以得出这样的结论:实践能力和创新能力是工科大学生必备的、最重要的基本能力,已成为高等工程教育培养、造就现代工程师的基本出发点,工科大学生实践能力和创新能力的强弱已经成为知识经济时代背景下国家、社会、教育界以及工科大学生本人关注的重点。中国工程教育的数量和规模非常大,但是院校工程教育同质性非常强,课程设置相同,层次不明,结构不清,培养人才规格与质量雷同。近年来,高校合并和创建一流大学,使工程教育趋同化倾向更加明显。社会需要的工程人才类型各不相同,但高校自身的教育资源非常有限,追求大而全的办学方式导致有限教育资源又被分散,工程类学生实践条件欠缺。针对这些问题,我国工程教育进行了全方位的改革实践。

1. 树立科学的工程教育实践观,进行科学合理的资源配置和学科建设

很多组织和理论研究都对现代工程师应有的能力提出了自己的标准,其中很多说法虽然有差异,但实质却都是一样的,概括来说大概有以下几条:扎实的工程理论技术知识、实践能力、创新精神、团队合作能力、人际沟通能力、系统分析能力、经济管理能力、自学能力和优秀的职业道德等。以这些要求对比我国现在的工程人才培养质量可以看出有巨大的差异,因此提高办学质量,达到工程人才培养新时期的质的要求是工程教育发展改革的最重要的一个方面。

在新中国成立以后相当长的时期中,我国工程教育全盘照搬苏联教育教学模式,严格按照"行业——职业——专业"模式培养人才。改革开放以来,又专项全面学习美国,其学科化的工程驾驭强调理论和分析,削弱了实践和设计,工程专业的毕业生不能很快地适应市场变化和工程开发的需要,实践能力不强,缺乏创新意识。20世纪以来,学科的不断分化加剧了工程教育专业的细分,我国的工程人才长期被局限在科学技术的范围之内,与工程学所应该具备的大环境割裂开来。面对变幻的当今世界,院校工程教育必须进行改革。不仅要使现行的学科基础之上的工程教育回归其本来含义,而且要重视工程实践,并关注工程本身的系统性和完整性,形成基于大工程教育观的现代工程教育体系。

根据教育部工程教育改革试点高校的总体布局,立足高端性和引领性,工程类人才培养的目标应当是:具有国际视野的行业领军人才、国际认可的高级工程技术人才和创业、研发型高端人才。不同于以专门性分析为主的科学考察,工程的问题需要综合,工程实践是为了某个目标整合知识的过程。在现行的工程教育模式中,实践教育仍然不足,有大学自身实践教学、实习要求设计的原因,也有政策缺失、企业合作愿望较低的原因。要培养工程师的综合品质和创新能力,还须将以问题和项目为基础的设计教育贯穿整个工程教育过程。只有以问题为基础驱动教学过程,使学生带着问题意识,为解决问题进行学习,才能激发学生的兴趣,有效地养成工程师的认知和做事方式。

从中国经验和教训中可以看出一些发展中国家的工程项目的问题,如大型土木工程对灾害地质和气候变化的影响、工程项目设计与施工科技水平不足造成垮塌事故、工业发展中的工程项目保障失误造成矿难或食品生产与加工等安全事故等,这都表现出了我们在工程教育发展中的工程技术水平、综合技术和知识整合、学科设置和科学管理、绩效评价、项目评估等能力的缺陷。中国是自然灾害频繁的国家之一,按照民政部统计,近10年来,自然灾害每年给中国造成的经济损失都在1000亿元以上,每年受灾人口达2亿多人次,仅2008年,冰雪灾害给中国造成直接经济损失为1516亿元,汶川大地震造成直接经济损失8451亿元,受灾人口超过4500万。中国的工程设计必须考虑中国自然国情。在灾后重建项目中,国家规划重建投资总需求要达到1.7万亿,仅四川省灾后重建就涉及32 658个工程项目,约需要150万以上工程师。清华大学在与中国各界共同分析这些教训后,也总结出了宝贵的经验。在经验和教训面前清华大学全面地向世界各国学习,并用于建设国家的实践中,逐步建立起了符合国情和历史发展阶段的工程教育的理论体系,清华大学工程教育的发展就是中国工程项目发展经验和教训不断积累的过程表现。

2. 优化和重组实践教学内容,构建现代工程实践教学课程体系

课程是学校教育的核心,从某种意义上说,所有教育目的都要以课程为中介才能实现。有人说,工程师承担的是一种构建整体的任务,因此必须具有集成的知识结构。进一步说,解决现代工程问题要求工程师能够打破学科壁垒,把被学科割裂开来的工程再还原为一个整体,这就要求学校在课程设置上充分考虑到学科的交叉与融合,为学生提供综合的知识背景,以有利于复杂工程问题的解决。课程是大学教育的基本结构,如果这个基本结构无大的革新,新的教育模式是无从说起的。国外开展CDIO改革的学校几乎都调整了自己的课程,以达到ABET工程认证条件的要求,实际上教学核心内容是相近的,只

是各校在改革时都融入了自己的"特色"。

在 20 世纪 60 年代,我国高等学校的工程类学生,除了有相应的实验教学,一般还要在企业生产认识实习 1 周、校内的金工实习 6~8 周、在企业的生产实习 4 周和专业实习 4 周以上 4 个重要的实践教学环节,以保证工程类学生工程能力和工程素养的培养。在清华大学,学生还要结合真实的工程项目,有时候还深入到工厂企业,完成被称为"真刀真枪"的毕业设计。这些在大学本科阶段的实践教学环节,符合工程类学生成长规律。值得一提的还有,在学生毕业奔赴工作岗位后,还要继续在车间或班组顶岗工作 1 年,给年轻工程技术人员在工程领域施展才华奠定了深厚的实践基础、群众基础和管理基础。

目前,我国院校工程教育的工程性培养一般为课程实验、课程设计、专业实习和毕业设计,如图 5-1 所示。

图 5-1　我国院校工程教育的工程性培养

学校要采取分层次、分阶段、循序渐进的模式,由浅入深、由简单到综合、课内外结合,并通过开放式实践教学,鼓励学生自主立项,充分调动学生学习的积极性和主动性,培养学生的工程实践能力。可以考虑把工程设计实践从入门到学科实践,融合课内与课外的实践教学内容编写成系列教材,尤其突出学校的学科特色,实现实验性课程由传统方式向综合性、设计性实验方式转变。从实践技能、能力提高、综合创新、科技研究四个方面建设和完善实践教学课程体系。综合创新要以课程设计和专业创新实验课程为主,结合综合创新实验室与不同级别的大学生工程设计大赛,对学生进行更深入的培养和训练。通过学生研究计划项目、联合实验室及产学研项目、教师科研项目,让学生参与高层次实践训练,培养学生现代工程研究能力。

增强课程的有效性,调整实践教学课程体系。推行学科课题训练,引导学生结合自己发展方向合理选课,实现专业方向自然分流。使课程体系更紧密地结合专业学科最新发展前沿,突出专业特色,增强课程的有效性。改变传统教学模式,开发出以综合创新和实验为主的课程,供基础较好、动手能力较强的学生选择,给学生提供一个有利于实现自主学习,尽早参与实际工作,学习、研究与实践并进的教学环境,见图 5-2。

图 5-2　学研结合,强化创新实践的做法

3. 改革和创新实践教学方法和手段,制定现代工程实践训练方案

通过有关工程素质实践基础课,重点针对专业工程训练,使学生掌握基本工程材料和期间的辨识和使用,了解一些基本的工程技术设备的安装、调试、测试方法等基本技能,建立学生对本学科专业实践的初步感性认识。学生跨学科、综合化的知识背景可以通过不同的课程设置模式来实现,因此取长补短,使用几种模式的混合的产物不失为明智之举。在我国主体上借鉴内容型的结构模式似乎更具有可行性,因为中国的工程教育大而弱的具体国情,以及可以预见的未来教育投入的局限性,投入大、建设周期也较长的结构型的课程模式,对于我国实施难度很大。在我国现有课程体系和师资力量的基础上,对课程内容整合,利用课程内容综合化来实现一体化的工程教育,同时学习结构型课程模式的长处,循序渐进地建设发展项目课程或者案例课程,使课程体系或课程模式日益完善。尽管在西方的教育体制下,学生有很多选择的自主权,但并不是盲目和随意的选择,学校必须为他规定明确的方向以利于他的选择,进一步说,学校不能以增大学生自主权开脱,它对学生的培养是负有不可推卸的责任的。选择内容体系型课程的设置方式对实现这一要求有很好的效果,因为内容体系型课程以课程内容之间的联系为连接,看上去似乎选择余地很大,但一旦选择了一条课程学习途径就有很明确的课程学习方向,这样就达到了既满足学生个体学习兴趣多样化,为学生提供多种选择,又不会造成学生盲目选课,浪费学习时间和精力的双重目的。

针对现在我国高等工程教育"重学轻术"思想在课程上所体现的问题,作为学校教育,课程的第一目标是造就掌握工程科学技术的"工程人",是培养工程师,而不是展示学科的知识,培养科学家。我国高等工程教育一直习惯于从系统性和科学性出发组织课程及内容,而较少从需求出发进行考虑,体现了一种典型的学科课程观。工程教育的目标是培养合格的工程师,因而高等工程院校的课程目标应为培养优秀的工程师而确立。如果单凭学科发展进行课程设置,只会使学校的课程随科学技术的发展越来越多,造成学生沉重的负担。

通过学科引导性课程,讲授专业的各项学习科目的内容、实践和实用性以及各科目之间的联系,同时要求教师开设一定课时的讲座,介绍自己和学术团队的研究内容、就业前景、本科生参与其科研工作所需修读课程等,让学生对专业有一定的了解,清楚本科四年的学习进程,尽早制定学习目标,做好职业定位,明确将来的发展方向。学生在实验前要明确实验目的,理解实验原理和操作。要对实验数据进行科学分析,并且提出对实验的改进意见。同时可以通过趣味性较强的系列开放式综合课题,让学生在实验课题的基本要求和部分参考资料基础上自由发挥,激发学生的创新思维,锻炼学生动手解决问题的创新能力。

为了达到直接进行工程训练的目的,课程设计要求学生灵活运用课堂教学中所学到的理论知识,学会查阅各种手册和技术资料,熟练使用计算工具和方法,学会全面综合地考虑工程问题,反复推敲设计方案在技术上是否现实可行,经济上是否具有效益,安全操作上是否可靠方便等。结合教师指导,完成学生实践入门培养。具有一定实践基础的学生可以申请进入开放式管理的综合创新实验室,结合网上实验室和校内外竞赛、学生课外研究计划等多样化的创新实践活动,实施分级培养模式,定量平分,压力与激励相结合,见图5-3。

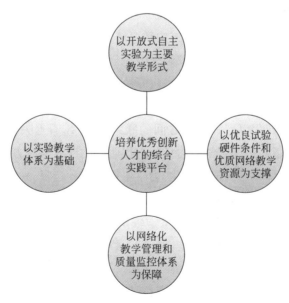

图5-3 培养优秀创新人才的综合实践平台

在学生具备扎实的理论基础和较强的实践能力的基础上,教师可以引导部分学生参加科研项目或企业的攻关课题组,直接面向科学研究前沿方向,实现科研或技术攻关。

让学生从这些科学研究的项目或是工程开发的可提成获得工程研发体验,实现对专业知识的融会贯通,从而获得解决实际问题的能力和综合创新能力。允许学生根据自己的实际情况,自主选择实习单位。将实习单位由定点改为多点。帮助学生提前熟悉工作环境,尽快进入工作角色。指导教师应及时对学生进行专业知识的辅导,对实习内容及时进行总结。学校可邀请企业领导和工程师就行业现状、发展规划发表看法,对实际工程项目实施进行详细分析。严格要求学生做好实习笔记,培养学生严谨的工作态度和良好的工作作风。引导学生体会企业思想和文化,感受工作精神与管理规定,培养职业行为规范。对学生毕业设计选题进行分类,对于以工程应用为导向的应用型题目,要求学生深入工程实践,抓住重点,从技术、经济、生产周期、运行等方面进行综合优化,确保设计质量和实用性。对于需要到企业参与设计或实验的题目,学校应努力与企业进行协调,为学生毕业设计的实现和完成创设条件。

4. 推进产学研合作,构建开放综合的实践教学环境,促进工程教育发展

政府在产学研结合中发挥整体规划、政策导向、组织协调、检查督促、信息反馈等作用,着力抓好体制、法制、政策、舆论建设,为推动产学研结合创造良好的外部环境和公共服务平台。通过高效、企业和政府的共同努力,力争到2010 年,我国的产学研合作教育迈上一个新台阶,努力培养学生的工程实践能力和工程创新能力,满足社会发展的需要。通过产学研合作教育,培养和造就一大批能适应我国新型工业化和建设创新型国家需求的知识、能力、素质协调发展的工程技术创新型专门人才。

产学研合作是沟通工程教育与工程实践的桥梁,是工程教育开展富有成效的教学环节的重要平台,为此有条件的学校应该设置专门的职事或机构,主动寻求机会参与中国工业企业改革、振兴和发展的各种实质性活动。而在教学资源匮乏的现实中,实现资源共享是必然的选择,学校间的交流和合作是唯一的选择。高等理工院校必须从思想上真正认识到它们的重要作用,才能在实际工作中对其提高重视,这项工作不是可有可无的,也不是附属的,它是我

们工程教育改革的重要组成部分,是修正我国高等工程教育弊端和缺陷的重要方面。充分发挥高校管理中的协调职能是实现高效有序和高校运作的重要保证,因此也必然是我国高等理工院校管理工作中的重点对象。

勤于思考、敢于提问是探索求知的精神,是培养实践能力的前提。因此,教师必须在学生遇到难题,按自己的思路无法解决时,启发他们从习惯思维中解放出来,比如用逆向思考的方法,打破习惯思维的局限性,以创新的思路去解决问题。例如,毕业设计是工科大学生进行综合能力训练、向工程师过渡的关键环节。而我们的毕业设计环节却存在很大问题。因为学生数量的增加,一个指导教师可能要带 10~20 名学生的毕业设计,并且可能是多个不同的设计课题。因此,指导教师的时间和精力都无法保证,最后结果往往是学生在毕业设计时出现拼凑、敷衍的现象,水平和质量不高;有的老师为了确保任务的完成,不容学生花很多的时间去独立思考,更不允许走弯路,怕耽误了"交货期",因此往往只要求学生严格按照老师布置的具体方案去做,实际上剥夺了学生充分独立思考、判断的机会。毕业设计解决的是实际问题,而工程实际问题是非常复杂的,对缺乏工程实践经验的大学生来说很陌生,不可能凭四年所学的书本知识就能解决。而且据有关专家分析,毕业设计做得很棒的工科大学生,其毕业设计大多是在企业实习期间完成,而且这些优异生能和工人打成一片,虚心向现场工程技术人员请教,详细了解生产过程和设备状况,不断地提出疑问,实习非常认真和专心。

二、我国工程教育实践的发展

我国工程教育实践的发展历程

当工业革命席卷欧美国家、工程教育蓬勃兴起之时,由于长期的封建统治,我国还处于小农业和家庭手工业相结合的自然经济阶段,机器大生产尚未兴起,当然正规的院校工程教育也无从提起。鸦片战争之后,帝国主义列强用洋枪洋炮打开了中国的大门,我国逐渐沦为半封建、半殖民地社会,此时一些有识之士开始寻求向西方学习,清末一些开明人士提出改书院为学堂,"师夷之长技"的主张,在办"洋务"、兴"西学"中,福建船政局设立了福建船政学堂(1866),以训练制造以及驾驶轮船的人才;江南制造局附设机械学堂(1867),以培养机器制造的人才。自此,我国工程教育开始有了学校形态,走上了近代化历程。

1895 年,在天津北洋大学(现天津大学的前身)的成立标志着现代意义上的工程教育在我国的诞生。随后,1896 年南洋大学(现交通大学的前身)和唐山路矿学院(现西南交大的前身)在上海成立,1897 年创立求是书院(现浙江大学的前身)在杭州成立。直到 1949 年年前,我国先后成立了 20 多所工业大学或工学院,这些院校大多是以美国教育的模式为样板制订教育计划和教学标准。只有个别学校受到其他一些国家的影响,如上海同济大学采用德国模式,上海震旦工学院采用法国模式,哈尔滨工专采用沙俄模式,等等。这些学校规模不大,直至新中国成立,全国工科的本科毕业生只有寥寥几万人,研究生则更是靠国外培养。1947 年全国高校共 207 所,其中高等工业学校仅 18 所,在校工科学生为 2.75 万人,仅占全国大学生总数的 17.8%。

中华人民共和国成立后的一段时期内,我国高等院校改为学习苏联的模式,经过院系调整,工科院校形成以单科性工学院为主的模式。这种模式的教学计划由基础课、技术基础课和专业课三部分组成,要求学生参加生产实习,课题设计和毕业设计,这与解放前的美国模式相比,理论与实际结合得比较好,但专业划分过细过窄,知识面过窄,难以适应工程技术的迅速发展。

改革开放以后,我国的高等工程教育进行了一系列的改革。1980 年国家颁布《中华人民共和国学位条例》,1981 年国务院批准《中华人民共和国学位条例暂行实施办法》,制定学士、硕士、博士三级学位的学术标准,建立了中国学位制度,相应建立了工程教育的专科、本科、研究生培养体系,高等工程本科教育获得较大发展,高等工程专科教育稳步发展,高层次工程专门人才的培养受到格外重视。1985 年《中共中央关于教育体制改革的决定》发表后,工程本科教育和研究生教育在提高教学质量方面越来越受到重视,研究生教育需求增长很快,但工程专科教育存在一定困难。1991 年,国务院学位委员会批准设置工程硕士等 12 个专业学位。工程硕士培养已成为当前和今后我国培养复合型、应用型高层次工程科技人才的重要渠道。1998 年,国家颁布新的本科专业目录,专业种类大幅度减少,专业面向进一步拓宽。这次专业目录调整,既体现符合科学发展及教育教学规律的科学性,又体现能够适应 21 世纪我国科技、经济和社会发展对工科人才培养要求的前瞻性,并体现专业的拓宽与调整与我国工业体制、高校体制及学校内部的实际状况相适应的可操作性,推动了工程教育人才培养模式的改革。

经过新中国成立以来、改革开放 30 年来,特别是世纪之交 10 年来的奋斗,我国高等教育的整体水平实现了历史性跨越,正举办着世界上最大规模的教育。工程教育作为教育的重要一类,也得到了长足发展。可以说,我国已经成为人力资源大国,并开始向人力资源强国新的奋斗目标进军。面向现代化、面向世界、面向未来,我国教育事业的发展正站在一个新的历史起点上。

中国坚持人才资源是第一资源,全面实施人才强国的战略。近年来,中国培养的工程师人才和工程教育所面对的潜在人力资源是令世界刮目相看的,从速度、规模、层次、数量、质量上看,截至 2006 年中国共培养本专科生 1080 万人,研究生 58 万人。全国工程教育在校生规模本专科生达到 614 万多人,研究生达到 41 万多人,分别是 1949 年的 203 倍和 4386 倍。2006 年国有企事业单位中从事工程科技活动的专业技术人员大约 1000 万人。其中包括工程技术人员 489 万人,农业技术人员 70 万人,科学研究人员 33 万人,卫生技术人员 361 万人,以及高等学校工学、农学、医学学科的专任教师 42 万人。上述专业技术人员中,280 万人左右为科学家和工程师。

我国工程教育的发展阶段

中国高等工程教育一直在不断的改革与探索,新中国成立后工程教育的发展经历了几个阶段。

第一阶段是新中国成立初期,出于经济发展的需要,由国家主导,对我国高等学校进行了一次大规模调整。在这次调整中,高等院校的类型数量及其比例发生了变化工科院校的数量及其比例大增;与此同时,高等教育专业设置发生了明显改变,工科专业开始在整个高等经过系科专业调整,国家建成了机械电机、化工、土木等比较齐全的工科专业体系,而且设置了新的技术专业,国家迫切需要的系科或专业得到加强,高等工程专业教育得到了提高,工科专业在整个高等教育专业中数量和比例增加,几乎占据了主导地位。此阶段工程教育效仿苏联,以培养"工程师"作为工科的培养目标,实质是培养专才。那时为了适应大规模经济建设的需要,强调学以致用,强调专业知识教育。同一专业按同一模式培养人才,制订统一的教学计划,编写统一的教材,培养统一规格的学生。不管是什么学校的毕业生,只要专业相同,他们学的课程就是一样的,课程设计是一样的,毕业设计的题目也是大同小异的,教学的实践环节也是一样的。学生的知识能力结构差异不大,培养的是"标准件"毕业生。当时讲究专业对口,基本上是专业对应于行业,或行业中的技术分工。

第二阶段是从贯彻高教 60 条开始。工程教育迅猛发展,这一时期稳定了工程教育中的本科教育,调整了专科教育,同时对研究生的招生、培养、分配、管理等做出了明确规定。这一阶段重视加强基础,提出加强"三基"。教育家蒋南翔提出了著名的命题,"猎枪与干粮袋"。提出高等教育不能仅是知识传授,应是知识加能力,强调要着重培养学生分析问题和解决问题的能力。培养目标由知识型向知识加能力型转变,是此阶段的一个基本教育思想。

第三阶段是"文革"时期,包括工程教育在内的整个高等教育遭到严重破坏。

第四阶段是"文革"后至 1985 年,高等工程本科教育获得了较大发展,高等工程专科教育稳步发展,研究生教育进一步得到重视。

第五阶段是 1985 年至今。《中共中央关于教育体制改革的决定》颁布后,高等工程教育发展迅速。1991 年以来,为了拓宽人才培养的类型和规格,加快培养社会急需的复合型、应用型高层次人才,针对经济建设和社会发展的不同行业背景、不同类型、不同规格高级专门人才的需要,国务院学位委员会批准设置工程硕士等多个专业学位。这成为当前和今后我国培养复合型、应用型高层次专门人才的重要渠道。

1998 年,国家颁布了新的本科专业目录,高校的专业种类大幅度减少,专业面进一步拓宽。功课基本专业目录从 1993 年专业目录中的 22 类 181 中调整为 21 类 70 种。此外提出专业面向更宽的工科引导性目录专业 9 种。这次专业目录调整体现了符合科学发展及教育科学规律的科学性,也体现了我国科技、经济和社会发展对工程人才要求的前瞻性,推动了工程教育人才培养模式的改革。

从课程改革来看,改革开放后工程教育课程大体经历了三个阶段:20 世纪80 年代高等工程教育的课程改革主要是加强基本建设;90 年代初期的课程改革的重点是重基础,宽口径,即加强基础课,减少专业课,增加选修课,拓宽专业口径;90 年代后期,确立素质教育和创新教育等教育理念,工程课程增加了人文社会科学类课程。近年来,工程教育改革更加强调工程实践能力的培养。2005 年教育部高等教育司实施了。"高等理工教育教学改革与实践项目"包括上海交通大学、天津大学、同济大学、浙江大学、大连理工大学、西安交通大学等国内知名的理工大学在内的共 70 所院校参与了该实践项目,项目主要围绕培养学生的创新实践能力展开。

我国工程教育的成就

中国工程教育首先立足与世界合作,包括与发达国家和发展中国家的全面合作。发达国家的先进技术基础和工程教育发展的设计,比如在和平利用太空、核工业、大型飞机和机械制造、反恐科技、社会保障、贸易、资源能源转化与矿产、气候、文化遗产保护、科学城市规划等工程项目,展现了当代工程教育发展水平和发展经验,这些项目与科研工作都直接或间接的影响着世界工程教育发展的方向,在此方面我们非常希望与发达国家加强交流与合作,并得到国际援助。发展中国家在不同的发展时期,在发展与建设中涌现出了不同特色的创新,如印度的软件工程、非洲的艾滋病防治工程、中国的(农民工、残疾人、老人社会等)社会发展工程等这对人类均衡发展起着最直接的作用,我们希望在减贫和社会进步方面与发展中国家共同努力为世界和平做些工程教育的实践工作。据抽样调查结果推算,2011 年全国农民工总量达到 25 278 万人,比上年增加 1055 万人,增长 4.4%。其中,外出农民工 15 863 万人,增加 528 万人,增长 3.4%。住户中外出农民工 12 584 万人,比上年增加 320 万人,增长 2.6%;举家外出农民工 3279 万人,增加 208 万人,增长 6.8%。本地农民工 9415 万人,增加 527 万人,增长 5.9%。[1] 截至 2011 年年底,我国 60 岁及以上老年人口达 1.85 亿,预计到"十二五"期末,全国老年人口将增加 4300 多万,达到 2.21 亿,届时 80 岁及以上的高龄老人将达到 2400 万,65 岁以上空巢老人将超过 5100 万。[2] 和谐社会建设面临挑战。这些社会发展工程面临的新问题和新挑战,需要新的工程教育的新的实践。

从质量上看,我国经济增长、社会发展、科技创新和国防安全等领域的一系列重大成就充分说明了我国工程科技人才具有了较高的水平。从之前的"两弹一星",到现在举世瞩目的载人航天、高性能计算机、三峡工程、青藏铁路、嫦娥工程等一大批重大科技成就,以及国民经济持续的高速增长率和现代

---

① 统计局:中国目前农民工总量为 2.5 亿[EB/OL]. http://money. 163. com/12/0427/14/803S3UBL00253B0H. html. 2012-04-27.

② 卫敏丽. 截至 2011 年年底我国 60 岁以上老年人口达到 1.85 亿[EB/OL]. http://www. gov. cn/jrzg/2012-03/01/content_2080525. htm. 新华社,2012-03-01.

农业、现代医疗卫生事业的长足进展，都是工程教育成就的证明。国际数据比较结果也表明，我国工程教育的国际影响力正在不断加大，接受工程教育的人数和比例均居国际前列。我国优秀的工科专业的学生以及高级工程科技人才也日益成为世界各国争夺的目标。总体而言，伴随我国工业化进程及经济社会的发展，工程教育虽然深受美国、德国，以及苏联等国家的影响，但与此同时，也在不断摸索自己的发展道路，形成了多层次、多类型的工程教育人才培养体系，培养了大批工程科技人才，为我国工业、农业、科技、国防现代化事业做出了重大贡献。

下编　院校工程教育工程性与创新性的实践研究

第六章 院校工程教育的工程性与创新性现状调查与评价

一、不同培养环节的调查与评价

培养目标

高等工程教育的培养目标是教育目的在高等教育机构的具体化,它是由特定社会领域和特定社会层次的需要所决定的,同时,也随着受教育对象所处的学校类型不同而有所变化。正是为了满足各行各业、各个社会层次的人才需求和受教育者的学习需求,才有了不同类型的高等学校。各类高校中的专业要完成各自的任务,培养社会需要的合格人才,就要制定各自的专业培养目标。工程教育的目的始终是开发工程人力资源以满足工程发展之需。工程教育的基本原则,是在对工程和工程人力资源进行充分考量的基础上凝练的。

1. 分类体系

院校工程教育的目标即为培养适应工程需要的,具有实践性和复合性的工程人才。将工程性限定为实践性,与实际工程生产的适应性。将创新性限定为,对学生创新意识的培养、创新能力的启发和创新思维的引导。因此,研究内容被限定为院校工程教育对学生的实践性和工程适应性的培养,对学生创新意识、创新思维、创新能力的引导和启发。

专业知识是院校工程教育对于某一类型的工程师在培养过程中,能够给学生的工程理论、科学和技术知识的总和。通过专业知识的学习,学生可具备一定的知识基础、专业技能和未来在该领域工作的初步经验。院校工程教育的目的在于为社会培养合格的工程人才。如果经过院校教育培养出来的工程人才只有专门理论和技能,没有全面了解工程的过程和方法,不接触或不愿接触工程实际,缺乏宽广的工程视野,就不能称之为合格的工程人才。随着现代工程项目的复杂化,工程师的系统性知识、系统性思维能力变得非常重要。他们的知识结构和能力要求已经不再局限于以往的工程专业知识和技能,而是逐渐包括和强调全局性分析和解决问题的能力,与其他人互相协作的能力和协调能力,等等。这种新的要求更体现出工程师职业的复合性的特点。现代工程的技术复杂性及其与社会紧密的联系,要求工程师不仅要精通工程技术,能够创造性地解决专业技术难题,要考虑工程的环境影响、社会影响,还要善于管理和协调,把工程共同体中的所有成员(包括工程师、工人、投资者、管理者和其他有关的利益相关者)团结在一起,发挥各自的专长,协调地开展工作。[①] 因此,院校工程教育的培养目标也把系统、综合、复合等方面的相关要求列入其中,在实际教育过程中,要加强系统性,对工程师的培养不但要专精,更要广博,开设一定量的专业基础课,普及专业领域内其他相关知识,培养大工程观。

创新是经济发展的源泉,是民族进步的动力。没有创新就没有新技术、新产业的崛起,经济发展无法找到新的增长点,也就成了无源之水、无本之木。在当代中国创新已经成为一个热点话题,虽然众多的山寨、低水平模仿常常为人诟病,但不可否认,中华民族是一个具有创新传统的民族。由于各种历史和政治原因,清政府统治下的中国没有很好地沿袭创新的传统。第一次工业革命以来,世界重大科学发展和重大发明层出不穷,中国的创新成果却寥寥无几,这不能不引起我们对教育以及社会生活各方面的全面反思。当今时代,是一个国际交往与合作更加紧密、综合国力竞争更加激烈的新时代。人类要生存和发展,就必须不断地创造和创新。工程作为人类的"造物"活动,是创造物质财富、实现经济发展的基本途径。[②]

高等学校是培养和造就创新型工程人才的摇篮,是高等工程教育的实施机构,也是我国科教创新体系中的重要组成部分。由于办学条件、师资结构、教学水平、学校层次、服务范围、实际生源等方面的差异,不同高校工科专业培养目标各不相同。但是,全国高校工程专业的培养目标都会表现为一段对学校要培养什么样的人才的文字描述。这种描述一般是公开的,而且内容相对稳定,有时也会出现一定程度的调整,但不会出现较为频繁的变化。我们可以

---

① 李伯聪等. 工程社会学导论:工程共同体研究[M]. 杭州:浙江大学出版社,2010:53.
② 殷瑞钰等. 工程哲学[M]. 北京:高等教育出版社,2007:157.

把各个学校在某工科专业的培养目标中对培养人才的各项具体描述划分为一些短语或词语,并将其视为构成培养目标的基本单元。根据工程的属性、工程教育的特点、目标和我国建设创新型国家对院校工程教育的要求,可以从工程性和创新性方面评价院校工程专业的培养目标。参照已有文献资料,可以构建出院校工科专业培养目标的基本单元分类体系,其中包括 2 个一级类目——工程性和创新性,3 个二级类目——专业知识、实践能力和创新能力,14个三级类目——专业知识、基础、实践、管理、应用、系统、综合、复合、技术、设计、开发、规划、创新和创造,如表 6-1 所示。

表 6-1　院校工科专业培养目标的工程性与创新性基本单元分类体系

一级类目	二级类目	三级类目
工程性	专业知识	专业知识、基础
	实践能力	实践、管理、应用、技术、系统、综合、复合
创新性	创新能力	设计、开发、规划、创新、创造

2. 样本情况

院校工程教育的分类方法较多,除了按实施学校的层次和类别进行划分,还可以分为不同的学科和专业。为了从宏观上分析院校工科专业的培养目标,这里以工科专业为统计单位,同一学校的不同专业仍以专业数量为准进行统计。样本为 2009—2011 年参加工程教育认证的 76 个工科专业,涵盖了安全、计算机、食品、化工、环境、水利、机械、交通、采矿等共计 18 个专业。其中"985"高校的工科专业 37 个,非"985"的"211"高校的工科专业 17 个,一般高校的工科专业 19 个,具体统计情况详见表 6-2。

表 6-2　院校工科专业培养目标的工程性与创新性基本单元数据统计

基本单元	总体	"985"高校（37）		非"985"的"211"高校（17）		一般高校（19）	
		原始	处理后	原始	处理后	原始	处理后
专业知识	13	7	0.2	4	0.2	2	0.1
基础	48	25	0.7	10	0.6	13	0.7
实践	19	11	0.3	4	0.2	4	0.2
管理	63	29	0.8	17	1.0	17	0.9

续表

基本单元	总体	"985"高校(37)		非"985"的"211"高校(17)		一般高校(19)	
		原始	处理后	原始	处理后	原始	处理后
应用	32	19	0.5	7	0.4	6	0.3
技术	64	42	1.1	15	0.9	7	0.4
系统	19	15	0.4	3	0.2	1	0.1
综合	9	4	0.1	2	0.1	3	0.2
复合	15	9	0.2	3	0.2	3	0.2
设计	54	24	0.6	15	0.9	15	0.8
开发	46	28	0.8	13	0.8	5	0.3
规划	17	10	0.3	5	0.3	2	0.1
创新	35	15	0.4	9	0.5	11	0.6
创造	4	4	0.1	0	0.0	0	0.0

3. 分析结果

1) 总体分析

根据表6-2中数据和样本中各类专业的数量,可计算出总体在各基本单元的提及次数,如图6-1所示。

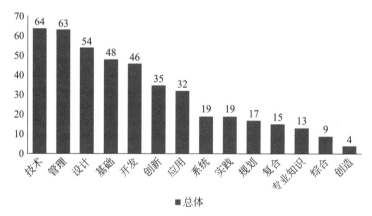

图6-1　院校工程专业培养目标的工程性与创新性总体分析

从图6-1可以看出,14个工程性和创新性的基本单元按总体提及次数由高到低依次为:技术、管理、设计、基础、开发、创新、应用、实践、系统、规划、复合、专业知识、综合、创造。假设提及次数反映了专业及专业所在学校对该基本单元的关注程度,且提及次数越高关注程度也越高,则高校工科专业总体上对于技术、管理和设计关注程度较高,在专业知识、综合和创造方面关注程度较低。其中,总提及次数最低的是创造,除了"985"高校外,其他两类学校对此都没有提及。这在一定程度上反映了我国高校工科专业对创新性的理解和重视都是不够的,创新性不足表现较为明显。

  2)对比分析

  由于样本中"985"高校、非"985"的"211"高校(图中将其简称为"211"高校)和一般高校的数量并不一致,以原始的频次数据进行对比并不科学。因此,要对三类学校工程专业培养目标的工程性与创新性进行对比,要对原始统计数据进行处理。这里采用基本单元原始数据除以单元总数(具体百分比详见表6-2),在一定程度上消除了样本数量不一致带来的对比失效的问题,分析结果见图6-2所示。

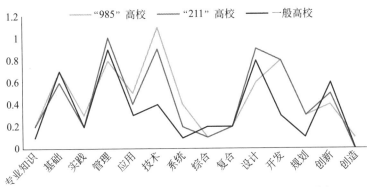

图6-2 院校工程专业培养目标的工程性与创新性对比分析

  从图6-2可以看出,"985"高校的工科专业培养目标中,对实践、应用、系统、复合、开发、创造的频次高于其他两类学校。这说明在工程性和创新性方面,"985"高校还有所关注和涉及,在实践性和综合性、创新性方面重视程度较高。"211"高校的工科专业培养目标在专业知识、管理、涉及的频次高于其他两类学校,其他各基本单元的频次都居于中等水平。一般高校对于管理、应用、综合、设计和创新的频次较高。尤其是在管理的频次上,非"985"的"211"高校和一般高校频次较高。但是,"211"高校和一般高校对创新和创造都没有提及。

4. 专业培养目标对比

  虽然上一部分内容已经对院校工程教育工程性与创新性做了大致的总体

评价,但是一些对比仍然不够具体,例如,对于课程体系和实践环节的讨论,由于各专业的课程标准和侧重点并非完全一致,放在一起进行比较有一定的偏差。在毕业产出的总体评价中可以发现,不同专业类别的工程专业中,工程设计的比例有很大的不同。总体的对比并不能够解释这一现象,也无法将这种现象对比得更加具体。在校企合作方面,总体上无法做很好的量化研究,几乎所有的专业都对校企合作有一定的重视和安排,却又有很多声音认为工程教育校企合作中存在问题。因此,为了把情况的对比更加具体,这里引入比较研究法,选取环境工程专业,进行不同学校同工程专业之间的比较研究。比较的重点仍然针对培养目标、课程体系、实践环节、毕业产出和校企合作等方面。

参加工程教育认证的 76 个专业中有 6 个学校的环境工程专业。对比将在这 6 个学校之间进行。

通过表中 6 个学校的培养目标,可以看出各个环境工程专业培养目标在所包括的内容方面还是有差异的。总的来说,所有培养目标在知识和能力两方面都有所涉及,而且在知识和能力的具体内容方面差异不大,这说明在培养目标方面,工程性是受到重视的。此外,创新性不足的问题也凸显出来,只有U3 大学环境工程专业明确地将创新意识写入培养目标。

在其他方面,德、智、体全面发展、可持续发展理念分别有两个学校提到。团队精神也被 U3 大学环境工程专业单独强调,此外,该专业在培养目标中还提到培养人才攻读硕士学位和硕博连读,以及保送著名大学攻读研究生学位。这种提法似乎偏离了培养目标的应有之义,带有明显的广告色彩。

从表 6-3 中我们可以得出环境专业培养目标的一般结构,即"知识+能力+德智体+创新+可持续发展理念",其中知识包括专业知识、人文社科知识等,而能力的内容较为广泛,包括规划、设计、管理、教育、研究、生产、经营等方面。这里把创新单独提出来,有两方面原因:①创新是目前我国工程教育普遍缺少的东西,需要我们的重视;②创新的内容包括很多方面,创新思维、创新意识、创新能力等都包含其中,并非仅用知识和能力的划分就能涵盖全部。"可持续发展理念"可以说是环境工程专业培养目标中的一大特色,这一点表现出环境工程专业的工程伦理意识,在一定程度上强调了专业人才对工作对象所应该持有的工作态度和基本理念。

表 6-3 环境专业培养目标对比

学校	培养目标	包括
U1	培养具备水、气、声、固体废物、土壤等污染防治、水污染控制规划、水资源保护、矿业废弃地生态重建和重金属污染环境修复等方面的知识,能从事规划、设计、管理、教育和研究开发方面工作的环境工程高级工程技术人才	知识、能力
U2	培养德、智、体、美全面发展,具有良好道德品质;具备良好的人文社科基础知识和人文修养;具有可持续发展理念,掌握环境科学与工程基础知识;具有环境工程研究、环境工程技术开发设计、环境设施运行管理、环境规划与评价等方面工作能力,可以在政府环保部门、规划部门、经济管理部门,以及设计单位、工矿企业、科研单位、学校等单位从事环境规划与环境影响评价、清洁生产管理和设计、污染控制工程设计、运行管理和研究开发的高级工程技术人才	德智体、知识、能力
U3	培养德、智、体全面发展,有理想、有道德、有文化、有纪律的具有创新意识和团队精神的适应现代化建设需要,具有城镇水、气、声、固体废物等污染防治和给排水工程、环境规划、资源保护、环境保护新产品和设备的设计、研究和开发等方面知识,能在政府、规划、经济、环保、设计、研究部门、学校、研发与生产经营等企事业单位从事清洁生产管理和设计、污染控制工程设计、运行管理和研究开发的高级工程技术人才,也可攻读硕士学位和硕博连读,或推荐优秀生到国内外著名大学攻读研究生学位	德智体、创新、知识、能力
U4	培养适应社会主义现代化建设和现代科学技术发展需要,德智体全面发展,具有综合知识和创新意识的高级环境工程或建筑环境与设备工程技术人才	可持续发展理念、知识、能力
U5	培养理、工、文兼备的,具有较宽广专业知识的复合型高级工程技术人才和管理人才。在水污染控制工程、固体废物处理处置与资源化、大气污染控制、环境监测技术领域着重培养技术型人才,在环境规划、管理、评价领域着重培养复合型人才,使学生在各自领域的一个或两个方向上具有解决复杂环境问题的能力	知识、能力

学校	培养目标	包括
U6	培养具有可持续发展理念,具备水、气、固体废物等污染防治和给水排水工程、环境规划和资源保护等方面的工程知识,具有进行污染控制工程的设计及运营管理能力,制定环境规划和进行环境管理能力,以及环境工程方面的新理论、新工艺和新设备的研究和开发能力,能在政府部门、规划部门、经济管理部门、环保部门、设计单位、工矿企业、科研单位、学校等从事规划、设计、管理、教育和研究开发方面工作的环境工程学科的高级工程技术人才	可持续发展理念、知识、能力

5. 主要结论

1) 工程性的覆盖面较全,专业特色不明显

关于院校工科专业培养目标工程性与创新性的 14 个基本单元分类案例学校都有涉及。这表明,对于本专业的培养人才的基本要求,各个学校的工科专业在认识上的表现还是较为全面的。此外,院校工科专业培养目标波动较为一致,呈现出趋同的特点,这一结论在已有研究中也出现过。这种现象的出现在一定程度上可以归因为长期以来我国高等发展过程中学校定位的趋同。工程人才的分类是多样的,工程创新的类别也是多样的。这种多样化决定我国高等工程教育的发展方式不可能只有一种形态。但是,分析结果显示,不同类型高校工科专业的培养目标并没有突出专业特色,关于研究、设计、开发等的频次差别不大。并没有因为学校类别的不同,在工科专业培养目标上有大的差别。这从侧面反映了我国高校工科专业培养特色并不明显,"千校一面"的困局在工科专业培养目标上也存在着。"千校一面"的问题在高校发展中是一个非常明显的问题,在众多相似的学校内部的各个工科专业也难以跳出趋同的圈子,走出个性发展之路,这个问题在工科专业培养目标上又一次得到印证。这种映证一方面说明整个高等工程教育领域对培养人才的规格是有共识的,另一方面则显现出工科生培养目标还有很大的挖掘空间,有基础、有特色的培养目标将会是许多工科专业继续苦苦思索的主题。

2) 管理能力在工程性中的地位较高,创新性的重视不足

由于复杂的现代工程技术需要多类型、多层次的工程共同体成员的全面协作才能达到目的,所以,工程师必须具备一定的管理技能和技巧才能胜任工

程师岗位的工作。管理能力的重视在院校工科专业培养目标中得到了极大的体现，尤其是一般高校对管理的频次，明显比"985"高校和"211"高校都要高。相对于专业知识、综合、复合和创造较低的频次，这种现象显得非常有趣。尽管暂时没有确凿的证据表明，我国对管理岗位、管理能力等与管理有关的知识、能力、经验、素质的重视在逐渐上升，但是工科生转行问题也不断涌现。强调管理能力无疑是合理的，对于一种单纯的研究而言，这种强调也许在一定程度上反映了工程中纯工程因素的比例正在逐渐下降，这是一个值得思考的问题，可以在后续研究中继续探索。

基本单元中涉及创新性的有设计、开发、规划、创新和创造。其中，总体上，工科专业培养目标中提及设计和开发的次数较多，提及创新和创造的次数较少。尤其是"985"高校，在创新性的基本单元上的频次没有达到应有的高度。这种现象的出现可能有几方面原因：①高校对创新的重视不足。按照简单的逻辑来推论，凡是觉得重要的内容，都会被写进培养目标里。在培养目标文本里提及较少的单元，自然是重视程度不够。②从认识创新到把创新写进培养目标需要一个过程。许多工程专业也许正处在这一过程中，但统计是简单介入的，结果无法反映过程的变化。也许再隔许多年，我们才能确定有这种过程的存在。③对于部分高校的工科专业来说，创新并不是最基础的要求。他们的培养目标是一个最基础的目标，不是最高追求。除此之外，也许还有很多种可能。必须通过追踪培养目标的变化来总结和归纳，才能将这些可能一一发掘。

课程体系

我国的教育在很多时候是脱离生产实践的，而人才培养需要通过教育活动来实现，对于强调实践能力的工科生培养来说，就产生了一些问题。一段时期以来，我国高等工程教育注重理论知识的传授，忽视对学生实践能力的培养。这种教育传统虽然可以使学生在较快时间内熟悉理论知识，但也容易使学生对于所学内容概念意识模糊，难以对所学领域产生浓厚兴趣。大部分工程领域的知识经过学习后还需要实践，有的知识则与工程实践牢牢结合在一起，在这种情况下，只注重书本知识的传授，效果并不理想，很有可能导致学生工程实践能力薄弱，难以进行独立的设计和创作，源于实践的创新能力也受到极大影响。高等工程教育对工科学生的培养应该避免脱离实践，强调工程素质的培养。这种素质集中体现在综合性、系统性、实践性和创新性。围绕工程素质的培养,要对人才培养模式进行全方位改革,产学研结合,搭建新的工程教育平台,使培养的人才适应社会发展的要求。

1. 课程体系的一般结构

课程体系是一个专业所设置的课程相互分工与配合形成的组合。课程体系的形成与发展直接关系到所培养人才的质量。我国小学和中学阶段教育的课程体系一般根据课程标准来设置。高等教育阶段没有较大范围内统一的课程标准,和幼儿园、义务教育、高中阶段的课程标准相比,灵活性较强。部分学校有校内课程体系及课程标准,主要根据行业标准和本专业教师讨论来设置。一般来说,高等学校工程专业课程体系的差别主要反映在基础课与专业课、理论课与实践课、必修课与选修课之间比例关系上。通过自评报告中反映的各工科专业课程体系的内容,可以发现,在课程的划分上并没有一个一以贯之的角度,以 U7 大学水文专业课程体系为例,其课程体系由公共基础课、专业基础课、专业主干课、实践必修课、系定选修课、公共选修课等部分组成,详见下图。

图 6-3　U7 大学水文专业课程体系(2008 年版)

公共课与专业课可以看做两个类别,选修课和必修课也可以作为两个类别,但基础课和主干课的划分与前两种类别划分的内容并非完全不交叉。这种划分的本身存在一定的逻辑问题,就像人们无法彻底分开一杯橙汁里到底哪部分是果粒,哪部分是果汁。

也有的专业从其他角度划分课程体系,例如 U8 大学安全工程专业,把课程体系分为课堂教学、实践教学、德智体综合考评三部分内容,见图 6-4。进入第二级内容课堂教学的划分时,又会面临和上一例子同类的问题。课堂教学部分包括公共基础课、学科基础课、专业课、专业选修课和通选课,与 U7 大学水文专业课程体系相比,在公共基础课方面划分是一致的,但对于专业基础课是否等同于学科基础课、专业主干课是否等同于专业课仍有待商榷。同类问题在课程体系的相关资料中普遍存在,给研究带来了极大的困难。

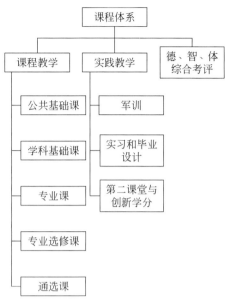

图 6-4　U8 大学安全工程专业课程体系

可以看出,各学校都把公共基础课作为专业课程中必不可少的一部分。在实践课程方面也予以较大的重视。有的学校还在课程体系中加入了德、智、体综合考评、第二课堂与创新学分等内容。这是一种课程设置上的创新,也反映了学校对实践教学的探索和创新教育的重视。

由于高校活动的主要组织形式是课程,可以把实践环节看作课程体系的一部分。仍以 U7 大学水文专业为例,该专业的实践环节由课内实验和野外实践环节组成,课外实践中的北戴河地质实习,是为了配合一年级本科生"地球科学概论"的实践性教学而设立的一门实践必修课。从这里可以看出,该专业的一部分实践是作为课程来设置的。也有一些实践环节以活动的形式安排,如学校学生还参与各种实践活动如"大学生创新性实验计划""实验室开放基金""大学生暑期社会实践活动""大学生科技立项"等相关活动。学生在参加这些实践活动的同时能参与教师相关的科研、著作绘图、校稿、收集资料等工作,使学生在自主、动手、综合、实验和创新能力等方面得到一定的锻炼。这里可以暂时得到实践环节的两种形式:课程、活动。也有的专业提出了活动课,这里对此做一些区分,以组织形式为划分标准,认为活动课以课程为组织形式,仍是一门课程,因此归为课程。

2. 部分课程的调整

多年来,我国的高等工程教育为国家的经济建设培养了大批的高级专门人才。随着社会需求的变化,那些以窄口径、专门化的教育理念为基础的工程教育表现出不适应科技发展综合化和工程实践复杂化的趋势。要解决这个问题,首先要从课程体系的优化入手。

为了适应工程人才培养的新趋势,一些专业积极地开展课程设置、教学内容和实践环节等方面的改革。经过一段时间的实践,一些专业的部分课程类别产生了变化。如公共基础课改为通识基础课,这种改变在保留了原有的内容的基础上突出了培养工科学生人文素质的导向和目的。一些专业在课程设置上做了调整,U7大学水文专业的课程体系就有2008年版和2010年版两个版本。

与2008年版相比,该校2010年版的水文专业在课程设置上主要有以下3点改进和调整:①2010年版增加专业主干课"水利水电工程概论"(40学时)、"专门工程地质学"(40学时)、"地基与基础"(32学时),专业基础课"工程力学""专业外语"(32学时)和公共选修课"气象学与气候学"(32学时)。②将2008年版"综合地质学"(64学时)一门课调整为"矿物学与岩石学"(48学时)和"地层与构造地质学"(48学时)两门课,将2008年版"水文统计学"(40学时)调整为"水文水利计算"(40学时),将"岩土环境工程"(48学时)调整为"地质灾害与防治"(40学时)。③将2008年版实践必修课中的"水文地质专业实习"调整为"水文与水资源工程专业实习",实习总的时间虽然没有变化,但实习内容和野外实习时间发生了大的转变,从内容上看,由原来单纯的地下水实习转变为地下水、地表水、水利水电工程以及地质灾害防治方面的综合实习;从野外实习时间来讲,由原来的两周增加到三周,见图6-5。

图6-5 U7大学水文专业课程体系(2010年版)

通过上述优化和调整,在课程体系设置得到有以下改善:①增强了地学背景知识的学习,成为其毕业生的独特优势。②增强了力学知识的学习,提高了学生对实际工程进行分析的能力。③拓宽了知识面,增加了地表水资源和地质灾害方面知识的学习,提高了学生的实践能力。④增加了学生阅读外文文献的能力培养。上述改革和修订,使得专业的知识结构更加严谨和系统,更能满足社会的需求。

在实践环节方面,一些学校除在校内开展实践教学外,还要与企业合作,开展实习、实训,为学生提供参与工程实践的机会,使学生在自主、动手、综合、实验和创新能力等方面得到一定的锻炼,见图6-6。

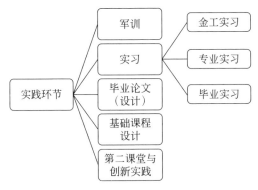

图 6-6　实践环节的安排

3. 课程体系分析

课程体系一般由高校及其专业根据工科专业人才培养模式,依据专业委员会专业规范,根据工程专业培养方案的设计模块进行相应课程设置,使每个知识模块构成一个适当的训练系统。有的高校专业课程设置还根据每四年一次的培养方案大修调整部分课程相应,以满足专业人才培养和社会对工程专业人才的需求。

1) 分类体系

课程是高等工程教育活动的基本组织形式。大部分学校工科专业的实验、实习、课程设计、毕业设计也以课程的形式组织或评判。课程设置一般服务于专业培养目标、满足预期的毕业生能力要求。一些专业的课程体系在设计过程中还听取和吸收了企业或行业专家的意见和要求。为培养适应社会需要的工程人才,工程专业课程设置一般可以分为五个类别:通识教育、学科基础、专业方向、综合实践、实践教学。不同学校的各个专业有时会在课的称谓上有所不同,通识教育课在有的学校被叫做公共课或人文社会科学类。把工程性与创新性作为课程体系基本单元分类体系的一级类目,则可以把二级类目的课程分为知识课、实践课和创新课三类,其中知识课包括公共课、专业课、学科课、通识课、基础课等类目,实践课包括实验、实践、实习、实训、课程设计,创新课包括第二课堂、创新活动、竞赛、讲座。

表 6-4　课程体系基本单元分类体系

一级类目	二级类目	三级类目
工程性	知识课	公共课、专业课、学科课、通识课、基础课
	实践课	实验、实践、实习、实训、课程设计
创新性	创新课	第二课堂、创新活动、竞赛、讲座

2）样本情况

根据表 6-4 中的三级类目,对 76 个专业点的课程体系进行统计,得到表 6-5。

表 6-5　院校工科专业课程体系的工程性与创新性基本单元原始数据统计

词语	出现次数	"985"出现次数	非"985"的"211"出现次数	非"985"非"211"出现次数
公共课	11	4	5	2
专业课	40	17	13	10
学科课	23	11	8	4
通识课	13	5	6	2
基础课	31	14	11	6
实验	26	19	4	3
实践	52	26	13	13
实习	23	17	4	2
实训	3	2	1	0
课程设计	18	12	4	2
第二课堂	5	4	0	1
创新活动	17	6	7	4
竞赛	4	2	1	1
讲座	3	1	1	1

3）分析结果

根据表6-5中数据和样本中各类专业的数量,可计算出总体在各基本单元的频次。如图6-7所示:

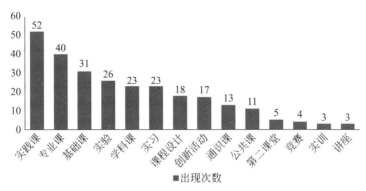

图6-7 院校工程专业课程体系的工程性与创新性总体分析

从图6-7可以看出,各校工程专业的课程体系中对实践课的重视程度较高,显现出较强的工程性。在设置知识课的同时,坚持理论联系实际,在课程体系中加强实践性教学环节。注意教学与科研、生产的结合,使学生有尽可能多的机会参与科技活动,接受初步的科研方法训练。在专业课、基础课、实验、学科课、实习、课程设计、创新活动、通识课和公共课等方面都给予了一定程度的重视,第二课堂、竞赛、实训和讲座出现次数较少,初步估计有两种可能:①很多专业对课程的工程性和创新性的开发不够。②这四种形式在某些专业并未作为课程纳入课程体系。

除了形式上要考虑到工程教育的工程性与创新性,各专业课程设置应该明确各门课程和各环节的内容、范围,注意相互间的联系和衔接,避免重叠和断层。在教学内容上要注意统一性和多样性,既能充分体现安全工程专业的培养目标要求,又能发挥学校人才培养方面的优势。在学分与课程的结合上,既能适应学分制要求,又能为学生选课留有更多的余地,同时为保证专业整体教学目标的实现。此外,各专业可以根据校内讨论和行业专家推荐,对专业选修课范围给予必要的指导性限制,制定有利于提高学生工程知识水平和工程能力的教学内容,不断推进课程体系的深化和改革。

4. 不同学校同专业课程体系比较

虽然大部分专业点在自评报告中对本专业课程体系进行了清晰的描述,

也有个别报告中存在课程体系分类不明,学分与课程类别无法匹配,各类课程学分与总学分最低要求无法匹配的情况。遇到这种情况,只能将该专业点课程体系的相关数据视为缺失数据。另有 U1 大学和 U3 大学环境工程专业在课程体系的结构上完全一致,各组成部分所占学分以及总学分的最低要求也是完全一样,这里省去 U3 大学的课程体系,仅将剩余 4 所大学的环境工程专业课程体系放在一起进行对比。

1) 通识课程

通识课程在整个课程体系中所占的比例由高到低依次为:U4、U1、U5、U6,见图 6-8。从表 6-6 可以看出,各校环境专业同时课程的比例差别不大。唯一

表 6-6 环境工程专业课程体系情况

学校	总学分	课程体系	学分	占比
U1	195.5	通识教育	77	39.4%
		学科基础	65	33.2%
		专业方向	12	6.1%
		综合实践	7	3.6%
		实践教学	34.5	17.6%
U4	184	公共基础课	76	41.3%
		学科基础课	38.5	20.9%
		专业领域课	26.5	14.4%
		集中实践教学	36	19.6%
		创新学分	7	3.8%
U5	203	通识教育基础	79	38.9%
		学科基础	65	32.0%
		专业课	20	9.9%
		集中实践	34	16.7%
		课外实践	5	2.5%
U6	175	数学与自然科学	39	22.3%
		工程基础类	23	13.1%
		专业基础类	23	13.1%
		专业类	45	25.7%
		人文社会科学	44	25.1%

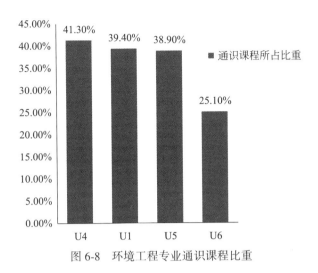

图 6-8　环境工程专业通识课程比重

差别较大的是 U6,但是这种差别有可能是由分类造成的。一般来说,环境专业通识课程的内容包括:①人文社会科学,如文学、历史学、哲学、思想道德、政治学、艺术、法学、社会学、心理学等方面;②自然科学,如数学、物理学、化学、生命科学等方面;③文体及工具类,如外语、体育,计算机信息技术如 C 语言、计算机绘图及信息技术应用。也有学校将经济管理科学如经济学、管理学等,实践训练如军事训练、社会调查等也列入通识课程。U6 环境工程专业通识课程比例偏低,正是由于对人文社会科学和数学与自然科学进行划分造成的。将这两部分比例相加,得到 47.4%,其通识课程的比例又变得较高。

经过随机访谈,我们也发现一些学校的工科学生反映通识教育负担过重的问题。但是这类问题并没有进行大规模的问卷调查得以确认,还有待研究者进一步探索。大部分学生认为工科生需要通识课程,一些工科生对通识课程的内容非常感兴趣。这种现象说明,工科生在注重专业发展的同时,也开始重视综合素质的提高,尤其是一些以往不重视的学习内容,他们也以非常热情诚恳的态度予以补足。部分工科生开始对通识课程提出更高的要求,在课程内容的丰富性和多样化方面,他们认为现有的通识课程虽然很好,但仍然需要继续拓宽范围,如果能够兼顾实用性,促使他们文化修养和品味的提升,增强表达能力和交往能力则更好。

2) 学科基础课

学科基础课在整个课程体系中所占比例由高到低依次为:U1、U5、U6、U4。

划分范围不一的问题仍然存在,这会给专业间的比较带来一定程度的困难。由于这种情况的存在,这种比较不能单纯地关注比例的高低,而是要注意专业间的差异和专业整体情况。

从表 6-6 可以看出,在学科基础课的称谓上,U1、U4、U5 三所大学都是保持一致的,只有 U6 大学称谓有所不同,这里将其数学与自然科学类课程视为学科基础课。从图 6-9 可以看出,各校学科基础课的安排上虽然比例略有不同,但差距并不大。这也从侧面说明了,我国工科类专业课程体系的安排在结构上是较为稳定的。

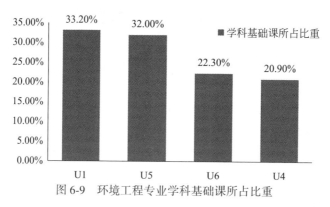

图 6-9 环境工程专业学科基础课所占比重

3)专业课

专业课在整个课程体系中所占的比例由高到低依次为:U6、U4、U5、U1,见图 6-10。这一关键词安排上的比例差别在一定程度上能够反映各校环境专业知识和实践安排上的差别。有的学校将大部分时间安排给了实践教学,所以导致专业课比例从数据上看较低。

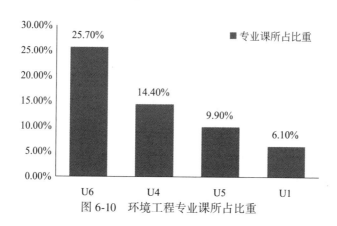

图 6-10 环境工程专业课所占比重

实践环节

1. 实践环节的内容

各校都十分重视实践环节,课程体系中均安排了实践课,且实验课在课程设置中占到了一定的比例,学生毕业设计的比例有所提高,内容越来越注重结合工程实践。一些学校为工科生安排了人文社科类课程或通识课程。各学校均与当地专业相关企业建立了校企合作。

此外,学生认识实习、生产实习是实践重要环节。有的学校把这两种实习总体过程分为两个阶段:一是校内实习,主要通过看资料、录像、视频,参观和聘请专家讲授,使学生有不同阶段的安全认识;二是现场实习,主要通过参观有关工艺、测试有关数据,开展相关课题工作,实习结束,进行答辩和编写实习报告,见表6-7。

表 6-7　环境工程专业实践环节的具体内容

学校	实验	实习	其他
U1	素质教育性实验 专业基础与综合性实验 工程应用性实验 科研创新性实验	认识实习 生产实习 毕业实习	学生自我设计实验 大学生工程实践基地 课外科技活动立项 创新性实验 暑期社会实践
U2	实验课程 实验室实验	认识实习 生产实习 毕业实习	大学生创新性实验计划 各类学科竞赛 讲座 社会实践
U3	专业基础性实验 综合性实验 工程应用性实验 科研创新实验	认识实习 生产实习 毕业实习	课外科技活动 课程设计 综合实践 7
U4	实验教学 课程设计 集中实践教学环节 创新环节	金工实习 生产实习 电子工艺实习 固体废弃物处理工程设计 水处理工程设计 大气污染控制工程设计 给排水管网课程设计	奖学金 "绿愿"文化节 科技论坛 创新论坛

学校	实验	实习	其他
U5	课程实验 课程设计 毕业设计(论文)	军事训练 公益劳动 测量实习 金工实习 电工实习 生产实习 毕业实习	课外科技创新大赛 学生社团活动 社会实践 课外科学研究 学术论文
U6	环境工程实验	认识实习 生产实习 毕业实习 毕业设计或论文	课程设计

2. 实践环节所占学分比例

U1 大学环境工程专业毕业要求的学分是 195.5 分,其中 160 学分是通过上课获得的,其他学分可通过参加学校的学术讲座、社会实践、课外科技活动、科技创新实验、认识实习、生产实习、课程设计和毕业设计来获得。由此可大概获知,其实践环节所占学分约为 35.5 分。U4 大学环境工程专业的集中实践教学环节学分为 36 分,此外,该专业还安排了创新学分为 7 分。U5 大学实践环节学分为 39 分。U6 大学环境工程专业实践教学环节包括:环境工程实验 11.5 学分、认识实习 8 学分、课程设计 5 学分、生产实习 7 学分、毕业实习 8 学分、毕业设计或论文 6 学分。如表 6-8 所示,各校环境工程专业实践环节所占比例都达到了 18% 以上。

表6-8　各校环境工程专业实践环节所占学分比例

学校	总学分	实践环节学分	占比
U1	195.5	35.5	18.2%
U4	184	36	19.6%
U5	203	39	19.2%
U6	175	45.5	26.0%

3. 实习

实习一般包括三种:认识实习、生产实习、毕业实习。有的学校把军事训练、工艺劳动等内容也归入实习中。这里的实习专指专业实习,可以缩小实习研究的范围,增强针对性。主要内容如下:

1) 认识实习

认识实习一般在整个工程教育过程的早期安排,由专业联系合作单位,组织学校到生产第一线参观。出于保证安全和不干扰企业生产的考虑,在认识实习中,学生一般只看不动手。认识实习要求学生通过实习过程了解行业和企业发展概况、各工序生产流程及工艺原理、主要工艺条件等,熟悉实习车间生产要求、环保要求以及安全生产知识等。通过实习报告、平时表现、分组公开报告、交流、答辩等方式对实习效果进行考核。这种实习形式组织简单,在实际的工程教育过程中也较为普遍。通过访谈可以发现,一些工科专业的实习是以认识实习为主的,生产实习和毕业实习基本没有安排,或者由学生根据自身情况向老师提出安排实习的要求。也有的专业对生产实习和毕业实习采取放任自流的态度,一些希望为找工作做准备的学生才会自己联系实习单位。这种实习上的因陋就简和随意,可以被视作导致工程教育工程性不足的原因之一。

2) 生产实习

在生产实习过程中,学生可以在生产现场以工人、技术员、管理员等身份,直接参与生产过程。生产实习与认识实习的不同之处在于,学生向着实际生产活动又迈进了一大步。这是一种专业知识与生产实践相结合的教学形式,学生能够直接参与生产过程。在实习过程中,学生可以运用已有的知识技能,完成一定的生产任务,也可以通过教师指导或者现场工人、技术员指导,学习实际生产技术知识或管理知识,掌握生产技能,或培养管理能力。生产实习可以帮助学生巩固、丰富与提高理论知识,一般由实习指导教师和实习单位指定的指导人员共同负责。在生产实习过程中,指导教师工作内容与步骤为:检查实习现场——发现实习中存在的问题——随时给学生必要的辅导——指导学生写实习日记和实习报告——总结实习经验——组织交流——会同技术指导人员评定学生实习成绩等。生产实习与企业活动联系紧密,通常与企业用人直接挂钩。一般来说,企业不愿意接受大规模的生产实习,那样会影响企业的正常生产。一些学校会尽最大的努力,有针对性地安排学生真正地进行生产实习,如参与企业的实际项目。但在实际教育过程中,生产实习一般安排较少,大部分生产实习的安排流于形式,最终变成认识实习。学生普遍反映在实习过程中动手机会非常少甚至完全没有。

3) 毕业实习

毕业实习的目的是使学生巩固与运用所学各门课程的知识,理论联系实际,培养工程观念,训练观察、分析和解决实际工程问题的能力,学习操作控制与生产管理的有关知识,增长生产实操知识和技能,收集相关资料和数据为毕业设计(论文)环节做好准备。毕业实习的时间安排一般在整个工程教育过程中处于后期阶段,这个阶段的学生有很大的不稳定性。在面对继续深造和就业的选择上,一些学生摇摆不定,一些学生趋向功利。这种阶段性特点给毕业实习的安排带来了极大的困难。一般能将毕业实习、毕业设计(论文)和就业问题协调一致的学生较少,真正能够通过毕业实习完成毕业设计(论文)的比例也是较低的。

关于实践能力,不同的学生有不同的看法。针对企业认为工科毕业生动手能力差的问题,有同学认为学校主要负责教授学生知识,学校开展的实践活动只是基础性的,真正进入企业中,仍然需要企业的培训。学校的作用在于让学生具备了基础,而不是直接外显于行为。也有同学认为,在接受工程教育的过程中,确实实践得太少,一些自由度较大的实践机会自己因为各种原因没有主动争取,所以导致动手能力不强。

工科学生毕业产出

毕业产出包括工科学生的毕业设计和毕业论文,是工科教学过程的重要实践环节。毕业产出是学生所学基础知识和基本技能,以及在整个工程专业学习过程中所形成的各种能力的集中体现。目前,各高校工科专业对学生毕业产出都十分重视,部分专业经过多年的实践,探索出了较为规范的毕业设计指导过程,形成了科学的评价标准。但也有一部分专业,在学生毕业产出上存在工程性不足的问题。具体的表现为,工程设计的比例较低,没有起到培养学生工程能力的作用。因此,这里通过调查,研究各个专业工科学生毕业产出的类别问题。

1. 样本情况

本研究共选取 46 个工科专业为样本,主要为环境工程、安全工程、过程装备与控制工程、计算机科学与技术、食品科学与工程、化学工程与工艺、水利水电工程、机械工程及自动化、矿物加工、水文与水资源、电气工程及自动化、采矿工程等,对其连续三年的毕业设计(论文)的类别进行调查。为了研究的方便和可行,全部毕业产出类别分为四类,即工程设计、研究论文、综合、其他。其中综合类指兼具工程设计和研究论文特点,或综合了其他类型内容的毕业产出。其他类包括软件设计、软件开发、项目研究、项目报告、综述报告、实验研究、实验设计、实验报告等内容,统计情况详见表 6-9 所示。

表 6-9 工科专业毕业产出分类情况

类别	专业	工程设计	科研论文	综合	其他	总计
环境	U1 环境工程专业	67	29	0	51	147
	U2 环境工程专业	12	149	0	4	165
	U3 环境工程专业	42	93	0	0	135
	U4 环境工程专业	54	197	0	0	251
安全	U1 安全工程专业	43	13	0	184	240
	U9 安全工程专业	0	23	0	91	114
	U8 安全工程专业	8	111	0	6	125
	U10 安全工程专业	278	0	0	132	410
过装	U2 过程装备与控制工程专业	116	1	0	195	312
	U11 过程装备与控制工程专业	216	73	0	0	289
光电	U12 光电信息工程专业	114	142	0	8	264
通信	U13 通信工程专业	289	64	0	9	362
计算机	U2 计算机科学与技术专业	486	48	0	0	534
	U14 计算机科学与技术专业	347	51	0	157	555
	U15 计算机科学与技术专业	384	28	0	2	414
	U16 计算机科学与技术专业	440	23	0	0	463
	U17 计算机科学与技术专业	76	314	0	0	390
	U18 计算机科学与技术专业	1241	168	0	0	1409
	U19 计算机科学与技术专业	466	72	0	3	541

类别	专业	工程设计	科研论文	综合	其他	总计
食品	U20 食品科学与工程专业	42	131	0	0	173
	U21 食品科学与工程专业	312	495	0	140	947
化工	U17 化学工程与工艺专业	77	314	0	0	391
	U4 化学工程与工艺专业	37	225	0	0	262
	U22 化学工程与工艺专业	0	1	0	247	248
	U23 化学工程与工艺专业	61	4	0	501	566
水利	U24 水利水电工程专业	569	84	0	16	669
	U25 水利水电工程专业	338	217	0	12	567
机械	U26 机械工程及自动化专业	286	466	0	1	753
	U2 机械设计制造及其自动化专业	296	305	0	211	812
	U27 机械设计制造及其自动化专业	711	0	0	394	1105
	U4 机械工程及自动化专业	277	220	0	2	499
	U28 机械制造及其自动化专业	1145	0	0	2	1147
	U13 机械设计制造及其自动化专业	192	221	0	25	438
	U19 机械工程及自动化专业	129	0	0	657	786
	U29 机械设计制造及其自动化专业	711	0	0	394	1105
矿加	U30 矿物加工工程	38	33	0	0	71
	U31 矿物加工工程专业	131	10	0	6	147
	U32 矿物加工专业	281	4	0	0	285
水文	U18 水文与水资源工程专业	0	0	0	234	234
	U33 水文与水资源工程专业	0	61	0	0	61
	U7 水文与水资源工程专业	34	156	0	0	190
	U34 水文与水资源工程专业	26	35	0	58	119
电气	U35 电气工程及其自动化专业	418	35	275	22	750
	U36 电气工程及其自动化专业	0	463	0	92	555
自动化	U27 自动化专业	146	129	0	16	291
采矿	U10 采矿工程专业	378	0	39	0	417
	U37 采矿工程专业	392	6	0	1	399
	U38 采矿工程专业	229	0	0	0	229
	U31 采矿工程专业	159	0	0	2	161
	U39 采矿工程专业	226	0	0	0	226

类别	专业	工程设计	科研论文	综合	其他	总计
交通	U40 交通运输专业	0	234	0	0	234
	U5 交通运输专业	17	89	0	4	110

注：表中类别为专业大类，主要采用简称。环境工程专业类简称环境，安全工程专业类简称安全，过程装备与控制工程专业简称过装，光电信息工程专业简称光电，通信工程专业简称通信，计算机科学与技术专业简称计算机，食品科学与工程专业简称食品，化学工程与工艺专业简称化工，水利水电工程专业简称水利，机械工程及自动化、机械设计制造及其自动化等专业简称机械，矿物加工工程专业简称矿加，水文与水资源工程专业简称水文，电气工程及其自动化专业简称电气，自动化专业简称自动化，采矿工程专业简称采矿，交通运输专业简称交通。

将各专业的数据按专业类别进行汇总，可以得出各个学校同类专业毕业生工程设计的比例。这种统计方法在一定程度上可以展现我国工科院校在学生毕业产出方面的工程性，但也不排除两方面原因带来的误差：①由于"综合"和"其他"两类的存在，涵盖了部分具有工程设计性质的毕业产出，带来了统计误差；②学校在统计专业情况时，具体负责人员对毕业产出的类别划分的理解不同，在实际操作方面存在偏差。

2. 总体分析

按专业类别进行统计，采用加权平均数对数据进行计算。可以得出各个专业类别毕业生毕业产出中工程设计的比例。如表 6-10 所示，按专业类别进行比较必须考虑样本数，因此，计算出各专业毕业产出中工程设计比例的加权平均数，这样才便于在专业类别间进行比较。

表 6-10　各专业毕业产出中工程设计的比例

类别	专业	工程设计的比例	样本数	加权平均数
环境	U1 环境工程专业	45.6%	698	25.1%
	U2 环境工程专业	7.3%		
	U3 环境工程专业	31.1%		
	U4 环境工程专业	21.5%		

续表

类别	专业	工程设计的比例	样本数	加权平均数
安全	U1 安全工程专业	17.9%	889	37%
	U9 安全工程专业	0.0%		
	U8 安全工程专业	6.4%		
	U10 安全工程专业	67.8%		
过装	U2 过程装备与控制工程专业	37.2%	601	55.2%
	U11 过程装备与控制工程专业	74.7%		
光电	U12 光电信息工程专业	43.2%	264	53.8%
通信	U13 通信工程专业	79.8%	362	79.8%
计算机	U2 计算机科学与技术专业	91.0%	4306	79.9%
	U14 计算机科学与技术专业	62.5%		
	U15 计算机科学与技术专业	92.8%		
	U16 计算机科学与技术专业	95.0%		
	U17 计算机科学与技术专业	19.5%		
	U18 计算机科学与技术专业	88.1%		
	U19 计算机科学与技术专业	86.1%		
食品	U20 食品科学与工程专业	24.3%	1120	31.6%
	U21 食品科学与工程专业	32.9%		
化工	U17 化学工程与工艺专业	19.7%	1467	11.9%
	U4 化学工程与工艺专业	14.1%		
	U22 化学工程与工艺专业	0.0%		
	U23 化学工程与工艺专业	10.8%		
水利	U24 水利水电工程专业	85.1%	1236	73.4%
	U25 水利水电工程专业	59.6%		
机械	U26 机械工程及自动化专业	38.0%	6645	56.4%
	U2 机械设计制造及其自动化专业	36.5%		
	U27 机械设计制造及其自动化专业	64.3%		
	U4 机械工程及自动化专业	55.5%		
	U28 机械制造及其自动化专业	99.8%		
	U13 机械设计制造及其自动化专业	43.8%		
	U19 机械工程及自动化专业	16.4%		
	U29 机械设计制造及其自动化专业	64.30%		

续表

类别	专业	工程设计的比例	样本数	加权平均数
矿加	U30 矿物加工工程	53.50%	503	89.5%
	U31 矿物加工工程专业	89.1%		
	U32 矿物加工专业	98.6%		
水文	U18 水文与水资源工程专业	0.0%	604	9.9%
	U33 水文与水资源工程专业	0.0%		
	U7 水文与水资源工程专业	17.9%		
	U34 水文与水资源工程专业	21.8%		
电气	U35 电气工程及其自动化专业	55.7%	1305	32%
	U36 电气工程及其自动化专业	0.0%		
自动化	U27 自动化专业	50.0%	291	50%
采矿	U10 采矿工程专业	90.6%	1432	96.6%
	U37 采矿工程专业	98.2%		
	U38 采矿工程专业	100.0%		
	U31 采矿工程专业	98.8%		
	U39 采矿工程专业	100.0%		
交通	U40 交通运输专业	0	344	5%
	U5 交通运输专业	15.50%		

将其按从高到低的顺序排列,如图 6-11 所示。从图中可以看出,各个专业类别中,毕业生毕业产出类别为工程设计的比例从高到低依次为:采矿、矿加、

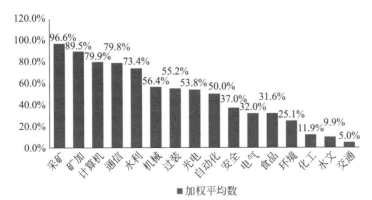

图 6-11　各专业类别毕业生工程设计比例

计算机、通信、水利、机械、过装、光电、自动化、安全、电气、食品、环境、通信、化工、水文、交通。

造成这种现状的原因是多方面的,这里由于采集数据的限制,无法对其进行归因分析。其中采矿、矿物加工工程等专业毕业生的毕业产出中,工程设计的比例较高,这种情况可能和我国矿业的发展和繁荣是密不可分的。工科的工程性在这一环节得到了极大的体现,部分学校的此类专业甚至可以达到毕业产出 100% 为工程设计。环境、化工和水文类专业毕业生的毕业产出中工程设计的比例较低,这可能与行业被重视的程度和行业性质有关,如环境专业虽然非常重要,但一直未能得到应有的重视;化工专业要求的精细化程度较高,安全隐患较多,毕业生的毕业产出与工程实际结合存在各种难以解决的实际困难;水文专业则显得较为冷门,以水文为业务的企业和单位数量较少,这也可能导致其毕业生毕业产出中工程设计比例较低。除了有些专业类别由于数据的缺失没有列入样本集,大多数专业类别的学生毕业产出的工程性的情况经过描述性统计有了一个较为全面和清晰的展示,这种情况出现的原因仍然需要我们深入调研。有研究者认为,毕业产出中工程设计的比例要控制在 70% 以上。① 这种比例的安排是否科学,目前仍没有一致看法。在本研究中,也只能展示各专业类别毕业生工程设计的比例,并没有找到合理的标准对其进行评价。

3. 专业内分析

1) 毕业产出所占学分比重

工科学生毕业设计(论文)是整个教育过程的后期阶段采用的一种总结性的教学环节。根据学习的情况,一部分学生选择做毕业设计,一部分学生写毕业论文。通过毕业设计,能使学生进行全面、系统、严格的工程技术和工程能力的联系,综合应用以往所学到的工程知识和技能。工程设计与毕业论文有所不同,它不是由单一的学术论文组成,而是包括工程实践中的步骤,如具体的设计和模拟、程序分析等内容。要求学生针对某一问题,综合运用相关工程理论和技术,做出能够解决实际问题的设计。

毕业设计(论文)要求在教学计划所规定的时间内完成,并形成一定的书

---

① 季民,马德刚. 建立毕业设计管理体系提高毕业设计质量[J]. 中国大学教学,2007(5):20-22.

面材料。在评定方面,有具体内容方面的评定分数或等级,满足最低要求后,可以获得一定学分。虽然毕业设计(论文)的组织形式并不是课程,但在评定方面,仍然以学分为主。不同学校总学分的最低要求也有所不同,因此,不能单纯对其毕业设计(论文)所规定的学分进行高低的比较,而是根据毕业产出所占的学分比重进行讨论。表6-11展示了各校环境工程专业毕业产出所占的学分比重。

表 6-11　各校环境工程专业毕业产出所占学分比重

学校	总学分	毕业设计(论文)学分	占比
U1	195.5	17	8.7%
U2	175	16	9.1%
U3	195.5	15	7.7%
U4	184	15	8.2%
U5	203	14	6.9%
U6	175	6	3.4%

根据表6-11对各校环境工程专业毕业产出所占学分比重进行排序,从高到低依次为 U2、U1、U4、U3、U5、U6。如图6-12所示,以毕业产出所占学分比重作为各校环境工程专业对毕业产出的重视程度,则各校对于毕业产出的重视程度都在3%~10%。最高比例和最低比例相差了5.7个百分点。可以说,这个差距还是值得关注的。

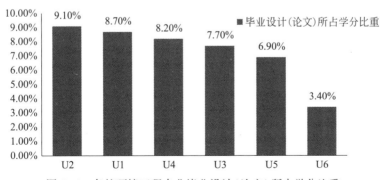

图 6-12　各校环境工程专业毕业设计(论文)所占学分比重

2) 毕业产出结合工程实践情况

U1 大学环境工程专业的所有学生参加毕业设计(论文),要求做到"一人一题",选题的方向覆盖面很广。U2 大学环境专业以科研优势为依托,实施"一人一题""师生双向选择""毕业设计(论文)一年制"管理机制,进行规范化管理。将能采集到的毕业产出情况进行统计,如下表所示。此外,U6 和 U5 大学环境工程专业毕业产出中工程设计的比例沿用其自评报告中提供的数据70% 和 40%。

表 6-12　环境工程专业毕业产出情况

学校	工程设计	科研论文	综合	其他	总计	工程设计占比
U1	67	29	0	51	147	45.6%
U2	12	149	0	4	165	7.3%
U3	42	93	0	0	135	31.1%
U4	54	197	0	0	251	21.5%
U5	—	—	—	—	—	40%
U6	—	—	—	—	—	70%

　　根据表 6-12,将环境类专业 6 所学校毕业生工程设计的比例由高到低进行排序,如图 6-13 所示,依次为 U6、U1、U5、U3、U4、U2。

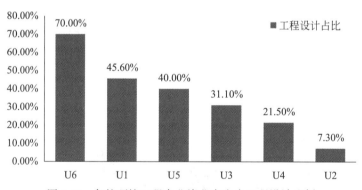

图 6-13　各校环境工程专业毕业产出中工程设计比例

　　从图 6-13 可以看出,各校环境工程专业毕业产出中工程设计的比例还是有所不同的。最高的达到 70%,最低的只有 7.3%。这种情况和各校环境专业的发展侧重点有很大关系。目前,毕业产出中工程设计的比例并没有明确的规定。只能通过对比来发现一些问题——有的专业点学生毕业产出中工程设计的比例确实偏低。从表面上来看,工程设计比例偏低是我国高等工程教育工程性不足问题的一个体现,这也是提高工程性的一个重要契机。如何提高工程设计的比例,从而为提高工程教育整体的工程性助力,需要工程教育的实践者和研究者对毕业设计(论文)的形成过程多进一步的分析。

校企结合

1. 校企结合的主要内容

1) 学生到企业实习

各工程专业与企业合作的主要形式是与企业建立实习基地、送学生到企业实习。U7 大学安全工程专业具有实习基地三个,分别为:开滦煤业集团、燕山石化、首钢。U4 大学食品科学与工程专业根据近几年的经验,把学生分成若干小组,每个小组由组长和副组长负责,专业实习指导小组的老师巡回检查,取得了良好的效果较好。此外,该专业计划按照学生的志愿,包括学习的兴趣和从业的计划和企业的人才培养计划、人才招聘计划,将学生分成若干组,让校外实习的过程,不但完成学生理论联系实际、培养实践能力的任务,同时,让校企合作也成为学生熟悉企业和企业熟悉人才的过程,定向沟通,为以后的毕业就业打下基础。U31 大学采矿工程专业为保证学生实习实训的有效进行,已建成稳定的实习基地 6 个,具体有金川集团公司、攀钢集团公司、云铜集团公司、云锡公司、云磷集团公司和云南燃料一厂等国有大型企业,并与这些企业建立了长期的科技合作关系,充分利用科研成果,提高教学水平、完善教学条件。

2) 校企互动

(1) 企业参与学校教学

各类工程专业都具有稳定的校企合作伙伴,吸引企业积极参与专业的教学活动,提供工程实践条件,在人才培养过程中发挥较好的作用。U47 大学高度重视校企结合工作,不断探索校企结合的新途径,在人才培养与学科建设等不同方面与企业的结合日趋紧密。通信工程专业聘任了来自企业的 41 名工程技术专家担任兼职教授,他们通过合作研究、开设讲座课程、学术交流、指导青年教师等形式,积极参与本科专业建设和教育教学活动。学院还定期组织专业课教师去通信企业进行实地参观交流,了解通信网络的实际应用状况和对人才的需求。U48 大学交通运输专业从企事业单位聘用了兼职教师,让他们一起参与专业建设,讨论修订教学计划,举办讲座或阶段性授课,确保学生所学内容前沿和实用。U3 大学环境工程专业通过聘请企业专家为学生授课的方式,将企业的项目和工程引入学生实践教学环节(认识实习、生产实习和毕业实习),提高学生理论联系实际的能力;通过与上海天山污水厂、上海市职业技术培训中心、中国石化上海石油化工有限公司、上海松东水环境净化有限公司和深圳市华测检测技术股份有限公司上海分公司企业联合建立校外实践基地,培养学生动手实践能力。U4 大学化学工程与工艺专业直接邀请企业相关人员进行校内的讲座(如道达尔集团),同时本专业还聘请企业工程师作为本专业实习学生的导师。稳定的企业合作伙伴在本专业人才培养过程中发挥了很好的作用。U42 大学交通运输专业从相关的企、事业单位聘用了兼职教师,建立了稳定的实习教学机构及指导队伍,校企互动,让他们结合企业的发展趋势,一起参与本专业建设,参与讨论培养方案、修订教学大纲、指导学生毕业实习、毕业设计、举办讲座或阶段性授课。U5 大学环境工程专业的校企合作目前主要包括三个方面:在每年的生产实习中都聘请企业的技术人员为本科生讲解工艺、设计及规范;每年聘请的客座教授结合工程实践为本科生进行学术报告;在每年的毕业实习中,部分本科生结合企业的实际工程项目进行工程设计。然而,企业参与本科教学培养计划的制定及反馈还有待制定长效机制。U50 大学交通运输专业校企结合有两种方式:①走出去。学校与企业联手共建实习基地。学生定期到实习基地进行短期实习,体验相关岗位的工作要求和作业规范。②请进来。聘请企业有经验的专家为学校的兼职教师,定期/或不定期到校,以案例和讲座形式,给学生介绍企业当前生产运输情况,存在问题,解决办法,培养学生理论联系实际的思维模式。在校企合作上,U27 大学自动化专业,一方面通过聘请企业专家担任兼职教授为学生授课的方式,将企业的项目和工程引入学生课堂教学,提高学生理论联系实际的能力;通过与大型企业联合建立实验室,将企业的最新设备和技术引入学生实验教学,促进实验教学条件的改善;通过与中国石化巴陵分公司、湘潭电机、中国南车株洲电力机车有限公司等企业联合建立校外实践基地,提供工程实践条件,培养学生动手实践能力;长沙电缆附件厂等企业通过在校内设立企业奖学金和助学金,起到了鼓励优秀资助贫困激励学生上进的良好作用。另一方面,通过与大型国有企业签订联合培养协议,为企业订单式培养自动化专门人才,满足国家急需人才培养的需求;通过毕业生就业质量调查、毕业生用人单位满意度调查,及时调整培养方案,满足用人单位对人才培养要求。

（2）教师与企业交流

一些工程专业聘请行业主管部门和企业共同参与制定人才培养目标、进行课程设置、开展教学质量评估。即根据企业对员工的要求标准，量身打造在校大学生的培养计划。

U15 大学计算机科学与技术专业不定期安排专业教师与合作公司人员的交流，根据公司的反馈意见进行教学计划的调整，吸引公司积极参与本专业的教学活动，聘请企业工程师作为本专业实习学生的导师。稳定的企业合作伙伴在本专业人才培养过程中发挥了很好的作用。U46 大学食品科学与工程专业教师重视从实习基地收集课题或在实习基地推广科研成果。毕业论文和设计选取产学研合作科研的课题，总数 40% 以上的题目来自产学研合作项目，结合生产实际的课题增强了学生的实践能力，提高了毕业设计和论文的质量。U13 大学通信工程专业教师在与企业接触的过程中，具体了解企业需求，带领学生有针对性地为企业开发技术。

（3）合作申请项目

通过联合攻关科研课题方式，U18 大学食品科学与工程专业学院与多家国内大型食品企业建立了密切的联系，与企业合作申请了"863"计划项目、国家科技支撑项目等多项国家及省部级课题，为提高企业的科技创新能力，开发新产品做出了贡献。U17 大学食品科学与工程专业教师与企业合作，成功申报国家科技支撑计划、省部重大科技攻关等各类产学研项目 100 多项，累计项目经费达 2000 多万元；2009 年获批国家级"科技人员服务企业行动"项目 2项；2008 年安徽省 3 项农产品加工领域重大科技项目中的 2 项由本专业教师主持；除新进教师外，专业教师目前均承担有产学研合作项目。

（4）企业在高校设立奖学金

企业与高校合作的积极性不高一直是困扰我国工程教育发展的问题之一，如何提高企业参与高等工程教育的积极性成为亟待解决的问题。然而，U2 环境工程学院积极与企业开展产学研合作，通过对企业的技术支持，解决企业技术难题。作为回报，企业也拿出部分经费在学院设立奖学金。奖学金评定的一条重要依据是，学生到实习基地参加实习的表现与成绩，以此鼓励学生的实习积极性。

（5）建设创新基地

创新的主要途径就是生产和实践，高等工程教育校企合作正是工程类高校学生置身于社会和企业的实践活动,丰富知识和工程技能,挖掘创造能力,培养创造性思维和创新精神的有效途径。2003 年以来,为了充分发挥学校和企业各自的优势,推进产、学、研合作,U22 大学化学工程与工艺专业在校企双方多年人才培养、科研合作的基础上,与 10 余家大中型化工企业和高新技术企业如扬子石化、南化公司等,校企双方共同组建"大学生创新中心"。大学生在学校老师、企业工程师的指导下,进行课题的实验研究、可行性研究、工程设计、设备安装、生产调试等,大学生的创业创新精神得到了全面培养和提高。在校企双方的共同努力下,校企共建"大学生创新中心"已结出丰硕成果,实现成果转化 6 项,已累计为企业创造经济效益达 2.9 亿元,实现了校企双方在人才培养、科研合作的共赢,同时为大学生的实践创新能力的培养,开创了非常有效的途径。以 U37 大学采矿工程专业为主,按照互动双赢的理念,联合河南省六大煤业集团建立了"河南省煤与煤层气开采工程技术研究中心",标志着 U37 大学与省内六大煤业集团形成长期合作的战略联盟,在获得长久技术支撑的同时,又能为企业培养大批高水平的工程技术队伍。U4 大学机械专业非常重视专业实习基地的建设,分别于湖北十堰东风汽车有限公司商用车发动机厂、河南洛阳拖拉机厂建立专业实习基地;并先后与毅昌科技股份有限公司、佛山宝索机械制造有限公司、海南金鹿集团、托肯恒山股份有限公司、伊立浦电信股份有限公司、金银河机械股份有限公司、广汽集团汽车研究院、东风本田股份有限公司共建了创业实践与就业实习基地。U44 大学化工专业为了充分发挥学校和企业各自的优势,在校企双方多年人才培养、科研合作的基础上,加强同企业单位的合作进行开发应用性研究,与 10 余家大中型化工企业和高新技术企业如湖北宏源化工有限公司等,共同组建"工程研究中心"。鼓励高年级学生参加老师科研项目,提前进入毕业设计阶段,允许学生到校外企事业单位选择毕业设计题目,为大学生的实践创新能力的培养,开创了非常有效的途径。U9 大学安全工程专业经过多年的努力,已建成了校内外结合、覆盖所有专业学生实验、实习、实训、课外科技活动和社会实践活动的高质量的实践教学基地。

2. 专业内校企结合调查

环境工程专业依托合作单位,在人才培养、科学研究、技术开发和工程咨询等方面做了大量工作,为环境工程专业学生与教师提供工程实践条件,在人才培养过程中发挥了较好的作用。具体情况如表 6-13 所示。

表 6-13　环境工程专业校企结合情况

学校	校外实践基地	内容
U1	株洲冶炼集团股份有限公司 常德市污水净化中心 长沙国祯水处理有限公司 霞湾污水处理厂 长沙市黑麋峰垃圾填埋场 湖南省环境科学研究院 湖南省环境监测中心站	企业参与教学 共建实践基地 设立奖学金
U2	大连付家庄污水处理厂(东达) 大连市环境监测中心 大连国际环保博览会 大连开发区净水一厂 大连三环乳制品厂 大连马栏河污水处理厂(东达) 大连旅顺污水处理厂(东达) 大连市自来水公司沙河口净水厂 大连泉水污水处理厂(东达) 大连春柳污水处理厂 大连市热电厂 大连市毛营子垃圾填埋场 大连东泰产业废弃物处理有限公司	技术合作 校企座谈会 参加环保技术产品博览会 企业参与教学 设立奖学金
U3	上海天山污水厂 上海市职业技术培训中心 中国石化上海石油化工有限公司 上海松东水环境净化有限公司 深圳市华测检测技术股份有限公司上海分公司	企业参与教学 共建实践基地 设立奖学金 签订联合培养协议
U4	广东新大禹环境工程有限公司 广东省罗浮山省级自然保护区管理处 广州开发区水质净化厂 广州浪奇实业股份有限公司水处理厂 广州大坦沙污水处理厂 东莞市东江水务有限公司市区污水处理厂 江门固废处理有限公司 中山火炬水务有限公司 广东溢达纺织有限公司 深圳市格瑞卫康环保科技有限公司 广州市环境卫生研究所 佛山市南海西樵鑫龙水处理有限公司	共建实践基地 企业参与教学 设立奖学金

学校	校外实践基地	内容
U5		企业参与教学 毕业设计结合企业工程实践
U6	南京江心洲城市污水处理厂 南京市水阁有机废弃物处理场 江苏省环境监测中心 江苏江南环保工程有限公司 浙江京新药业股份有限公司 江苏新天地生物肥料工程中心有限公司 南京同仁堂药业有限责任公司	共建实践基地 企业参与教学

二、分专业调查与评价

本节内容主要按专业类别分析和概括各个专业点的专业目标、课程体系、实践环节、毕业产出、校企合作几个方面的情况。

(一) 安全专业

《中华人民共和国安全生产法》第二章第二十四条对生产经营单位和企业内部的安全管理进行了明确规定:"矿山、金属冶炼、建筑施工、运输单位和危险品的生产、经营、储存、装卸单位,应当设置安全生产管理机构或配备专职安全生产管理人员。"另外,目前每个现代企业、公司或组织在考虑自身的可持续发展战略时,除了需要通过ISO9000、ISO14000,还必须建立符合国际标准一体化所要求的职业安全卫生管理体系ISO18000(OHSMS)。无论是在国内求生存的企业还是寻求到国外发展的公司,已表现出一种趋势和潮流,必须建立符合国际标准一体化所要求的ISO18000。而能够胜任完成这些重大使命的人才是高级安全工程人才。长期以来,社会生产严重意外事故频发,人们面临着各种各样的风险。为此,我国高校纷纷创办了安全工程本科专业。特别是在国务院成立国家安全生产监督管理局以来,安全工作在我国得到前所未有的重视,开设安全工程专业的高校每年大量增加。

安全工程专业主要培养能从事安全技术及工程、安全科学与研究、安全监察与管理、安全健康环境检测与监测、安全设计与生产、安全教育与培训等方面工作的复合型高级工程技术人才。学生主要学习矿山与地下建筑、交通、航空航天、工厂、物业、商厦与地面建筑的灾害防治技术及工程和通风、净化与空气调节、安全监测与监控、安全原理、安全系统工程、安全监察和管理等专业知识和实践。

在专业目标方面,各学校的安全工程专业一般以复合型人才为导向。U7大学结合学校自身特色,提出安全工程专业培养人才要能在石油、化工等行业

表6-14　安全工程专业

	专业目标	课程体系	实践环节	毕业产出	校企合作
U1	培养具有社会主义思想情操的,德、智、体全面发展的高级工程技术专业人才;毕业后能从事安全技术及工程、安全科学研究、安全监察与管理、安全健康环境检测与监测、安全设计与生产、安全教育与培训等方面的工作,可服务于建筑、机械、化工、矿业、能源、交通运输、金融投资、保险、信息等行业领域	课程体系由"通识基础教育模块""专业基础模块"和"专业方向模块"三大模块组成,包括公共课程、专业基础课和专业课程(含必修、选修)、实践环节和课外研学。最低修满185学分(不含课外研修学分),课外研学至少修满8个学分	包括课程教学实验、课程设计、实习和毕业设计(论文)等实践环节的训练,每学期都有专门时段进行专题训练或实习	毕业产出优秀成绩的比例一般为15%,良好为45%,其余为中、及格和不及格。学院允许部分签订了工作合同的同学的毕业设计和毕业论文到所签订合同的单位实习,并结合该单位的实际选题,但论文大部分内容还是要在学校完成,这类学生的比例大约为25%	大冶有色金属公司、铜陵有色金属集团公司、湖南有色金属股份有限公司

	专业目标	课程体系	实践环节	毕业产出	校企合作
U7	培养具备扎实的安全理论和技能,能在石油、化工、矿业、建筑、电力、城建、民航、交通、保险、商贸等行业,从事安全工程与管理方面的研究、设计、检测、评价、咨询等工作的复合型专业人才	课程设置采取"公共基础课+专业课(专业基础课+专业主干课)+实践必修课+选修课"的分段组合方式,最低毕业学分为190	实习分为校内实习和现场实习。校内实习,主要通过看资料、录像、视频,参观和聘请专家讲授,使学生有不同阶段的安全认识;现场实习,主要通过参观有关工艺、测试有关数据,开展相关课题工作,实习结束,进行答辩和编写实习报告	毕业设计(论文)性质:论文占比80%~90%,设计占20%~10%;题目来源:科研占30%~40%,生产占40%~50%,教学10%~30%,其他5%	开滦集团有限责任公司等
U9	培养能从事危险源辨识与评价、安全技术研究与设计、安全检测与控制、安全管理等方面的高素质专门人才	学校鼓励各学院探索实施前1~2年按大类培养,3~4年进行宽口径专业教育的模式,实现宽专业、厚基础的培养目标。课程体系按模块设置,分为通识教育基础课、学科教育基础课、专业教育课、集中实践教学环节等	包括课程内实验、军事训练、工程技术实习、生产实习、计算机应用及上机实践、化学综合实验、工程技术实习、安全工程专业实验、集中综合实验、课程设计、认识实习、毕业设计(论文)等	2009—2011年的毕业设计以工程技术研究为主,同时包括了产品设计、软件开发、研究论文或调研报告等诸多形式的实践结果	中国石化集团金陵石油化工有限责任公司南京炼油厂

	专业目标	课程体系	实践环节	毕业产出	校企合作
U8	培养具有安全科学与技术、安全监察与管理方面的知识能力,具备注册安全工程师的基础知识和基本素质,能够从事安全工程方面的设计与咨询、安全评价、安全监察、安全技术管理等工作的应用型、复合型高素质安全工程专业人才	学生毕业需获得197分(其中课堂教学环节160学分、实践教学环节32学分、德、智、体综合考评5学分)。课堂教学总学时数为2624学时,包括通选课160学时。实践教学环节为32周,包括第二课堂与创新实践5周	实践环节方面,学校除在校内开展实践教学外,还要与企业合作,开展实习、实训,为学生提供参与工程实践的机会,使学生在自主、动手、综合、实验和创新能力等方面得到一定的锻炼	提出选题要尽可能紧密结合本专业的工程实际问题,使学生能够在解决实际问题的过程中学会应用所学知识,同时考虑经济、环境、社会、法律、伦理等各种制约因素;过程中突出设计和综合训练,引导学生对可持续发展和经济全球化的认识,培养学生的责任感和能力;注意培养学生的工程意识,独立解决问题能力和协作精神,尤其要培养学生的创新意识和能力,鼓励新思想、新改进、新发现。对选题、指导和考核应有企业或行业专家参与	3M中国有限公司北京技术中心
U10	培养适应社会主义市场经济发展的需要,掌握安全科学、安全工程及技术的基础理论、基本知识、基本技能,具有良好素质和创新精神及从事安全技术及工程方面的设计、研究、监测、评价、监察和管理等工作的基本能力,德、智、体全面发展的复合型高级工程技术和管理人才	分为矿山通风与安全和安全技术及管理两个方向,采用"2+2"的培养模式,即前两年两个方向基础课程相同,后两年根据学生兴趣爱好,社会对人才需求情况,学生自己选择方向。根据专业培养要求,依据两个方向的特点,设置不同的专业基础课程和专业课程。课程体系由五大模块组成:公共课、工程基础课和专业基础课、专业课、选修课、实践环节	包括课程实验、金工实习、认识实习、生产实习、毕业实习、课程设计、毕业设计等	密切结合现场实际,进行工程设计和项目研究。通过毕业设计(论文)环节的训练,学生初步具备了毕业后从事相关行业安全工作的能力	新集一矿

续表

	专业目标	课程体系	实践环节	毕业产出	校企合作
U45	培养具有安全管理、安全工程技术的基础理论、基本知识和专业技能,能胜任在企事业单位从事安全管理,在政府部门从事安全监督与监察,在研究、设计、咨询等单位从事安全工程研究、设计与咨询的专业人才	课程体系由六大模块构成:公共课(必修、选修)、工程基础课、专业基础课(必修、选修)、专业课(必修、选修)、集中实践环节及课外教育活动。最低学分为170学分,其中课内(含集中实践环节)为160学分,课外教育活动10学分	包括专业实验、课程实习、专业实习	毕业设计(论文)题目以所学知识为基础,结合工程实际,考虑各种制约因素,如经济、环境、职业道德方面的因素,内容包括选题论证、文献综述、技术调查、设计或实验、结果分析或设计绘图并编制设计说明书,参加答辩等环节,使学生各方面能力得到全面锻炼,培养其工程意识、创新意识以及独立的科研能力	杭州七格污水处理厂、浙江省方圆检测集团、杭州钢铁集团公司等

从事研究、设计、检测、评价与咨询等工作。U8 大学除在校内开展实践教学外,还与企业合作,开展实习、实训,为学生提供参与工程实践的机会。U10 大学将安全工程专业分为矿山通风与安全和安全技术及管理两个方向,采用"2+2"的培养模式,即前两年两个方向基础课程相同,后两年根据学生兴趣爱好,社会对人才需求情况,学生自己选择方向。U9 大学在安全工程专业的基础上发展出安全工程和消防工程两个方向,前两年两个方向基础课程相同,后两年根据学生兴趣爱好、社会对人才需要情况,采取专业教师引导、学生自行选择的方式选择方向。这种同专业内分方向的做法避免了专业划分过细导致学生知识基础不够扎实,也使培养更具有针对性。U45 大学安全工程专业的毕业设计(论文)题目以所学知识为基础,结合工程实际,注重考虑各种安全工作的制约因素,如经济、环境、职业道德方面。U1 课程教学实验、课程设计、实习和毕业设计(论文)等实践环节的训练,每学期都有专门时段进行专题训练或实习。各校均与企业建立了合作关系。各校安全工程专业基本情况见表6-14。

（二）计算机专业

U15 大学计算机专业课外研学实践,主要由省部级、校级、院系级三个级别的大学生科研训练体系支撑,以学生自主研究项目和学科竞赛活动为主体,可有六种实现途径:①学生自主立项进行科研项目研究。②参加学科竞赛。③提交研学作品。④发表学术论文或专利。⑤听科技、学术报告并撰写与报告相关的研学材料。⑥其他研学活动。U16 计算机专业实践环节主要包括三个平台,即基础实践平台、专业实践平台、能力拓展平台。基础实践平台包括:军事训练、工程认识、工程实践、课程实验;专业实践平台包括:工程综合训练、课程设计、专业综合实验、实习、毕业设计(论文);能力拓展平台包括:学生科技创新活动和学生社会实践活动等,各实践教学环节累计学时不低于总学时的 25%。U18 大学计算机专业毕业设计的选题紧密结合工程实际问题,有明确的应用背景。教师承担国家级、省级和横向科研课题多项,大量的工程项目为毕业设计选题提供了丰富的来源和有力的保障。总体来看,毕业设计选题有适当的难度和深度,工作量适度,符合本专业人才培养目标的要求。2011 年,本科毕业设计人数为 456 人,结合科研项目的课题比例为 14.29%;结合工程的课题比例为 81%,其中到企事业单位做工程项目课题的人数为 49 人,比例为 11%。U17 大学专业统筹协调理论教学和实践教学的关系,将工程化理念、社会实践融入到实践教学的每个环节,系统构建实验与实践教学体系,形成既与正常课堂教学相融合、又相对独立的实践教学体系。将实践教学的整体培养目标分解到各学期的具体实践教学中,从低年级开始逐步培养,使学生能够在不同的阶段接受与其能力相适应的实践锻炼,将教学目标分层次地实现。U51 大学计算机专业实践教学体系以提高本科生的工程实践能力、创新能力和综合素质为目标,以教学实验室(主要开设教学大纲要求的基本型、设计型、综合型实验)为基础,以四川省重点实验室、科研项目、科研成果、学院科技创新活动基地为依托,采用国家大学生创新性实验计划项目、大学生科研训练计划(SRTP)项目、重点实验室开放项目和校个性化实验项目立项方式开展课外科技创新活动,利用社会资源,将理论、实验、实习、工程、科研、设计、创新有机结合。各校计算机科学与技术专业基本情况见表 6-15。

表 6-15　计算机科学与技术专业

	专业目标	课程体系	实践环节	毕业产出	校企合作
U15	培养能够在计算机软硬件研究、开发与应用等领域从事计算机科学基础与技术研究、软硬件及相关技术开发、计算机应用系统规划建设与运行的工程技术型人才	共160学分,包括:通识教育基础课、大类学科基础课、专业主干课跨学科选课、专业任选课、实验系列课程与集中实践环节	课外研学实践主要是由省部级、校级、院系级三个级别的大学生科研训练体系支撑,以学生自主研究项目和学科竞赛活动为主体,可有六种实现途径:①学生自主立项进行科研项目研究;②参加学科竞赛;③提交研学作品;④发表学术论文或专利;⑤听科技、学术报告并撰写与报告相关的研学材料;⑥其他研学活动	95%以上紧密结合科研和工程实际问题	江苏金智科技股份有限公司、江苏金思维科技股份有限公司、南瑞科技股份有限公司、南瑞继保科技股份有限公司
U14	培养德、智、体、美全面发展,知识结构合理、基础扎实,具有良好人文素质、创新精神、科学素养和国际竞争力,适应社会主义现代化建设需要的高层次人才,并具有扎实计算机科学技术和计算机工程知识与技能	公共基础课69.5学分,学科基础课48学分,专业课33学分,实习及实训15学分	实践教学环节分为实验教学和实习两个方面设置,实验教学分为单独设立实验课程、课内实验教学、课外实践教学、课外科技活动。实习四年不断线,包括大一暑期电子电路市场调查实践,大二金工实习,以及暑期的电子工艺实习,大三暑期生产实习,大四毕业设计。在学时及学分设置上,理论教学环节为16学时/学分,实践教学环节为32学时/学分	学院重视毕业设计的现实价值,按每年240元/人的标准下拨毕业设计专项经费,并对题目价值较大、题目难度较大、成本经费需求较大的本科毕业设计项目给予一定经费支持	成都西源软件技术有限公司、东软集团有限公司、IBM公司、成都国信安信息产业基地

	专业目标	课程体系	实践环节	毕业产出	校企合作
U2	培养具有良好的科学素养和获取新知识的能力,系统地掌握计算机科学与技术基本理论及应用知识,能在科研部门、教育单位、企事业、技术和行政管理部门等从事计算机方面的教学、科学研究与开发应用的高级科学技术与工程人才	2009级培养计划中规定,毕业的学分为175,其中116学分是通过上课获得。其他获得学分的项目有:实验、上机、实践(生产实习、认识实习、工程训练、军训、体育)、设计(课程设计、毕业设计)	除大学物理、普通化学、电工学等基础课程实验外,在不同学习阶段/学期开展了"多层次"的实践性教学活动	在选题方面:①符合专业或大类培养目标、满足教学基本要求,使学生得到比较全面的训练。本专业尽可能进行有工程背景的毕业设计;②尽可能结合生产、科研和实验室建设的实际任务,促进教学、科研和生产;③有一定的广度和深度,工作量饱满,使学生在规定时间内经过努力按时完成;④贯彻因材施教的原则,使学生在原有的水平和能力上有较大提高,并鼓励学生有所创造;⑤鼓励学生与用人单位联系,直接承担符合上述要求的实际工程和研究课题	阿里巴巴,松下电器
U18	培养热爱祖国、具有民族振兴精神,适应21世纪社会主义建设和科技发展需要,厚基础、宽口径、强能力、高素质、富创新、善合作,德、智、体、美全面和谐发展与健康个性相统一的具有良好的计算机科学素养的工程技术人才	毕业的学分要求是189学分,其中通过上课获得的学分为157(2604学时);其他获得学分的项目主要为实践教学环节,计32学分(1036学时)。实践教学环节学分的设置一般为每32学时1学分	根据专业特点和专业建设的要求,构建分层次的实践教学模式,按基础实验、综合实验、设计创新型实验和实习/实训分层次进行实践教学;为学生提供参与工程实践的机会,使学生在自主、动手、综合、实践和创新能力以及适应能力等方面得到一定的锻炼与提高	毕业设计的选题紧密结合工程实际问题,有明确的应用背景。教师承担国家级、省级和横向科研课题多项,大量的工程项目为毕业设计选题提供了丰富的来源和有力的保障。总体来看毕业设计选题有适当的难度和深度,工作量适度,符合本专业人才培养目标的要求。2011年,本科毕业设计人数为456人,结合科研项目的课题比例为14.29%;结合工程的课题比例为81%,其中到企事业单位做工程项目课题的人数为49人,比例为11%	有合作关系的企业包括美国多核技术有限公司(长春分公司)、曼博科技有限公司等

	专业目标	课程体系	实践环节	毕业产出	校企合作
U19	培养适应21世纪国家现代化建设需要的,德、智、体、美全面发展的,富有社会责任感,系统扎实地掌握计算机基础理论、计算机系统结构、计算机软件和计算机应用技术与技能的,具备信息获取、存储、检索和处理能力的,在计算机、通信、自动化和电子等信息技术领域起引领作用,具有国际视野和竞争力的创新性高层次专门人才	2010年以后入学的学生,需要修满170学分+课外8学分,其中通识课程43学分(占25.3%),学科课程103学分(占60.6%),集中实践24学分(占14.1%)	培养计划中安排有课内实验和专题实验。课内实验内容主要是一些验证性实验,而专题实验主要完成一些设计性和综合性实验。课内实验一般安排8~16学时,专题实验均安排32学时	毕业设计(论文)是集中实践重要的环节之一。毕业设计(论文)在第四学年所有的课程学习完毕后进行,时间为16周左右。原则上从教师所承担的实际科研和工程项目中挑选出符合专业教学内容要求、能够在16周内完成、适合学生发挥其所学专业知识的课题作为毕业设计(论文)的题目	IBM、Microsoft、Google、文思创新软件技术有限公司(天津)
U51	培养德、智、体、美全面发展,具备基本的科学素养,系统掌握计算机科学与技术基本理论和专业知识,掌握铁路信息技术基础知识与方法,拥有较好的实践动手能力,系统分析与开发能力,适应社会经济发展需要的专门人才。毕业后,可从事应用研究、技术开发或管理等工作,并有在工作中继续学习,不断更新知识的能力。经过5年左右的实践锻炼,能够成为计算机及相关领域的高级专业人才	要求学生完成184学分,其中167学分必须在学校通过课程学习获得,其他17个实践、创新学分可以在校外获得,也可在校内获得。在校外获得学分需提前报学院教学副院长、教务员审核并报学校教务处备案	实践教学体系以提高本科生的工程实践能力、创新能力和综合素质为目标,以教学实验室(主要开设教学大纲要求的基本型、设计型、综合型实验)为基础,以四川省重点实验室、科研项目、科研成果、学院科技创新活动基地为依托,采用国家大学生创新性实验计划项目、大学生科研训练计划(SRTP)项目、重点实验室开放项目和校个性化实验项目立项方式开展课外科技创新活动,利用社会资源,将理论、实验、实习、工程、科研、设计、创新有机结合	毕业论文主要分三大类,分别是"工程设计""技术专题"和"理论研究"	深圳华为科技有限公司、深圳腾讯有限公司

	专业目标	课程体系	实践环节	毕业产出	校企合作
U16	培养具备计算机科学与技术相关知识，能在 IT 领域从事计算机科学与技术研究、软硬件及相关系统开发和应用工作的专业技术人才	公共基础课程每 16 学时对应 1 学分，专业基础课程和专业主干课程每 24 学时对应 1 学分，专业实践环节每 32 学时或每周对应 1 学分，专业选修课及通识教育选修课每 24 学时对应 1 学分。毕业生需修满 181 学分	实践环节主要包括三个平台，即基础实践平台、专业实践平台、能力拓展平台。基础实践平台包括：军事训练、工程认识、工程实践、课程实验；专业实践平台包括：工程综合训练、课程设计、专业综合实验、实习、毕业设计（论文）；能力拓展平台包括：学生科技创新活动和学生社会实践活动等。各实践教学环节累计学时不低于总学时的 25%	毕业设计为期 14 周，学院倡导"真刀真枪"的工程实际课题，鼓励校内教师与校外企业技术人员联合指导毕业设计，以使毕业设计题目能更好地结合工程实际	东软人才实训中心、北京中软国际、大连华信计算机新技术培训中心、北京久其软件股份有限公司
U17	培养适应国家和地方经济发展及国际竞争需要，德智体全面发展，知识结构合理，具有良好的人文素质、科学素养、应用能力和创新意识的计算机工程高级专门人才	在课程体系安排上，一方面尽量精简课内学时，增加课外实践活动；另一方面，逐步提高实践环节的学时和学分	统筹协调理论教学和实践教学的关系，将工程化理念、社会实践融入到实践教学的每个环节，系统构建实验与实践教学体系，形成既与正常课堂教学相融合、又相对独立的实践教学体系。将实践教学的整体培养目标分解到各学期的具体实践教学中，从低年级开始逐步培养，在不同的阶段接受与其能力相适应的实践锻炼，分层次地实现	毕业设计（论文）的题目一般由指导教师拟定。课题要确保"一人一题"，如果确因题目较大，需多位同学共同参与时，可将任务分解成多个相对独立的子任务，每位学生要独立完成各自的任务。近 3 年来，毕业设计（论文）的论文性质全部为工程设计类的课题	与金山软件、美国 XILINX、求精电子、深圳金蝶软件、北京西普、无锡无线龙等企业共建联合实验室/实训基地

（三）食品专业

U4 食品专业毕业设计(论文)严格按照教学大纲的要求,体现理工学校的长处,面向工程、工业化,努力实现教学、科研、生产三结合,注重培养学生的综合素质及分析问题和解决问题的能力。毕业设计(论文)的选题注重结合指导教师的纵横向科研课题,工程实际题目占 75% 以上。U18 大学食品专业与相关企业长春皓月清真肉业股份有限公司、吉林省镇赉县绿禾有机食品有限公司、吉林天景食品有限公司、吉林省阿满食品有限公司建立了校企合作。U17 大学食品专业实践教学体系从理论到实践、从实习到设计、从验证到创新、从研究到工程,全方位培养与提高学生的综合素质、工程实践和创新能力,并将 4 年实践教学的整体培养目标分解到各学期的具体实践教学中,有计划、分层次地实现。U20 大学食品专业毕业学分要求为 185 学分,其中课程教学要求 148.5 学分(含必修课程 126.5 学分、专业限选 7 学分、专业任选 7.5 学分、公共任选 6 学分)、实践教学要求 38 学分(含综合素质和创新能力 5 学分、专业实践教学 31 学分、军事训练 2 学分),同时还要完成"综合教育"8 学分。U21 大学食品专业课程设置包括下列四类课程体系:通识教育课程体系、学科平台课程体系、专业平台课程体系和集中实践教学环节。各校食品科学与工程专业基本情况见表 6-16。

表 6-16　食品科学与工程专业

	专业目标	课程体系	实践环节	毕业产出	校企合作
U4	培养适应经济、科技、社会发展需要,德、智、体、美、劳全面发展,具有化学、生物学、食品科学与工程专业知识,获得工程师基本训练和具有综合知识的食品科学与工程高级专门人才	教育内容和知识体系由人文社会科学、自然科学、外语和信息技术基础、工程基础、专业基础和专业技术课程构成	非常重视学生实践能力的培养,实践教学环节(要求至少 20 学分)所占学分达 36 分	毕业设计(论文)严格按照教学大纲的要求,体现理工学校的长处,面向工程、工业化,努力实现教学、科研、生产三结合,注重培养学生的综合素质及分析问题和解决问题的能力。毕业设计(论文)的选题注重结合指导教师的纵横向科研课题,工程实际题目占 75% 以上	珠江啤酒集团有限公司、广东燕塘乳业有限公司、东莞市东糖集团公司、顺德糖业集团公司

	专业目标	课程体系	实践环节	毕业产出	校企合作
U18	培养适应社会主义现代化建设和未来社会与科技发展需要,德、智、体、美等全面和谐发展与健康个性相统一,掌握扎实的基础理论,必要的专业知识和技能,富有创新精神、实践能力和国际视野的食品科学与工程高素质人才	课程设置包括下列四类课程体系:自然科学类课程、工程基础类课程、专业基础类课程和专业类课程。具体体现在专业指导性教学计划及其进程表中的本科通识教育、学科基础教育和专业知识教育三个层面	实践教学包括实验、实习、调查、课程设计、课外活动和社会实践等。具体包括军事训练、工程图学综合实践、金工实习、机械设计基础课程设计、专业认识实习、专业社会调查、食品工艺实习、食品工程原理课程设计、食品工厂设计课程设计、食品工艺设计、毕业实习等环节,共计25周,22学分	毕业论文(设计)的选题面较广,难度和深度适当,工作量适度,符合本专业人才培养要求	长春皓月清真肉业股份有限公司、吉林省镇赉县绿禾有机食品有限公司、吉林天景食品有限公司、吉林省阿满食品有限公司
U17	培养掌握食品科学与工程领域的基础理论和基本技能,德、智、体、美、劳全面发展,适应食品工业现代化建设需要,素质高、能力强,富有创新精神,可在食品及相关领域从事科学研究、产品开发、工程设计、品质控制、生产管理等工作的工程技术人才	按照"厚基础、宽口径、善创新、高素质"、"知识、能力、素质协调发展""知识结构与课程体系整体优化"等原则,突出学生为主体,修订出融合多科性工业大学背景与专业特点,重视通识与学科基础教育,注重素质与能力培养,引导学生研究与创新,覆盖知识领域宽广的工程技术人才培养课程体系	实践教学体系从理论到实践、从实习到设计、从验证到创新、从研究到工程,全方位培养与提高学生的综合素质、工程实践和创新能力,并将四年实践教学的整体培养目标分解到各学期的具体实践教学中,有计划、分层次地实现	近三年,来自产学研合作项目和生产实际的毕业设计(论文)选题超过90%,其中结合工程实际的课题年均超过55%,毕业设计(论文)工作中"理论联系实际""结合工程与科研实际"得到有效落实	安徽丰原集团有限公司、安徽大平油脂集团、江苏雨润食品集团、天津宝迪食品有限公司等

续表

	专业目标	课程体系	实践环节	毕业产出	校企合作
U46	培养适应社会主义市场经济以及国际竞争与合作的需求,从事工艺与工程设计、产品开发、质量管理、生产管理与销售的工程技术人才	课程体系包括:人文社会科学课程(20学分)、数学与自然科学课程(62学分)、外语课程(10.5学分)、信息技术基础课程(5学分)、工程基础课程(24学分)、专业课程(14学分)、实践环节(27.5周)、毕业设计(论文)15(周)	开展由实验课程、实习、课程设计、毕业设计(论文)和课外科技活动组成构成的实践环节	毕业设计(论文)选题85%以上来自教师与工程实际相结合的科研课题,做到一人一题,其难度、综合训练的程度符合专业培养目标	丹尼斯克(中国)有限公司、天津市百事可乐食品饮料公司、天津市顶峰淀粉公司、天津市尖峰天然产物研究开发有限公司
U20	培养德、智、体全面发展,在食品科学与工程领域内获得工程师基本训练,从事食品及相关领域生产技术管理、品质控制、产品开发、科学研究、质量检验、工程设计等工作的高等工程技术应用型人才,同时为研究生培养输送合格人才	毕业学分要求为185学分,其中课程教学要求148.5学分(含必修课程126.5学分、专业限选7学分、专业任选7.5学分、公共任选6学分)、实践教学要求38学分(含综合素质和创新能力5学分、专业实践教学31学分、军事训练2学分),同时还要完成"综合教育"8学分	包含实验课程、设计性实验、实习等环节	毕业设计(论文)难易程度和工作量适中,适合学生的知识能力和相应的实验条件	大连春和食品厂、大连麦花食品厂、大连调味品厂、大连华润啤酒有限公司

	专业目标	课程体系	实践环节	毕业产出	校企合作
U21	培养适应社会、经济、科学技术发展需要，知识、能力、素质协调发展，具备食品科学、食品工程、食品质量管理与安全监控等方面的基础理论知识和实践技能，具有较强的社会责任心和较高的道德水平，能从事食品(特别是粮油食品)生产及管理、品质监控、产品开发、工程设计等方面的专门人才	课程设置包括下列四类课程体系：通识教育课程体系、学科平台课程体系、专业平台课程体系和集中实践教学环节	包含实验课程、设计性实验、毕业实习等	2011年，毕业设计比例占25%左右，毕业论文比例占75%左右	东海粮油工业有限公司、河南大用实业有限公司、河南丰盛粮油有限公司、河南金星啤酒有限公司

(四) 化工专业

U22大学化工专业在学生培养的实践环节创设了"两台一创"实践教学体系，由"基础实践能力培养平台""专业技能与工程实践能力培养平台"和"创新能力培养与实践"三部分组成。U36大学化工专业的毕业设计(论文)题目95%以上能紧密结合本专业的工程实际问题，使学生能够在解决实际问题的过程中学会应用所学知识。U4培养适应社会、经济、科技发展需要，德、智、体、美全面发展，具备化学工程与工艺方面的知识，具有较强社会责任感、良好职业道德和综合素质，国际视野开阔，能在化工、冶金、能源、材料、轻工、医药、食品、环保和军事部门从事工程设计、技术开发、工厂操作与管理、科学研究、产品营销等方面工作的、富有竞争意识、具备"创新、创造、创业"的"三创型"工程技术人才。U44大学化工专业与湖北宜化化工股份有限公司、中国五环化学工程公司等10余家企业和设计院建立了"宜化模式"培训基地。每年都有20%~30%学生参与这种模式训练，至今已累计有150名学生在毕业实习和设计中参加过"宜化模式"，学生收获经验和提升能力的同时，也为工厂解决了一些技术问题。U17、U23、U52 大学均提出了立足地方、面向全国,培养具有化学工程与工艺方面的专业知识,能在相关领域工作的工程人才。各校化学工程与工艺专业基本情况见表 6-17。

表 6-17　化学工程与工艺专业

	专业目标	课程体系	实践环节	毕业产出	校企合作
U36	培养掌握物质分离与转变过程及其设备设计与操作的共同规律,能在化工、炼油、生物、环境、资源、能源、医药、冶金、食品及劳动安全部门从事科学研究,成为新产品、新工艺和新技术开发、生产过程设计、科技和生产管理所需的高级工程科技人才	课程设置符合通用标准中对各类课程的比例要求,也符合化学工程与工艺专业对数学与自然科学、工程基础、专业基础、专业课程四类课程内容所提出的基本要求和学分要求	主要包括化工实验(7.5 学分,含大学化学实验,过程工程原理实验、化工专业实验)、化工设计(4 学分)、认识和生产实习(3 学分)、SRTP 等科技创新与社会实践活动的第二课堂(4 学分以上),共计 18.5 学分	毕业设计(论文)题目95%以上能紧密结合本专业的工程实际问题,使学生能够在解决实际问题的过程中学会应用所学知识	陶氏化学、美国空气化工、烟台万华、三井化学
U4	培养适应社会、经济、科技发展需要,德、智、体、美全面发展,具备化学工程与工艺方面的知识,具有较强社会责任感、良好职业道德和综合素质,国际视野开阔,能在化工、冶金、能源、材料、轻工、医药、食品、环保和军事部门从事工程设计、技术开发、工厂操作与管理、科学研究、产品营销等方面工作的、富有竞争意识、具备"创新、创造、创业"的"三创型"工程技术人才	课程体系由公共基础课程(含人文社会科学类课程、数学与自然科学类课程)、学科基础课程(含工程基础类课程和专业基础类课程)、专业领域课程构成	具有满足工程需要的完备的实践教学体系,主要包括化工实验、化工设计、认识及生产实习、科技创新、社会实践等多种形式	为了保证毕业设计(论文)的质量,本专业毕业设计(论文)题目原则上要求一生一题,对于一个课题由多人合作完成的项目,应有明确分工,各人有不同的小题目,内容有所侧重,使每个学生都能达到教学基本要求	中国石油化工总公司广州分公司

	专业目标	课程体系	实践环节	毕业产出	校企合作
U17	立足安徽、面向华东、辐射全国,培养适应社会、经济、科技发展需要,德、智、体、美全面发展,具备化学工程与工艺专业知识,较强社会责任感、良好职业道德和综合素质,国际视野开阔,能在化工、石油化工、环保、材料、能源、轻工、医药、冶金等相关行业从事产品研制与开发、工程设计、技术开发、生产技术管理、科学研究、产品营销等方面工作,工程实践能力强,具有创新能力和创业意识的高级工程技术人才	毕业生要求修满193.5学分,其中至少141学分是通过课堂教学获得的,其他获得学分的项目包括实验、实习、工程实训、课程设计、毕业设计（论文）、社会实践和科技创新实践活动等	实践教学体系主要包括:化学化工实验、课程设计、实习、工程实训、科技创新、社会实践等多种形式	依托教师承担的各类科研课题和产学研合作项目,实施"一生一题"和师生双向选择机制,严格规范诸如选题与审核、过程监督与检查、论文撰写格式、答辩、成绩评定等环节的管理	中国石油化工股份有限公司安庆分公司、安徽锦邦化工集团有限责任公司、中盐安徽红四方股份有限公司
U52	立足中原、面向全国,培养德、智、体、美全面发展,适应经济、社会及科技发展需要,具有扎实的专业理论基础与专业技能,较宽的专业口径与国际视野,较强的实践能力与创新意识,较高的人文素质与科技素养,具备科技界、工业界、行业机构及政府中承担重要工作的能力,能在化工、石油化工、能源、环保、生物、环境、材料、轻工、医药、食品、冶金等过程工业领域从事技术开发、工程设计、科学研究、生产操作及管理等方面工作的高级工程技术和科学技术人才	化学工程与工艺专业总学分由原来的199.5学分,压缩至179.5学分。其中公共基础平台课程63学分,占总学分(179.5学分)的35.10%;学科基础平台课程36学分,占总学分的占20.06%;模块课程69学分,占总学分的38.44%;课程群须选11.5学分,占总学分的6.41%	在四年的不同学期,分层次开展了各种形式的实践性教学活动。实践教学环节包括基础实验、专业实验、课程设计、化工工艺设计、认识实习、生产实习、毕业论文与设计、科技创新实践、社会实践等	毕业设计(论文)工作程序包括:"选题——下达设计(论文)任务书——开题报告答辩——实验(设计)过程与中期检查——结题验收——论文(设计报告)撰写——毕业答辩"七部分组成	河南煤业化工集团义马气化厂、河南煤业化工集团中原大化公司、河南飞行化工集团

	专业目标	课程体系	实践环节	毕业产出	校企合作
U22	培养德、智、体、美全面发展，综合素质良好，具备化学工程与工艺方面的专业知识，能在化工、炼油、冶金、能源、材料、轻工、医药、食品、环保和军工等化学工业领域，从事产品研制与开发、工程设计、技术开发、工厂操作、生产过程控制及企业经营管理、科学研究等具有创业创新精神和较强实践工作能力的应用型化学工程技术人才	六类课程体系是：人文社科体系；数、理、化及生化基础体系；工程基础体系；专业基础体系；专业课程体系及专业选修课程体系	"两台一创"实践教学体系由"基础实践能力培养平台""专业技能与工程实践能力培养平台"和"创新能力培养与实践"三部分组成	一人一题，真题真做，特殊情况可以两名学生合作，但每个人的工作重点各不相同。学生的毕业设计一般要求以所学知识为基础，结合工程实际	扬子石化、金陵石化、南化公司等
U44	培养具有创新意识，具备系统、扎实的专业基础理论知识和基本技能，宽广的专业知识面，具有一定的对化工新产品、新工艺、新设备和新技术的研究开发能力和较强的工程设计能力，一定的市场开拓和认识能力，良好的外语及信息获取能力，能够胜任化工、石油、能源、轻工、环保、医药食品及劳动安全等部门工程、技术开发、生产管理和科学研究的应用型高级化学工程专业技术人才	课程教学总学分为154学分，学生毕业的最低总学分为201.5学分，其中创新学分为4学分	实践教学体系主要包括：化工实验（7.5学分，包括基础化学实验、仪器分析实验、化工原理实验、化工专业实验）、实习（金工实习、认识实习、生产实习、毕业实习）、设计（化工原理课程设计、专业课程设计）和课外科技创新活动（创新实验）等多种形式，共计18.5学分	与湖北宜化化工股份有限公司、中国五环化学工程公司等10余家企业和设计院建立了"宜化模式"培训基地。每年有20%~30%学生参与了这种模式训练，至今累计有150名学生在毕业实习和设计中参加"宜化模式"受益匪浅，也为工厂解决了一些技术问题	湖北宜化、武汉葛化、长岭炼油厂、鄂西化工等

续表

	专业目标	课程体系	实践环节	毕业产出	校企合作
U23	立足浙江、面向全国,培养面向21世纪适应我国社会主义现代化建设需要,德、智、体全面发展的、具有创新意识和创新能力的、化工及相关专业的高级工程和科技人才	课程体系由公共基础课程(含人文社会科学类课程、数学与自然科学类课程)、学科基础课程(含工程基础类课程和专业基础类课程)、专业领域课程构成	按照培养计划分阶段/学期开设相应的实践教学课程,开展"多层次"的实践教学活动。目前,本专业具有满足工程需要的完备的实践教学体系,主要包括化工实验、化工设计、认识及生产实习、科技创新、社会实践等多种形式	为了提高学生的工程实践能力,在2011年的毕业环节中,将毕业环节中非设计题目的同学集中起来,以4~7人为一组,进行6周的集中设计训练	巨化集团公司、龙山化工股份有限公司、杭州炼油厂、中轻化工有限公司

(五) 环境专业

各校都十分重视实践环节,课程体系中均安排了实践课,且实验课在课程设置中占到了一定的比例,学生毕业设计的比例有所提高,内容越来越注重结合工程实践。一些学校为工科生安排了人文社科类课程或通识课程。各学校均与当地专业相关企业建立了校企合作。

U6 环境毕业设计(论文)为6学分,16 周。毕业设计比例不断升高,近年来稳定在 70% 左右。U3 大学环境专业采用顶层设计的方法,总体构建实践性环节教学体系,着重培养以下能力:①试验技能;②工艺操作能力;③工程设计能力;④科学研究能力;⑤社会实践能力等。U5 环境专业的实践环节按照"课内外结合""校内外结合"的原则设置。主要包括课程实验、实习环节、课程设计、毕业设计(论文)等集中性实践教学环节。实习环节设置有军事训练、公益劳动、金工实习、电工实习、专业社会实践、生产实习等环节。除集中性实践教学环节外,还设置各类课外科技创新大赛、学生社团活动和社会实践、课外科学研究及学术论文等。U4 大学环境工程专业课程根据教学方式分为理论教学、实践教学和创新三大部分,理论教学根据课程属性分为公共基础课(含人文和社会科学通选课)、学科基础课、专业领域课三部分。实践教学含实验教学、课程设计和实习。毕业生需修满 184 学分。U2 大学环境专业以科研优势为依托,实施"一人一题""师生双向选择""毕业设计(论文)一年制"管理机制,进行规范化管理。U1 环境专业的实验教学体系包括素质教育性实验、专业基础与综合性实验、工程应用性实验、科研创新性实验四个层次。各校环境工程专业基本情况见表 6-18。

表 6-18　环境工程专业

	专业目标	课程体系	实践环节	毕业产出	校企合作
U5	培养理、工、文兼备的,具有较宽广专业知识的复合型高级工程技术人才和管理人才。在水污染控制工程、固体废物处理处置与资源化、大气污染控制、环境监测技术领域着重培养技术型人才,在环境规划、管理、评价领域着重培养复合型人才,使学生在各自领域的一个或两个方向上具有解决复杂环境问题的能力	总学分要求为203学分,其中课程体系学分要求为164学分,集中性实践教学环节学分要求为34学分,最低课外学分要求为5学分	实践环节按照"课内外结合""校内外结合"的原则设置。主要包括课程实验、实习环节、课程设计、毕业设计(论文)等集中性实践教学环节。实习环节设置有军事训练、公益劳动、金工实习、电工实习、专业社会实践、生产实习等环节。除集中性实践教学环节外,还设置各类课外科技创新大赛、学生社团活动和社会实践、课外科学研究及学术论文等	毕业设计(论文)课题内容涉及工程设计、应用技术研究、专题研究和综合实验等方面。其中工程设计约占40%;科学专题研究约占30%;规划、评价、管理约占30%	主要包括三个方面:在每年的生产实习中聘请企业的技术人员为本科生讲解工艺、设计及规范;每年聘请的客座教授结合工程实践为本科生进行学术报告;每年的毕业实习中,部分本科生结合企业的实际工程项目进行工程设计

	专业目标	课程体系	实践环节	毕业产出	校企合作
U2	培养德、智、体、美全面发展,具有良好道德品质;具备良好的人文社科基础知识和人文修养;具有可持续发展理念,掌握环境科学与工程基础知识;具有环境工程研究、环境工程技术开发设计、环境设施运行管理、环境规划与评价等方面工作能力,可以在政府环保部门、规划部门、经济管理部门,以及设计单位、工矿企业、科研单位、学校等单位从事环境规划与环境影响评价、清洁生产管理和设计、污染控制工程设计、运行管理和研究开发的高级工程技术人才	课程体系由课堂教学、实践教学和第二课堂三部分构成,共计175学分,各部分学分设置为课堂教学16学时为1学分,实验教学24学时为1学分,实践环节1周为1学分。课堂教学包括115学分,由通识课程、大类课程、专业课程(包含专业基础课程和专业方向课程)、个性课程组成,一、二年级对环境专业学生实行大类培养,三年级开始按专业分类培养;实践教学包括基础实验、专业实验、课程设计、实习(包含认识实习、生产实习、毕业实习)、毕业设计(或论文)等环节,共41学分;其他学分通过大学生创新性实验计划、各类学科竞赛、讲座、社会实践等第二课堂训练完成	以"生物与环境辽宁省实验教学示范中心"为平台,以"工业生态与环境工程教育部重点实验室"和"辽宁省工业生态与环境工程技术研究中心"为拓展,以校内、外实践教学基地为补充,构建了系统的本科教学实践体系,培养创新型工程技术人才	以专业科研优势为依托,实施"一人一题""师生双向选择""毕业设计(论文)一年制"管理机制,进行规范化管理	大连市环境监测中心

续表

	专业目标	课程体系	实践环节	毕业产出	校企合作
U4	培养具有可持续发展理念,具备水、气、固体废物等污染防治和给水排水工程、环境规划和资源保护等方面的工程知识,具有进行污染控制工程的设计及运营管理能力,制定环境规划和进行环境管理能力,以及环境工程方面的新理论、新工艺和新设备的研究和开发能力,能在政府部门、规划部门、经济管理部门、环保部门、设计单位、工矿企业、科研单位、学校等从事规划、设计、管理、教育和研究开发方面工作的环境工程学科的高级工程技术人才	环境工程专业课程根据教学方式分为理论教学、实践教学和创新三部分,理论教学根据课程属性分为公共基础课(含人文和社会科学通选课)、学科基础课、专业领域课三部分。实践教学含实验教学、课程设计和实习。毕业生需修满184学分	实践教学含实验教学、课程设计和实习。学分设置为课堂教学16学时计1学分,实验教学32学时计1学分,实践教学1周计1学分	所有学生必须参加毕业设计(论文),要求做到"一人一题"。选题注重于结合工程实际以及技术发展的趋势,大多来自国家自然科学基金、广东省自然科学基金以及企业的实际工程项目	广东新大禹环境工程有限公司
U1	培养具备水、气、声、固体废物、土壤等污染防治、水污染控制规划、水资源保护、矿业废弃地生态重建和重金属污染环境修复等方面的知识,能从事规划、设计、管理、教育和研究开发方面工作的环境工程高级工程技术人才	环境工程专业教育内容和知识体系由通识教育、学科基础教育内容、专业方向教育内容、综合实践和实践教学五部分及15个知识体系构成	实验教学体系包括素质教育性实验、专业基础与综合性实验、工程应用性实验、科研创新性实验四个层次	要求做到"一人一题"。选题的方向覆盖面很广	株洲冶炼集团股份有限公司、常德市污水净化中心、长沙国祯水处理有限公司

	专业目标	课程体系	实践环节	毕业产出	校企合作
U6	培养具有可持续发展理念,具备水、气、固体废物等污染防治和给水排水工程、环境规划和资源保护等方面的工程知识,具有进行污染控制工程的设计及运营管理能力,制定环境规划和进行环境管理能力,以及环境工程方面的新理论、新工艺和新设备的研究和开发能力,能在政府部门、规划部门、经济管理部门、环保部门、设计单位、工矿企业、科研单位、学校等从事规划、设计、管理、教育和研究开发方面工作的环境工程学科的高级工程技术人才	学生应修总学分为 175。数学与自然科学类课程占总学分安排的22.29%,人文社会科学类课程占总学分安排的25.14%,工程基础类课程、学科专业基础类课程与专业类课程占总学分安排的52%	实验课时占课内学时的比例达 20.42%,实习课程为5门,总时间达到42天,课程设计为4门,总学时达90学时	毕业设计(论文)为6学分,16周。毕业设计比例不断升高,近年来稳定在70%左右	南京江心洲城市污水处理厂、南京市水阁有机废弃物处理场、江苏省环境监测中心、江苏江南环保工程有限公司

续表

	专业目标	课程体系	实践环节	毕业产出	校企合作
U3	培养德、智、体全面发展,有理想、有道德、有文化、有纪律的具有创新意识和团队精神的适应现代化建设需要,具有城镇水、气、声、固体废物等污染防治和给排水工程、环境规划、资源保护、环境保护新产品和设备的设计、研究和开发等方面知识,能在政府、规划、经济、环保、设计、研究部门、学校、研发与生产经营等企事业单位从事清洁生产管理和设计、污染控制工程设计、运行管理和研究开发的高级工程技术人才,也可攻读硕士学位和硕博连读,或推荐优秀生到国内外著名大学攻读研究生学位	环境工程专业教育内容和知识体系由通识教育、学科基础教育内容、专业方向教育内容、综合实践和实践教学五部分及15个知识体系构成	采用顶层设计的方法,总体构建实践性环节教学体系,着重培养以下能力:①试验技能;②工艺操作能力;③工程设计能力;④科学研究能力;⑤社会实践能力等	环境工程专业的所有学生参加毕业设计(论文),要求做到"一人一题"。选题的方向有:城市生活污水处理厂设计、不同的工业废水处理设计,固体废弃物的处理,大气污染控制工程设计。毕业论文的选题全部是教师科研或工程项目中的一部分	上海天山污水厂、上海市职业技术培训中心、中国石化上海石油化工有限公司等

(六) 水利专业

U24 大学水利专业部分保研同学毕业设计成果以毕业论文形式完成,以使其尽快进入"研究"角色。这些同学的论文均结合导师的科研课题进行。U25 大学水利专业构建了由实验、实习和设计三大模块组成的包括专业基础实验、专业综合实验和拓展创新实践三个层次的实验实践教学体系。两校水利水电工程专业基本情况见表6-19。

表 6-19　水利水电工程专业

	专业目标	课程体系	实践环节	毕业产出	校企合作
U25	培养适应经济和社会发展需要的德智体美全面发展的,基础扎实、知识面宽、能力强、素质高,富有创新精神,在水利、水电及相关行业从事勘测、规划、设计、施工、科研和管理工作的高级工程技术和管理人才	毕业要求的最低总学分不超过150 学分,其中理论教学课按18 学时折算为1 学分,实验教学课程学分为 36 学时为 1 学分,实践性环节每周折算为 0.5 学分	构建了由实验、实习和设计三大模块组成的包括专业基础实验、专业综合实验和拓展创新实践三个层次的实验实践教学体系	一人一题,且每年题目更新率达到80%,大部分题目来源于实际工程	中国长江三峡集团公司、清江水电开发有限责任公司、葛洲坝电厂、丹江口水库
U24	培养德、智、体、美全面发展的具有水利水电工程的勘测、规划、设计、施工、科研和管理等方面的知识,能适应社会经济发展的需要,基础扎实、知识面宽、能力强、素质高,富有创新精神和能力,具有国际视野和交流能力的水利、水电等领域,从事规划、设计、施工、科研和管理方面工作的高级工程技术人才	毕业要求的学分数为 183。其中138 个学分为课内学分数,通过上课获得,其余为实践环节,45学分（含课内实践学分）。此外学生还必须获得10 个素质拓展学分	实践性教学包括课程试验、认识实习、生产实习、课程设计、毕业设计等内容	部分保研同学毕业设计成果以毕业论文形式完成,以使其尽快进入"研究"角色。这些同学的论文均结合导师的科研课题进行	富春江水电厂

续表

	专业目标	课程体系	实践环节	毕业产出	校企合作
U43	培养适应21世纪经济社会发展需要,德、智、体、美全面发展,具有扎实的自然科学、人文科学基础,具备计算机、外语、经济、管理等方面的应用基础和技能,接受工程师的基本训练,掌握水文学、水资源及水环境等方面的专业基础知识与专业基本技能,知识面宽、能力强、素质高、有创新精神的高级专门人才	课程体系由必修课、选修课、计算机系列课等模块组成	实践内容包括基础实践、专业实践和综合实践	制订了毕业设计报告撰写、答辩评优管理方法,成立了毕业设计管理及指导小组,对毕业设计主要环节采取有力措施加以管理	万家沟水库、内蒙古河套灌溉总局、红领巾水库与蛮汉山林场

(七) 机械专业

U49 机械工程及自动化专业的课程与培养环节的设置注重学生综合素质、专业技术基础、实践能力以及创新意识与能力的培养。具体实践环节包括:金工实习、生产实习、一学期的综合论文训练(本科毕业设计)、机械设计实践、机电系统控制实践、现代制造系统理论与实践、专题训练、学生课外科研训练(SRT)等。在培养环节的设计中,突出能力要求和综合训练,引导学生加深对可持续发展和经济全球化的认识,培养学生的责任感和能力;注意培养学生的工程意识、独立解决问题的能力和协作精神,尤其注重培养学生的创新意识和能力,鼓励新思想、新改进、新发现。U2 大学机械专业毕业共需 175 学分,经考试或其他考核方式通过即可获得相应学分。其中上课可获得 117.5 学分,其他学分可通过实验、实习、课程设计、毕业设计(论文)或第二课堂获

得。U4 机械专业近三年学生毕业论文总量 503 篇,其中工程设计类 278 篇,占
55.3%;研究类 223 篇,占 44%,还有两篇项目报告类和其他软件类。U13 大
学机械专业课程由课堂教学、实践环节和课外活动三大部分构成。课堂教学
的课程体系由公共课程和基础课程、学科基础课程、专业课程,以及创新与研
修类课程组成。U27 大学机械专业实践环节按照"课内外结合""校内外结
合"的原则设置。除课程实验外,设置有军事训练、公益劳动、工程训练、社会
实践、专业实习、课程设计、毕业设计(论文)等集中性实践教学环节和各类课
外科技活动和学科竞赛、学生社团活动和社会实践等。U26 大学机械专业四
年制本科专业总学分为 193 学分,经考试或其他考核方式即可获得相应学分。
其中上课可获得 155 学分,其他通过实验、实习、课程设计、毕业设计(论文)、科
技创新等方式获得。各校机械设计制作及其自动化专业基本情况见表 6-20。

表 6-20　机械设计制作及其自动化专业

	专业目标	课程体系	实践环节	毕业产出	校企合作
U49	机械工程及自动化专业的本科毕业生应具有坚实的自然科学、人文社会科学和工程技术基础,受到较强工程实践训练,具有较强的计算机应用能力并熟练掌握一门外语,掌握机械制造、材料加工过程及其机电控制的基本原理、方法、工艺和设备的专业知识,能从事机械工程领域内的设计制造、生产运行、科技开发及技术经济管理等工作	机械工程及自动化专业的课程与培养环节的设置注重学生综合素质、专业技术基础、实践能力以及创新意识与能力的培养	实践环节包括:金工实习、生产实习、一学期的综合论文训练(即本科毕业设计)、机械设计实践、机电系统控制实践、现代制造系统理论与实践、专题训练、学生课外科研训练(SRT)等	突出设计能力要求和综合训练,引导学生对可持续发展和经济全球化的认识,培养学生的责任感和能力;注意培养学生的工程意识、独立解决问题能力和协作精神,尤其要培养学生的创新意识和能力,鼓励新思想、新改进、新发现	内蒙古第一机械集团公司等

续表

	专业目标	课程体系	实践环节	毕业产出	校企合作
U2	培养适应21世纪社会发展,适应社会主义现代化建设需要,德、智、体、美全面发展,具有高尚的道德品质、宽厚的知识基础、突出的能力潜质、优秀的综合素质以及开阔的国际视野,能够将机械设计制造及其自动化专业知识与计算机、自动化、传感测试等现代科学技术有机结合,培养具有机械工程技术基础、掌握市场经济和工业管理方面的知识,能够从事有关机电一体化设备的设计、制造和研究,重大机械装备系统的研究与制造,掌握以现代信息技术为主要支持的设计理论和方法,具有进行高新技术研究、开发和管理能力的现代机械专业高级人才	毕业共需175学分,经考试或其他考核方式通过即可获得相应学分。其中上课可获得117.5学分,其他通过实验、实习、课程设计、毕业设计(论文)或第二课堂获得	实践性教育环节有:实验、实习、课程设计、课外科技创新活动及毕业设计等。各环节都有规范的教学文件,如实验、实习、课程设计及毕业设计论文的教学大纲和教学管理规范/规定,实验及课程设计的指导书,实习计划等	近年来,本专业的毕业设计(论文)选题一直遵循上述原则。选题多为工程设计型、科学实验型和综合型,有实际工程实际背景的题目超过85%。毕业设计(论文)难易程度和工作量适中,适合学生的知识能力和相应的实验条件	大连冰山集团、中国北车集团大连机车车辆有限公司、沈阳机床集团、中国第一汽车集团公司

	专业目标	课程体系	实践环节	毕业产出	校企合作
U4	培养具有坚实的机械设计、制造、电子技术和计算机基础知识与应用能力,从事机械装备、机械制造自动化、工程设计研究、运行管理及经营销售等方面工作的高级工程技术人才	毕业的学分为184.5学分,其中有147学分是通过课堂教学获得的;其他获得学分的项目有:实验、上机、实践环节(金工实习、电子工艺实习、生产实习、学科基础实验课、公益劳动、军训)、设计(课程设计、毕业设计论文)等	包含实验课程、设计性实验等内容	近三年学生毕业论文总量503,其中工程设计类278,占55.3%;研究类223,占44%,还有两篇项目报告类和其他软件类	湖北十堰东风汽车有限公司商用车发动机厂、河南洛阳拖拉机厂德国等
U19	培养学生使用数字化技术进行产品设计开发能力和使用自动化技术运作制造系统的能力,强化学生的人文素质、领导能力和创新能力,增强学生的国际视野和求知精神。培养学生具有宽厚的基础理论和坚实的机械设计、制造及自动化的专门知识,能在机械工程及自动化领域从事工程设计、机械制造、技术开发、科学研究、生产组织和管理等方面工作的高级专门人才	四年制本科专业总学分为170学分,另外课外实践还可以修得8学分以上	实践性教育环节有:实验、实习、课程设计、课外科技创新活动及毕业设计等	有明确的质量认证规范制度	西安航空发动机集团有限公司

续表

	专业目标	课程体系	实践环节	毕业产出	校企合作
U13	培养适应社会主义现代化建设需要的、德、智、体等全面发展的,掌握现代设计方法,具备先进制造技术基础知识,同时具备计算机技术的应用能力,能从事机电一体化产品及自动化生产系统设计、研究与开发的宽基础、高素质、具有创新精神和实践能力的高级专门人才	课程由课堂教学、实践环节和课外活动三部分构成。课堂教学的课程体系由公共课程和基础课程、学科基础课程、专业课程,以及创新与研修类课程组成	实践教学环节有:实验(其中,有单独设置的实验课程,也有理论课中穿插进行的实验环节)、实习、课程设计、课外科技创新活动及毕业设计等	近三年毕业设计(论文)中研究论文占50.5%,工程设计占43.8%,其他性质的论文占5.7%	中国一拖集团有限公司(洛阳)、第一汽车集团公(长春)、洛阳 LYC 轴承有限公司、中信重工
U27	培养基础扎实、知识面广、团队精神好、适应能力与交流能力及实践创新能力强的复合型高级技术人才;重点强调机械设计与制造的基础知识和应用能力,机电产品开发、科学研究与企业管理所需的知识结构及能力的培养;使学生可从事科学研究、科技开发、机电产品设计制造、生产运行管理等方面的工作	2009 版培养计划学生毕业最低学分数为 172 学分	实践环节按照"课内外结合""校内外结合"的原则设置。除课程实验外,设置有军事训练、公益劳动、工程训练、社会实践、专业实习、课程设计、毕业设计(论文)等集中性实践教学环节和各类课外科技活动和学科竞赛、学生社团活动和社会实践等	近三年的毕业设计(论文)中,结合工程实际情况的约占31.7%	武汉重型机床有限责任公司、海马汽车、东风汽车公司、广汽长丰、吉利汽车

	专业目标	课程体系	实践环节	毕业产出	校企合作
U29	培养复合型、开放型、创新型的本领域优秀人才,掌握扎实的自然科学知识、机械设计制造及自动化技术的基础理论和专业知识,具有一定的交叉学科背景和良好的人文科学素养,具备较强的机械工程应用能力和科学研究能力,具有良好的终身学习和发展能力、独立思考和判断能力、实践和创新能力、较强的表达、人际交往、团队协作能力,能在机械工程领域从事研究开发、设计制造、技术经济管理的高素质工程技术人才	四年制本科专业毕业的总学分要求不低于168学分,经考试或其他考核方式通过即可获得相应学分,其中上课可获得138.5学分,其余29.5学分通过实验、实习、课程设计、毕业设计(论文)等集中实践环节获得	包括工程训练、实验、课程设计、生产实习及毕业设计(论文)等	机械设计制造及其自动化专业的毕业设计(论文)的课题大多来自生产实际或科研项目。课题类型主要分为:专题研究、工程设计、产品开发和其他	重庆长安集团有限公司、中国嘉陵工业集团公司、望江工业集团公司、四川峨柴股份有限公司

	专业目标	课程体系	实践环节	毕业产出	校企合作
U26	培养适应21世纪社会发展,适应社会主义现代化建设需要,具有高尚的道德品质、宽厚的知识基础、突出的能力潜质、优秀的综合素质以及开阔的国际视野,能够将机械工程及自动化专业知识与计算机、自动化、电子技术、传感与测试等现代科学知识有机结合,培养具有机械工程技术基础,掌握市场经济和工业管理方面的知识,具有较强的人文素质、团队精神、创新意识,能够从事有关机电一体化设备的设计、制造和研究,重大机械装备系统的研究与制造,掌握以现代信息技术为主要支撑的设计理论和方法,具有从事高新技术研究、开发和管理能力兼具冶金行业特色的现代机械专业专门人才	四年制本科专业总学分为193学分,经考试或其他考核方式即可获得相应学分。其中上课可获得155学分,其他通过实验、实习、课程设计、毕业设计(论文)、科技创新等方式获得	实践性教育环节有:实验、实习、课程设计、课外科技创新活动及毕业设计等	选题多为工程设计型、科学研究型和综合型,有实际工程背景的题目超过90%	首钢集团总公司

续表

	专业目标	课程体系	实践环节	毕业产出	校企合作
U28	以基于工程能力培养为导向,立足于培养具有较宽厚的基础理论和较扎实的机械设计、制造及自动化的专门知识,面向重型机械行业,从事机械设计、机械制造、技术开发、科学研究、生产组织和管理等方面工作,具有创新精神和实践能力,面向工业企业的应用型高级工程技术人才	培养方案由通识课程平台、学科基础课程平台、专业课程平台、实践教学环节及素质拓展五个部分组成	学院在学生培养方面注重强化实践教学,学生可以从实践环节中接触到实际中许多难以解决的、多学科交叉的工程问题、科技前沿、先进的管理方法和理念,促使他们理论联系实际,不断开拓创新,为满足社会需求而激发出自己的潜能。具体环节从实践教学内容和体系、实习、综合性与设计性实验和实验室开放四个方面进行设计	毕业设计(论文)题目来源广泛,与科研、生产任务结合紧密,最近三届毕业生论文或毕业设计与生产实践结合率为69.7%	中国一拖集团有限公司、中信重工机械股份有限公司、榆次液压件厂、榆次油研液压有限公司
U41	在培养计划中将突出对学生工程素养的培养,加强学生综合运用理论知识分析研究解决工程实际问题的能力,强化机械装备的设计、制造、安装调试、运行维护、工程管理、交流与沟通、团队合作和创新能力的培养	教学计划分为理论环节和实践环节两大类。理论环节包括必修课、限制性选修课和选修课三部分,实践环节全部是必修课程。必修课程和限制性选修课程是学生完成本专业学业必须修读的课程,选修课是学校为构成学生的知识结构开设的课程	包含工程训练与实验课程	对毕业设计(论文)工作的组织与管理,学生做毕业设计(论文)的条件与要求、毕业设计(论文)选题、毕业设计(论文)检查、毕业设计(论文)的规范、撰写、评阅、答辩、评分、装订要求、经费管理等做了一系列详细规定	中国第一重型机械集团公司、鞍山钢铁集团公司、中国第一汽车集团公司

（八）交通专业

交通工程专业学生主要学习系统工程学、交通工程学方面的基本理论和基本知识，接受识图制图、上机操作、工程测量、工程概预算的基本训练，掌握进行交通基础设施规划设计、工程建设与管理方面的基本技能。U48 大学交通专业的毕业设计共 17 周，17 学分，为保证质量，本专业从选题抓起，坚持"一人一题"，鼓励"真题真做"，提倡"融入科研"，从选题、指导、评阅、答辩四个环节，实施全过程监控，确保学生能够在解决实际问题的过程中学会应用所学知识，同时考虑经济，环境，伦理等各种制约因素，培养学生独立思考，解决问题

表 6-21　交通运输专业

	专业目标	课程体系	实践环节	毕业产出	校企合作
U50	培养具有人文素养、社会责任感和工程职业道德，具有从事工程工作所需的相关科学知识以及经济管理知识，掌握交通运输工程的基础知识和学科的基本理论知识，具有综合运用所学科理论方法和技术手段分析并解决工程实际问题的能力，适应轨道交通高、精、尖集成技术发展需要和轨道交通运输规划与管理，具有国际视野的工程型人才	总学分 176.5 学分（其中理论教学 146.5 学分，实践教学 31 学分）	包含专业认识实习、专业课程设计、专业实习、毕业实习	选题大致可分为两大类，一类主要是科研论文，另一类是项目规划和设计。毕业论文:毕业设计=85:15，即毕业论文占了绝大部分。由于学院教师的科研课题较多，同学的毕业论文大都源于教师的科研项目(约占全部毕业设计的 60%)，给学生提供了运用所学知识解决实际问题的机会	上海铁路局

	专业目标	课程体系	实践环节	毕业产出	校企合作
U5	培养适应现代化建设和未来社会与科技发展需要,立志为国家富强、民族振兴和人类文明进步而奋斗,德、智、体、美全面发展与健康个性和谐统一的,富有创新精神、实践能力和国际视野的交通领域高素质复合型人才。学生毕业后具有交通运输科学与工程等方面的知识,能在交通运输、物流工程、交通工程等领域从事科学研究、技术开发、生产及经营管理、教学等方面的工作。努力造就既懂管理知识,又懂工程技术,熟练掌握计算机与信息技术的复合型人才	毕业的学分为189学分(含课程体系与集中性实践教学环节),其中有161学分是通过课堂教学获得的;并需要通过社会实践活动、英语及计算机考试、竞赛、论文、实验获取不少于5个课外学分	实践环节包括实验、课程设计和实习三个部分	毕业设计(论文)选题紧密结合本专业的工程实际问题,使学生能够在解决实际问题的过程中学会应用所学知识,同时考虑经济、环境、社会、法律、伦理等各种制约因素;同时毕业设计(论文)选题较全面反映教学基本要求,具有综合性,结合实际,有一定的先进性;题目也体现了对专业能力的综合训练,多数来自交通运输科研与生产实际	武昌火车站

	专业目标	课程体系	实践环节	毕业产出	校企合作
U15	按照 U15 大学培养具有"高层次、创新型、复合型、多样性、国际化"的人才总体要求，交通运输专业制订了本专业的培养目标：培养具备运输与物流工程的规划、设计、组织与管理等方面知识及相关开发能力，能从事交通运输系统的规划、组织、指挥、决策以及物流系统规划、设计与管理的高级工程技术及管理人才	毕业学分至少应达到 160 学分。其中上课获得学分为 132.5 学分；其他获得学分的项目有实验课程、实践课程、实习课程、自主研学项目、毕业设计等	设置了客运、货运和物流的实践环节，依托土木交通实验平台，共享机械学院的汽车构造、性能测试实验平台、经管学院的物流实验平台及专业实验平台，同时结合大量的校企合作实习基地，让学生经历客运、货运和物流的完整过程训练，实现了学生实践和创新能力的培养	选题以结合科学研究项目为主，包括指导老师的横向课题和纵向课题项目，以及学生就业单位，鼓励创新。选题还体现了因材施教的原则，一人一题，类型多样化，难易适度，工作任务饱满。鼓励结合科研课题和就业单位需要解决的问题进行选题	南京浦镇车辆厂、南京禄口客货运机场、南京龙潭港集装箱码头
U48	具备运筹学、管理学、运输组织学等方面的理论知识，拥有运输技术管理、商务管理、网络信息管理技能的高级技术及经营管理人才	课程体系由公共基础课、学科基础课、专业课、实践教学四大模块组成，具体涵盖了人文及社会科学类、数学与自然科学类、计算机和外语等工具类、工程基础类、专业基础类、专业类六类课程，共 220 学分	实践教学体系，主要包括实习、实验、课程设计和毕业设计等。如 2008 级交通运输专业培养计划中实践教学共 32.5 学分	共 17 周，17 学分，为保证质量，本专业从选题抓起，坚持"一人一题"，鼓励"真题真做"，提倡"融入科研"，从选题、指导、评阅、答辩四个环节，实施全过程监控，确保学生能够在解决实际问题的过程中学会应用所学知识，同时考虑经济、环境、伦理等各种制约因素，培养学生独立思考，解决问题的能力和创新意识	上海港、南京港、广州港、大连港、青岛港、湛江港、武汉港、宁波港、防城港、张家港和深圳公共汽车有限公司等 10 多家单位，建立了较稳定的实习合作关系，并与其中 7 家签订了实习基地协议

	专业目标	课程体系	实践环节	毕业产出	校企合作
U40	培养适合社会主义经济发展需要,掌握交通运输基础理论及专业知识,熟悉对外贸易实物与法律和运输业务流程,能进行运输方案规划与设计、运营管理以及安全处置的高级管理人才	与培养目标相适应的数学与自然科学类课程(约为总学分的15%);符合本专业培养目标的工程基础类课程、专业基础类课程与专业类课程(约占总学分的40%);工程实践与毕业设计(论文)(约占总学分的25%);人文社会科学类通识教育课程(约占总学分的15%)	实践环节包括实习、实验、课程设计、科技创新活动、社会实践	通过毕业设计(论文),培养和锻炼大学生综合运用大学课程的基本知识、基础理论、基本技能分析,解决本专业工程和科研实际问题的能力	中海集装运输大连客轮有限公司
U42	培养适应社会主义现代化建设需要,德、智、体、美全面发展,具有较扎实的数理、外语和信息等基础知识,较系统宽广的交通运输基本理论和技能,能够从事运输和物流企业生产与经营管理,综合运输与物流工程以及交通运输和物流研究、规划、设计,或汽车运用与服务等工作的素质高、能力强、具有创新精神的应用型高级专门人才	最低毕业学分是180学分(理论课16学时1学分,实验课32学时1学分,集中实践环节每周1学分),其中理论课程134.75学分,各类实践45.25学分(占总学分的25.14%)	设置了课程实验、上机、课程设计、实习、毕业设计等校、内外必修实践环节(共45.25学分,占总学分比例25.14%),着重培养学生的工程应用、分析、设计能力和创新能力。同时,通过综合性实验、设计性实验、专业实验室开放等锻炼和增强学生的实践与创新能力	一人一题,类型多样化,难易适度,工作任务饱满。鼓励结合科研课题和就业单位需要解决的问题进行选题	重庆长航汽车服务公司、重庆公运集团渝南物流中心、重庆冠忠(新城)公司、上海大众汽车重庆南方销售服务公司

的能力和创新意识。U42 大学交通专业设置了课程实验、上机、课程设计、实习、毕业设计等校、内外必修实践环节(共 45.25 学分,占总学分比例 25.14%),着重培养学生的工程应用、分析、设计能力和创新能力。同时,通过综合性实验、设计性实验、专业实验室开放等锻炼和增强学生的实践与创新能力。U42 大学交通专业最低毕业学分是 180 学分(理论课 16 学时 1 学分,实验课 32 学时 1 学分,集中实践环节每周 1 学分),其中理论课程 134.75 学分,各类实践 45.25 学分(占总学分的 25.14%)。U50 大学交通专业选题大致可分为两大类,一类主要是科研论文,另一类是项目规划和设计,毕业论文∶毕业设计=85∶15,即毕业论文占了绝大部分。由于学院教师的科研课题较多,同学的毕业论文大都源于教师的科研项目(约占全部毕业设计的 60%),给学生提供了运用所学知识解决实际问题的机会。各校交通运输专业基本情况见表 6-21。

(九) 采矿专业

U10 大学采矿专业与安徽国投新集、淮南矿业集团、淮北矿业集团、皖北煤电集团等紧密结合工程实际的公司成为了产学研合作伙伴。在这些合作单位,学生可以进行实习、毕业设计等教学活动,而且可以聘请企业的工程技术人员,参与到培养方案和教学计划的制订、修改、评估及教学活动中,学生也可以发挥专业特长参与到企业攻关活动中去,现在已经逐步进入产学研良性循环之中。U37 大学采矿专业本科毕业时要求学生总学分达到 192.5,其中理论课程(含课内实验)总学时 2538、总学分达到 152.5;理论课程总学分占毕业要求总学分的 78.8%;实践课程总学分达到 41,占毕业要求总学分的 21.2%。理论课程中必修课程总学分 134.5(总学时 2246),占理论课总学分的 88.2%;选修课程(累计限选)总学分 18(总学时 292),占理论课总学分的 11.8%。U39 大学采矿专业的毕业设计(论文)分为三种类型:以矿山开采设计为主,提交的毕业设计的主要内容为矿山开采设计;矿山开采设计与现场专题研究并重,提交的毕业设计由指定的矿山开采设计内容和专题研究报告两部分组成,二者并重;现场专题研究,提交毕业论文。学生所完成的毕业论文或毕业设计都能够满足与工程实际结合的要求,得到工程实际的锻炼。各校采矿工程专业基本情况见表 6-22。

表 6-22　采矿工程专业

	专业目标	课程体系	实践环节	毕业产出	校企合作
U10	培养厚基础、宽口径、强能力、高素质,具有创新意识和初步创新能力,能在固体矿床开采(含煤炭、金属和非金属开采)和岩土工程领域从事生产、管理、设计及科学研究等方面工作的高级工程技术人才	所有课程(包括理论课、实验课)按 16 学时计 1 学分,课时最小单位为 8 学时,学分最小单位为 0.5 学分,经考试或其他考核方式通过即可获得相应学分。学生的实习、社会实践、课程设计等学习环节,分散进行的每 20 学时计 1 学分,集中进行的每周计 1 学分。本专业学生修满 194 学分准予毕业,其中理论课程 144 学分,实践环节 35 学分,学生素质发展 15 学分	实践性教育环节有:实验、实习(地质、测量、认识、生产、毕业)、课程设计(机械基础、采矿 CAD、采区、通风等)、课外科技创新活动、社会实践及毕业设计等。各环节都有规范的教学文件,如实验、实习、课程设计及毕业设计论文的教学大纲和教学管理规范(规定),实验及课程设计的指导书,实习计划等	100% 结合工程实际	在校外建立了与安徽国投新集、淮南矿业集团、淮北矿业集团、皖北煤电集团等紧密结合工程实际的产学研合作伙伴。在这些合作单位,学生可以进行实习、毕业设计等教学活动,而且可以聘请企业的工程技术人员,参与到培养方案和教学计划的制订、修改、评估及教学活动中,学生也可以发挥专业特长参与到企业攻关活动中去,现在已经逐步进入产学研良性循环之中

续表

	专业目标	课程体系	实践环节	毕业产出	校企合作
U37	培养社会主义现代化建设和科技发展需要,德、智、体、美全面发展,基础宽、能力强、素质高,具有创新意识和初步创新能力,掌握固体(煤、金属及非金属)矿床开采的基本理论和方法,具备采矿工程师的基本能力,能在采矿工程领域从事矿区开发规划、矿井设计、开采技术、矿井通风、矿山安全技术、矿山监察、生产技术管理和科学研究等方面工作,具有较强实际工程能力和一定研究能力的复合应用型人才	本科毕业时要求学生总学分达到192.5,其中理论课程(含课内实验)总学时2538、总学分达到152.5;理论课程总学分占毕业要求总学分的78.8%;实践课程总学分达到41,占毕业要求总学分的21.2%。理论课程中必修课程总学分134.5(总学时2246)、占理论课总学分的88.2%;选修课程(累计限选)总学分18(总学时292),占理论课总学分的11.8%	实践性教育环节有:实验、实习、课程设计、课外科技创新活动及毕业设计等。各环节都有规范的教学文件,如实验、实习、课程设计及毕业设计(论文)教学大纲、实验及课程设计的指导书,实习计划以及教学管理规范规定	选题结合工程实际达到了100%	与济源煤业有限责任公司、郑州煤炭工业(集团)有限责任公司、义马煤业集团股份有限公司、山西潞安环保能源开发股份有限公司、中国平煤神马能源化工集团有限责任公司、河南大峪沟煤业集团有限责任公司、河南煤化焦煤集团、晋城煤业集团等实习基地建立了长期友好的校企关系
U38	培养具备非煤固体矿床开采的基本理论和方法,具备采矿工程师的基本能力,能在采矿领域等方面从事矿区开发规划、矿山(露天、井下)设计、矿山安全技术及工程设计、监察、生产技术管理及能从事固体矿物开采(非煤)及岩石力学科学研究的高级工程技术人才	毕业学分为190个,以课堂讲授为主获得的理论教学150个学分,其他如认识实习、生产实习、毕业实习、毕业设计、课程设计、大学生文体比赛、学科竞赛等实践环节教学40个学分	具有满足采矿工程需要的完备的实践教学体系,主要包括课程设计、实习、实验、科研创新、社会实践等多种形式	结合实际或指导教师科研项目的题目在95%以上	江西铜业集团公司、铜陵铜业集团公司、福建马坑矿业、福建鑫阳矿业、福建紫金集团、江西钨业集团、广西铜坑锡矿、宝钢梅山铁矿、章源钨业公司、新钢良山铁矿、金山金矿、黄沙坪铅锌矿

续表

	专业目标	课程体系	实践环节	毕业产出	校企合作
U39	培养德、智、体、美全面发展,具有良好思想道德修养、健全人格、高度责任感和较高职业素养,掌握固体矿产(以煤为主)开采的基本理论和基本方法,具备采矿工程师的基本能力,能在采矿工程领域设计、建设、生产及其他相关单位和部门从事技术、技术管理、生产经营管理、行政管理等工作,基础宽、能力强、素质高的应用型高级专门人才	毕业学分186个,实践教学36个学分	在实践教学体系的建立、实践教学条件的建设、教师实践教学能力的培养与提高、实践教学内容的完善、实践教学的改革等方面不断努力,也在不断发展和进步	分为三种类型:以矿山开采设计为主,提交的毕业设计的主要内容为矿山开采设计;矿山开采设计与现场专题研究并重,提交的毕业设计由指定的矿山开采设计内容和专题研究报告两部分组成,二者并重;现场专题研究,提交毕业论文。都能够满足与工程实际结合的要求,得到工程实际的锻炼	通过校企联合建设实践教学基地,强化专业技能,培养工程应用型人才。学校专门对修订工作重点、相关规定及要求、进程安排等做了明确规定。按照要求,成立了采矿工程专业培养方案修订专家组和工作小组
U31	培养具有扎实的工科基础理论知识和固体矿床(金属和非金属矿床)开采现代科技知识,能从事矿床开采设计、施工组织、生产管理和科学研究,并能从事岩土工程领域技术与管理工作的高级工程技术人才	根据专业人才培养目标与规格要求,以社会需求为导向,认真分析了采矿工程人才所必需的知识结构,提高了课程的综合化程度。主要设置"数学与自然科学、专业基础、专业课程"三类课程	建立了完备的实践教学体系。安排有课程设计、实习、实验。实习包括金工实习、地质实习、测量实习、上机实习、采矿认识实习、生产实习及毕业实习。其中,金工实习基地已建成为"国家工程训练示范中心",地质标本实验室已建成为U31大学最富有特色的"地质数字博物馆"	毕业设计(论文)能够结合各专业学科培养特点,注重将科学研究与生产实际相结合,具有一定的理论意义和现实意义	为保证学生实习实训的有效进行,已建成稳定的实习基地六个。具体为:金川集团公司、攀钢集团公司、云铜集团公司、云锡公司、云磷集团公司和云南燃料一厂等国有大型企业,并与这些企业建立了长期的科技合作关系,充分利用科研成果,提高教学水平,完善教学条件

（十）过装专业

我国"过程装备与控制工程专业"的前身是"化工机械专业"，成立于20世纪50年代初期。专业初创时期，以苏联模式为蓝本，我们的前辈呕心沥血，把我国的化工机械专业办得初具规模、培养了一大批化工机械专业教学、科研、设计、制造与使用的中坚力量。随着全球化和现代化的需要和发展，在化工机械里面逐渐应用到了越来越多的自动控制。因此，为了符合我国现代化发展需要，顺应科技时代的潮流，1998年3月教育部应上届教学指导委员会的建议将专业改名为过程装备与控制工程。从此，一个更加具有发展潜力的新

表 6-23　过程装备与控制工程专业

	专业目标	课程体系	实践环节	毕业产出	校企合作
U2	培养以机械工程技术和化学工程技术为基础、以现代信息科学技术为支撑，掌握现代过程装备设计理论和方法，掌握计算机辅助设计、模拟及控制技术，具有从事现代过程装备设计、制造、检验、管理的能力，初步具备研发高效、节能、环保型过程装备能力，熟悉计算机专业软件开发，以及能够从事企业管理的高级工程技术人才、科技人才和高级经营管理人才	毕业的学分为175，其中有120学分是通过课堂教学获得的；其他获得学分的项目有：实验、上机、实践（生产实习、认识实习、工程训练、军训、体育）、设计（课程设计、毕业设计/论文）等	实践性教学环节主要包括实验、认识实习、生产实习、课程设计等	工程设计型题目比例为三分之一左右	中国石油大连石油化工公司、大连冰山集团金州重型机器有限公司、中国石油锦州石油化工公司、锦西化工机械（集团）有限责任公司、大连化学工业集团公司

续表

	专业目标	课程体系	实践环节	毕业产出	校企合作
U11	培养社会主义建设需要的、德智体美全面发展的、思路开阔、基础扎实、适应能力强、具有创新精神、能从事过程装备与控制的研究、设计、技术开发以及管理的应用研究型专门人才	毕业生要求修满190.5学分,其中至少96.5学分是通过上课获得的。其他获得学分的项目还包括实验、上机、实习、课程设计、毕业环节、课外科技活动以及社会活动等	实验课程、设计性实验、课程设计、实践基地	大部分和工程实践结合	北京燕华建筑安装工程有限责任公司、北京燕山分公司炼油厂、北京燕山盛世达工业泵有限公司、北京燕山聚丙烯事业部、北京燕山合成橡胶事业部、北京现代汽车第一汽车厂、北京燕京啤酒股份有限公司、北京高碑店污水处理厂、北京普莱克斯实用气体有限公司、北京有机化工厂、学校仿真实验室

专业诞生了。20多年来,我国先后在60多个高校开设了这一专业,使得该专业得到了很大的发展。U11大学过程装备与控制专业毕业生要求修满190.5学分,其中至少96.5学分是通过上课获得的。其他获得学分的项目还包括实验、上机、实习、课程设计、毕业环节、课外科技活动以及社会活动等。实践环节有实验课程、设计性实验、课程设计、实践基地。两校过程装备与控制工程专业基本情况见表6-23。

（十一）电气专业

U47大学电气专业的实践环节包括以教学实验室为基地的实验教学,以科研室为基地的科研工程训练,以创新实践实验室为基地的课外科技实践活动,以联合实验室为基地的工程实践活动,以及校内外实习基地。U35大学电气专业的实践环节主要包括实验、课程设计、工程训练、生产实习、毕业设计等若干环节,同时创造条件,让学生参加课外科技活动或老师的科研工作,使学生的实践能力得到全面、渐进式的提高。全部技术基础课、平台课和专业方向主干课以及大部分专业选修课均有实验课或课程设计。总学分约60学分,其中20学分为独立开设的实验课或含在理论课学时之内,40学分通过实训、课程设计、生产实习、毕业设计、科技创新获得。U36大学电气专业十分重视学生的实践能力训练和培养,建有完备的实践教学体系,主要包括电工电子实验(6.5学分,含电工电子工程训练1.5、工程训练1.5、电路原理实验1.5、电子技术基础实验2)、电子系统综合设计(2学分)、电力系统或电机系统综合设计(2学分)、认识和专业实习(2学分)、SRTP等科技创新与社会实践活动的第二课堂(4学分以上),共计16.5学分。两校电气工程专业基本情况见表6-24。

表6-24 电气工程专业

	专业目标	课程体系	实践环节	毕业产出	校企合作
U35	培养适应现代科技发展和经济建设需要的,具有宽广的自然科学基础和良好的人文素养,富于创新精神,工程实践能力强的能够在电力系统、电气装备制造、工业自动化、建筑电气等领域从事科学研究、工程设计、系统运行、试验分析、管理等工作的宽口径、复合型高级工程技术人才	毕业生应达到学校对本科毕业生提出的德、智、体、美等方面的要求,完成教学计划规定的全部课程及实践环节,毕业设计(论文)答辩合格,最低修满185.5学分,其中145.5学分通过上可获得,包括必修课123.5学分、选修课22学分;另有40学分通过实践环节获得	主要包括实验、课程设计、工程训练、生产实习、毕业设计等若干环节,同时创造条件,让学生参加课外科技活动或老师的科研工作,使学生的实践能力得到全面、渐进式的提高。全部技术基础课、平台课和专业方向主干课以及大部分专业选修课均有实验课或课程设计。总学分约60学分,其中20学分为独立开设的实验课或含在理论课学时之内,40学分通过实训、课程设计、生产实习、毕业设计、科技创新获得	要求选题要与工程或科研项目密切结合,做到"一人一题,难易适当",即使项目较大,多人完成一个项目,也要做到每人分工不同。要求教师为学生选好题,并认真填写任务书	长春第一汽车厂,哈尔滨热电厂,华电能源哈尔滨第三发电厂,哈南变电所,新东北电气集团有限公司,哈尔滨电机厂,哈飞汽车集团有限公司

续表

	专业目标	课程体系	实践环节	毕业产出	校企合作
U36	培养能够从事电力系统和电机系统的运行与控制、研制开发、自动控制、信息处理、试验分析以及电力电子技术、机电一体化、经济管理和计算机应用等工作,与国际接轨,并具有知识创新能力的宽口径、复合型高级工程技术人才和管理人才。本专业的培养目标与U36大学的人才培养理念一致	最低毕业学分为160+4(第二课堂4,如 SRTP)+5(形势与政策2、军训2、体测达标1),160学分中有132学分通过上课得到,其他学分获得的项目有课程实验、认识实习、专业实习、综合设计、毕业设计等	十分重视学生的实践能力训练和培养,建有完备的实践教学体系,主要包括电工电子实验(6.5学分,含电工电子工程训练1.5、工程训练1.5、电路原理实验1.5、电子技术基础实验2)、电子系统综合设计(2学分)、电力系统或电机系统综合设计(2学分)、认识和专业实习(2学分)、SRTP等科技创新与社会实践活动的第二课堂(4学分以上),共计16.5学分,达到了《工程教育专业认证标准》中电子信息与电气工程类专业的要求。在电气工程专业实验、自主开放型实验、研究设计型实验、实习基地的扩展、实验设备研制与成果辐射等方面开展了卓有成效的工作,创出了自己的办学特色	学生的毕业论文与毕业设计要求严格,部分学生的毕业设计能够与工程实践较为密切地结合	杭州市萧山发电厂,杭州市 500 千伏瓶窑变电所,卧龙控股集团有限公司

(十二) 水文专业

U18 大学水文专业制定了详细的毕业设计管理过程档案,规范和明确了指导教师和学生的任务分工、时间进度。对教师立题方面严格审查,杜绝题目空洞、范围过大、题目重复等问题;在毕业设计过程中定期检查论文完成情况,对发现的问题及时纠正;对毕业论文质量评价实行指导教师、论文评阅教师双重把关,确定答辩资格。成立本科毕业论文答辩委员会,组织学生进行论文答辩,答辩委员会集体、集中开展本科毕业论文的评审、评优等工作。U33 大学水文专业在不断完善课堂和室内实验教学的同时,不断加大野外实习基地建设的力度,设置了"三阶段大型野外实习教学",即一年级普通地质基础认识实

表 6-25　水文水资源专业

	专业目标	课程体系	实践环节	毕业产出	校企合作
U18	培养适应现代化建设和未来社会与科技发展需要,立志为国家富强、民族振兴和人类文明进步而奋斗、德、智、体、美全面发展与健康个性和谐统一的、富有创新精神、实践能力和国际视野的高素质工程技术复合型人才和科学研究人才	对于专业基础课程和专业课程,每门课程一般为 32～64 学时,每 16 学时为 1 学分。课程学分的设置一般根据课程的主要内容、重要性及其难易程度确定,本专业重要的课程一般设置为 64 学时,每周 4 学时,计 4 学分;较重要的课程设置为 48 学时,3 学分;其余为 32 学时,每周 2 学时,2 学分	一方面加大投入,保证每门课的实验必须保质保量地完成,另一方面,加强了对实验课的要求	制定了详细的毕业设计管理过程档案,规范和明确了指导教师和学生的任务分工、时间进度。对教师立题方面严格审查,杜绝题目空洞、范围过大、题目重复等问题;在毕业设计过程中定期检查论文完成情况,对发现的问题及时纠正;对毕业论文质量评价实行指导教师、论文评阅教师双重把关,确定答辩资格。成立本科毕业论文答辩委员会,组织学生进行论文答辩。答辩委员会集体、集中开展本科毕业论文的评审、评优等工作	新立城水库管理局白城市地下水试验站秦皇岛北山实习基地

	专业目标	课程体系	实践环节	毕业产出	校企合作
U33	培养目标确定为两个方向:一是以世界科学发展趋势为目标,培养高层次、厚基础、少而精的基础性人才;二是以主动适应我国社会政治、经济、科技、文化发展的多元化需要,培养大批知识面广、能力强的应用性人才。经过多年的改革研究与探索,形成具有 U33 大学特色的两类人才的培养模式和体系	毕业的学分要求是 155 学分以上。其中至少有 143 学分是通过上课获得的。其他获得学分的项目有实习、毕业论文等	在不断完善课堂和室内实验教学的同时,本专业不断加大野外实习基地建设的力度。本专业设置了"三阶段大型野外实习教学",即一年级普通地质基础认识实习、二年级区域地质测量(地质及水文地质填图)教学实习和三年级毕业论文实习,充分利用好颇具 U33 大学特色的"第三学期",每一学年结束后均为本科学生安排大型野外实习	近几年本科生毕业论文的选题紧密结合指导教师的科研项目与目前水文水资源领域的主要研究问题	先后在南京浦口建立普通水文地质学实习基地,在安徽黄山市水文水资源局建立水文测验及水文预报实习基地,在江苏省环境地质研究所和苏州市水务局建立专门水文地质学和水利工程实习基地,在江苏省中科院植物研究所建立包气带水文学实习基地,同时与江都水利枢纽(水利工程实习和水资源系统分析实习)、水利部南京水利水文自动化研究所(水信息采集与处理实习)、南京地理与湖泊研究所太湖湖泊生态系统研究站(水环境化学实习、水信息采集与处理实习)等多家单位建立了良好的合作关系,条件允许即带领学生前往实习
U34	德、智、体、美、劳全面发展,适应我国社会主义建设需要,具有水文测报、水资源开发利用、水资源与环境规划、保护与管理方面专业能力的专门人才	重要课程一般设置为 54 学时,每周 3 学时,计 3 学分;个别课程设置为 36 学时,每周 2 学时,计 2 学分。生产实习(课程设计)1 周或 36 学时计 1 学分,实验课 18 个学时为 1 个学分	一方面加大投入,保证每门课的实验必须保质保量地完成;另一方面,加强了对实验课的要求	近几年本科生毕业设计(论文)的选题紧密结合指导教师的科研项目	与环境系与广东省水文局、佛山市水业集团、深圳市盐田污水处理厂、广州大坦沙污水处理厂和英德长湖水电厂等单位建立了长期友好的校企关系,成立了相应的教学实习基地。在学生的实习过程中这些单位的技术负责人都为我专业的本科生传授相关的专业知识,使学生直接接触到了社会实践,加强了专业理论知识与社会实践的有机结合,坚定了学好本专业和争做专业技术骨干的信心

续表

	专业目标	课程体系	实践环节	毕业产出	校企合作
U7	培养具有较扎实的自然科学知识，较好的人文科学知识，较强的计算机、外语、管理等方面的应用能力，较强的水文水资源、岩土工程及其赋存地质环境方面的专业基础知识，能在国土、水利、农林、城建、交通、铁路、环保等部门从事水文、水资源、地质灾害及其赋存地质环境开发与保护保护方面的勘查、规划、设计、预测预报、管理、监测、评价以及教学和基础理论研究的高级专门人才	教学环节总学时控制在 2400 学时，课堂教学环节按照"32221"课程模块结构进行设置，包括通识基础课，约占总学时的 30%，学科基础课，约占总学时的 20%，专业基础课，约占总学时的 20%，专业主干课，约占总学时的 20%，公共选修课约占总学时的 10%。课程设置采取"通识基础课+学科基础课+专业基础课+专业主干课+公共选修课+实践必修课"的分段组合方式	实践环节由课内实验和野外实践环节组成，除实践活动外，学校还实行创新学分办法，鼓励学生自愿参加课外学习活动，成绩突出者将获得创新学分	配备强大的指导教师队伍，对指导教师和学生进行分组和资格审查，限定每位教员指导毕业学生数不超过 5 人。选题多样，尽可能为学生提供机会参加野外工作或室内实验，锻炼学生的动手能力，对原始资料的甄别能力和问题认知能力，进而对实际资料进行整理、分析、推断等，锻炼学生解决问题的能力，重视培养学生的科研兴趣	与中国地质环境监测总站、北京中水科工程总公司、北京市水利规划设计研究院、北京市地质矿产勘查开发总公司和北京市水文地质工程地质大队等单位建立了长期友好的校企关系，成立了相应的教学实习基地

习、二年级区域地质测量(地质及水文地质填图)教学实习和三年级毕业论文实习，充分利用好颇具 U33 大学特色的"第三学期"，每一学年结束后均为本科学生安排大型野外实习。U7 大学水文专业教学环节总学时控制在 2400 学时，课堂教学环节按照"32221"课程模块结构进行设置，包括通识基础课，约占总学时的 30%，学科基础课，约占总学时的 20%，专业基础课，约占总学时的 20%，专业主干课，约占总学时的 20%，公共选修课约占总学时的 10%。课程设置采取"通识基础课+学科基础课+专业基础课+专业主干课+公共选修课+实践必修课"的分段组合方式。U34 大学水文专业与环境系与广东省水文局、佛山市水业集团、深

圳市盐田污水处理厂、广州大坦沙污水处理厂和英德长湖水电厂等单位建立了长期友好的校企关系,成立了相应的教学实习基地。在学生的实习过程中,这些单位的技术负责人都为我专业的本科生传授相关领域的专业知识,使学生直接接触到了社会实践,加强了专业理论知识与社会实践的有机结合,坚定了学好本专业和争做专业技术骨干的信心。各校水文水资源专业基本情况见表6-25。

(十三) 矿物加工专业

U32 矿物加工专业设置了满足人才培养需要的完备的实践教学模块,主要包括课程实验与实训、认识实习、生产实习、课程设计、毕业实习、毕业设计、科研创新、第二课堂、社会实践等多种形式。建立了从一年级到四年级完

表6-26　矿物加工专业

	专业目标	课程体系	实践环节	毕业产出	校企合作
U30	培养能适应我国矿业领域的发展需要,在矿产资源加工和利用领域具有扎实的理论基础、系统的专业知识和工程实践能力,掌握矿物加工的基本理论和方法,能运用现代矿物加工技术从事贫细杂难选铁矿、复杂有色金属矿、非金属矿等矿产资源的开发、利用及选矿厂设计、工艺调试、生产和相关新设备、新药剂研制的高级工程技术和管理人才	所有课程共为238.25学分。其中理论课186.25学分,其他获得学分的项目有:实验、上机、实践(生产实习、认识实习、工程训练、军训、体育)、设计(课程设计、毕业设计/论文)等,合计52学分。理论教学课程分为学位课程、选修课程。其中,学位课程是获得该专业学位必须学习的课程,且为考试课程。鼓励选修课程属于选修课程范畴,是鼓励学生学习的课程,为考查课。一般选修课程是学生根据个人实际情况自行选择的课程,为考查课	实践性教学环节主要包括实验、认识实习、生产实习、课程设计等	根据专业特点,论文选题充分结合教师科研工作、在研课题、工程项目等的实际需要,此外,还保留了一些经典的设计型题目。而且每届的毕业论文题目中,设计型题目基本占50%左右比例	鞍山调军台选矿厂、朝阳新华钼矿、本溪南芬选矿厂

	专业目标	课程体系	实践环节	毕业产出	校企合作
U32	以矿物加工工程国家重点学科为依托,以实力雄厚的师资为保障,以各类科研项目为创新平台,培养德、智、体、美全面发展,基础宽厚扎实、工程实践能力强、适应面广、素质高,有创新意识和创新能力,从事煤炭分选及矿物加工领域内新工艺、新技术的开发研制、工程设计与管理等方面的复合型高级工程技术人才和科学研究人才	1.课堂教学:147学分。其中:通识教学至少获得60学分;专业大类课程和主干课程教学分别获得47学分和18.5学分;专业限选和选修课程教学至少获得22学分(选修课程开设量远大于学校要求的1.5倍,高达4.5倍以上)。四年本科毕业197学分中,至少有147分是通过课堂教学获得。2.集中性实践环节与讲座教学50学分。包括认识、生产、毕业三大实习10学分;课程设计、毕业设计18学分;矿物加工实验和创新性专题试验研究、大学生科研训练及科研创新6学分;第5、6、7学期有独立设课的专业实验和创新性试验。金工实习、计算机上机实践、军事理论学习及军事训练,及其他社会实践10学分;专业概论、学科前沿讲座、读书研讨、形势与政策讲座、中国能源资源及其思考、矿物加工过程创新体验(研讨课)6学分	设置了满足人才培养需要的完备的实践教学模块,主要包括课程实验与实训、认识实习、生产实习、课程设计、毕业实习、毕业设计、科研创新、第二课堂、社会实践等多种形式。建立了从一年级到四年级完整的实践能力培养体系,形成了由课程实验教学、第二课堂与现场实践教学、参与科研和毕业设计(论文)环节所构成的,在纵向上相互贯通、在横向上互相关联、符合培养目标要求的立体实践教学体系	学生的毕业论文与毕业设计要求严格,部分学生的毕业设计能够与工程实践较为密切地结合	上海能源股份有限责任公司大屯选煤厂、淮北矿业集团临焕选煤厂、皖北矿业集团任楼选煤厂、淮北矿业集团淮北选煤厂、枣庄矿业集团高庄选煤厂、河南煤化集团公司城郊选煤厂、河南煤化集团公司陈四楼选煤厂、河南煤化集团公司新桥选煤厂、河南神火煤电公司新庄选煤厂、柿竹园有色金属公司选矿厂、金川集团有限公司选矿厂、枣庄矿业集团柴里选煤厂、河南神火煤电公司薛湖选煤厂、河南平顶山煤业集团田庄选煤厂、神华宁煤集团太西选煤厂、冀中能源金牛股份邢台矿选煤厂、冀中能源金牛股份东庞矿选煤厂、河南平顶山煤业集团七星选煤厂、河南平顶山煤业集团六矿选煤厂

	专业目标	课程体系	实践环节	毕业产出	校企合作
U31	培养德、智、体、美全面发展,基础宽厚扎实、工程实践能力强、适应面广、素质高、有创新意识和能力,从事有色和黑色金属矿分选及矿物加工领域内新工艺,新技术、新设备的开发研制,工程设计与管理等方面的复合型高级工程技术人才	最低必须获得220学分才能毕业。其中,至少有148学分是通过课堂教学获得;另外,通过集中性实践环节与讲座教学至少获得52个学分,创新教育20分	设置了满足人才培养需要的完备的实践教学模块,主要包括课程社会实践、认识实习、生产实习、课程设计、毕业实习、毕业设计、科研创新等多种形式。建立了从一年级到四年级完整的实践能力培养体系,形成了由课程实验教学、现场实践教学、参与科研和毕业设计(论文)环节所构成的,在纵向上相互贯通、在横向上互相关联、符合培养目标要求的立体实践教学体系	学生的毕业论文与毕业设计要求明确,大部分学生的毕业设计能够与工程实践较为密切地结合	云南铜业集团大红山铜矿、云南锡业集团大屯选矿厂、云南铜业集团羊拉铜矿、会理拉拉铜矿、昆钢集团大红山铁矿、云南镇源白玉林铜矿、美国管道系统公司(PSI)昆明分公司、云南铜业集团金沙矿业、易门铜矿小木奔选厂、云南达亚公司狮子山铜矿、云南元阳金铜矿

整的实践能力培养体系,形成了由课程实验教学、第二课堂与现场实践教学、参与科研和毕业设计(论文)环节所构成的,在纵向上相互贯通、在横向上互相关联、符合培养目标要求的立体实践教学体系。U31 大学矿物加工专业设置了满足人才培养需要的完备的实践教学模块,主要包括课程社会实践、认识实

习、生产实习、课程设计、毕业实习、毕业设计、科研创新等多种形式。U30 大学矿物加工专业所有课程共为 238.25 学分。其中理论课 186.25 学分,其他获得学分的项目有:实验、上机、实践(生产实习、认识实习、工程训练、军训、体育)、设计(课程设计、毕业设计/论文)等,合计 52 学分。理论教学课程分为学位课程、选修课程。其中学位课程是获得该专业学位必须学习的课程,且为考试课程。鼓励选修课程属于选修课程范畴,是鼓励学生学习的课程,为考查课。一般选修课程是学生根据个人实际情况自行选择的课程,为考查课。各校矿物加工专业基本情况见表 6-26。

(十四) 自动化专业

U4 大学自动化专业与企业联合共建了 3 个联合实验室:U4 大学-三菱电机 FA 实验室;U4 大学-北京亚控科技有限公司联合开发实验室;U4 大学-美国微芯科技公司单片机联合实验室;建立了 7 个校外实习基地:广州广日电梯工业有限公司实习基地,中山市欧帝尔电器照明有限公司实习基地,广东伽利略卫星导航股份有限公司实习基地,东芝白云自动化系统有限公司实习基地,广东省科学院自动化工程研制中心实习基地,广东省信息工程有限公司实习基地,广州市霏鸿机电科技有限公司实习基地;并有十多家经常实习的企业,比如广州日报印务中心、广汽本田公司、珠江啤酒厂、广州机械科学研究院等。通过以上途径,U4 大学自动化专业加强了与企业的联合与交流,产学研相结合,吸引企业积极参与专业的教学活动,培养卓越工程师人才。U27 大学自动化专业一方面通过聘请企业专家担任兼职教授为学生授课的方式,将企业的项目和工程引入学生课堂教学,提高学生理论联系实际的能力;通过与大型企业联合建立实验室,将企业的最新设备和技术引入学生实验教学,促进实验教学条件的改善;通过与中国石化巴陵分公司、湘潭电机、中国南车株洲电力机车有限公司等企业联合建立校外实践基地,提供工程实践条件,培养学生动手实践能力;长沙电缆附件厂等企业通过在校内设立企业奖学金和助学金,起到了鼓励优秀资助贫困激励学生上进的良好作用。另一方面,U27 大学自动化专业通过与大型国有企业签订联合培养协议,为企业订单式培养自动化专门人才,满足国家急需人才培养的需求;通过毕业生就业质量调查,毕业生用人单位满意度调查,及时调整培养方案,满足用人单位对人才培养要求。各校自动化专业基本情况见表 6-27。

表 6-27 自动化专业

	专业目标	课程体系	实践环节	毕业产出	校企合作
U4	适应社会发展需要,德、智、体全面发展,具备控制理论、电工技术、电子技术、计算机、信息处理、系统工程等较宽广领域的工程技术基础知识,掌握自动控制技术、计算机软硬件基本理论和网络技术,从事国民经济、国防和科研各部门的过程控制、运动控制、智能控制、信息处理、现代集成制造系统、系统工程理论与实践、新型传感器、电子与自动检测系统、复杂网络与计算机应用系统等领域的科学研究、技术开发、教育和管理等工作	毕业的学分为178学分,其中有142学分是通过课堂教学(包括实验课)获得的;其他获得学分的项目有:集中实践环节(金工实习、微电子工艺实习、生产实习、毕业实习、公益劳动、军训)、课程设计、毕业设计(论文)33学分;创新实践3个学分	包含集中实践、工艺实习、毕业实习等环节	学生的毕业论文与毕业设计管理系统,部分学生的毕业设计能够与工程实践较为密切地结合	与企业联合共建了3个联合实验室:U4-三菱电机FA实验室;U4-北京亚控科技有限公司联合开发实验室;U4-美国微芯科技公司单片机联合实验室。建立了7个校外实习基地:广州广日电梯工业有限公司实习基地,中山市欧帝尔电器照明有限公司实习基地,广东伽利略卫星导航股份有限公司实习基地,东芝白云自动化系统有限公司实习基地,广东省科学院自动化工程研制中心实习基地,广东省信息工程有限公司实习基地,广州市霈鸿机电科技有限公司实习基地。有10多家经常实习的企业。比如广州日报印务中心、广汽本田公司、珠江啤酒厂、广州机械科学研究院等。加强与企业的联合与交流,产学研相结合,吸引企业积极参与专业的教学活动,培养卓越工程师人才

	专业目标	课程体系	实践环节	毕业产出	校企合作
U27	坚持以自动化技术为主,融电子、计算机于一体的电气信息类宽口径工程教育,面向现代化大中型企业,着重培养理论基础厚、工程素质高、动手能力强,自动化领域的研究型与复合应用型人才	课程学分(含实验课)不低于141学分;毕业设计、实训、实习等集中实践环节不低于28学分	实验课程、设计性实验、单片机应用系统课程设计、校外实习实践基地实践	学生的毕业论文与毕业设计管理科学,大部分学生的毕业设计能够与工程实践较为密切地结合	一方面,通过聘请企业专家担任兼职教授为学生授课的方式,将企业的项目和工程引入学生课堂教学,提高学生理论联系实际的能力;通过与大型企业联合建立实验室,将企业的最新设备和技术引入学生实验教学,促进实验教学条件的改善;通过与中国石化巴陵分公司、湘潭电机、中国南车株洲电力机车有限公司等企业联合建立校外实践基地,提供工程实践条件,培养学生动手实践能力;长沙电缆附件厂等企业通过在校内设立企业奖学金和助学金,起到了鼓励优秀资助贫困激励学生上进的良好作用。另一方面,通过与大型国企签订联合培养协议,为企业订单式培养自动化专门人才,满足国家急需人才培养的需求;通过毕业生就业质量调查,毕业生用人单位满意度调查,及时调整培养方案,满足用人单位对人才培养要求

（十五）光电专业

光电信息技术是由光学、光电子、微电子等技术结合而成的多学科综合技术，涉及光信息的辐射、传输、探测以及光电信息的转换、存储、处理与显示等众多的内容。光电信息技术广泛应用于国民经济和国防建设的各行各业。近

表 6-28　光电信息工程专业

	培养目标	课程体系	实践环节	毕业产出	校企合作
U12	培养适应社会主义现代化建设需要，德、智、体、美等全面发展，掌握本学科扎实的基础理论，理工结合、素质全面、工程实践能力和创造力强的研究、发展型人才。毕业生能够在光电信息科学与工程相关领域的高新技术产业部门、科研部门、高等院校从事光电检测、光电信息工程、光电成像系统与工程、光电显示与存储、图像信息处理及计算机应用等领域的生产制造、技术开发、工程设计、科学研究、教学、科研和管理等工作	毕业生最低毕业学分应达到191学分（包括《形势与政策》2学分），其中理论课程学习获得126学分，其他实践教学环节获得65学分。学分分布安排：人文社会科学类必修课程（含外语）34.5学分，约占总学分的18.06%；数学与自然科学类必修课程34.5学分，约占总学分的18.06%；工程基础类、学科专业基础类与专业类必修课程96.5学分，约占总学分的50.2%；实验、实践环节和毕业设计（论文）部分为65学分，约占总学分的34%	非常注重学生的动手能力训练和创新意识的养成，培养计划中的实验、实践和各种实习、课程设计、毕业设计等环节安排达到65学分，占总学分的34%。培养计划中所提供的实践性教学环节主要包括实验课程、课程设计、课程实践、工程训练、生产实习、毕业实习、毕业设计（论文）等	学生的毕业论文与毕业设计要求较为严格，部分学生的毕业设计能够与工程实践较为密切地结合	公安部第一研究所、华北光电技术研究所、中国空空导弹研究院、西安北方光电科技防务有限公司、河南汉威电子股份有限公司

年来,随着光电信息技术产业的迅速发展,对从业人员和人才的需求逐年增多,因而对光电信息技术基本知识的需求量也在增加。光电信息技术以其极快的响应速度、极宽的频宽、极大的信息容量以及极高的信息效率和分辨率推动着现代信息技术的发展,从而使光电信息产业在市场的份额逐年增加。在技术发达国家,与光电信息技术相关产业的产值已占国民经济总产值的一半以上,从业人员逐年增多,竞争力也越来越强。U12大学光电专业非常注重学生的动手能力训练和创新意识的养成,培养计划中的实验、实践和各种实习、课程设计、毕业设计等环节安排达到65学分,占总学分的34%。培养计划中所提供的实践性教学环节主要包括实验课程、课程设计、课程实践、工程训练、生产实习、毕业实习、毕业设计(论文)等。各校光电信息工程专业基本情况见表6-28。

(十六) 通信专业

U13大学通信专业的实践环节包括课程附带的实验、设计/综合性实验、课程设计、机械工程训练、电子工艺实习、生产实习、通信系统工程实践和课外科技创新活动及毕业设计等环节。为了加强学生的实践能力,U13大学电子信息工程学院以国际化的视野进行了工程教育改革工作,与国外企业成立联合实验室,聘请企业工程技术人员为学生作学术报告,讲授通信系统工程实践课程,令通信工程专业的学生受益匪浅。各实践教学环节都有规范的教学文件,如实验、实习、课程设计及毕业设计论文的教学大纲和教学管理规范、规定。各校通信工程专业基本情况见表6-29。

(十七) 材料专业

U2大学材料专业鼓励学生与用人单位联系,直接承担符合上述要求的实际工程和研究课题。近年来,本专业的毕业设计(论文)选题一直遵循上述原则。毕业设计(论文)难易程度和工作量适中,适合学生的知识能力和相应的实验条件。在校外做毕业设计(论文)时,可聘请企业内相当于讲师以上的科研人员、工程技术人员担任指导,但应由本专业讲师或讲师以上的教师负责,掌握进度、要求、协调有关问题,采取双导师制。该校材料专业基本情况见表6-30。

表 6-29 通信工程专业

	专业目标	课程体系	实践环节	毕业产出	校企合作
U13	通过各种教育教学活动发展学生个性，培养学生具有健全的人格；具有高素质、高层次、多样化、创造性人才所具备的人文精神以及人文、社科方面的背景知识；具有提出和解决实际问题的能力；具有进行有效的交流与团队合作的能力；掌握扎实的电子信息工程领域基础理论和通信工程专业方面专门知识及基本技能；具有在通信工程专业领域跟踪、发展新理论、新知识、新技术的能力；运用所掌握的理论知识和技能，从事信号获取、处理和应用，通信及系统和网络，模拟及数字集成电路设计和应用，微波及电磁技术理论和应用等方面的科研、技术开发、教育和管理工作。具有国际视野和发展潜力	学生毕业的学分要求至少达到180学分。其中有149.5学分是通过上课获得的，其他获得学分的项目为集中实践类和创新与研修类课程，如各种课程设计、机械工程训练、电子工艺实习、生产实习、通信系统工程实践、毕业设计，以及创新与研修类教学环节等	包括课程附带的实验、设计/综合性实验、课程设计、机械工程训练、电子工艺实习、生产实习、通信系统工程实践和课外科技创新活动及毕业设计等环节。为了加强学生的实践能力，U13电子信息工程学院以国际化的视野进行了工程教育改革工作，与国外企业成立联合实验室，聘请企业工程技术人员为学生做学术报告，讲授通信系统工程实践课程，令通信工程专业的学生受益匪浅。各实践教学环节都有规范的教学文件，如实验、实习、课程设计及毕业设计论文的教学大纲和教学管理规范、规定	经过多年的努力，越来越多的通信工程专业的毕业设计(论文)具有工程实际背景	天津通信广播集团有限公司、飞思卡尔半导体(中国)有限公司、汤姆一通(北京)互联网技术有限公司天津分公司、天津市唐邦科技有限公司、天津天地伟业数码科技有限公司、天津中兴软件有限责任公司、天津广播电视网络有限公司、U13大学电子信息工程学院通信工程实习基地

	专业目标	课程体系	实践环节	毕业产出	校企合作
U47	本专业是面向通信与信息行业的宽口径专业,培养具备通信基础理论、掌握各种现代通信技术,能在信息通信领域从事科学研究、工程设计、设备制造、网络运营和技术管理以及能在其他相关行业从事与信息通信技术相关的开发及应用的高级工程技术人才	毕业要求最低完成191学分,每1学分为16个学时。其中理论教学144学分,包括人文社会科学类课程(含外语)40学分,约为总学分安排的20%;数学与自然科学类课程29学分,约为总学分安排的15%;工程基础类课程、学科专业基础类课程与专业类课程75学分,约为总学分安排的40%;实践环节和毕业设计(包括创新实践活动与课外活动)47学分,约为总学分安排的25%,创新实践与课外活动包括以下项目:科技成果与发明专利、学术论文、竞赛、科技活动、社会实践、文体活动等	实验教学按照对通信工程人才培养的需求,设计了基础实验、专业基础实验、专业实验教学环节,构建了"技能型、基本型、设计型、综合型、创新型"的层次化实验教学体系,实验内容涵盖了电路、计算机、网络、多媒体等各个方面,实验方法包括了计算机仿真、硬件设计和工程实际操作	2007—2009年,共有1725人参加了本科毕业设计,其中理论分析类项目427项,占25%,研究设计类项目822项,占48%,工程实践类项目476项,占27%;其中来源于科研项目约870项,占51%。有4%左右的学生到科研院所、企事业单位做毕业设计,如电信科学研究院、华为、中兴等	德国罗德与施瓦茨公司、Microchip、ST意法半导体公司、华为技术有限公司

表 6-30　材料专业

	专业目标	课程体系	实践环节	毕业产出	校企合作
U2	培养掌握材料科学与工程的基础理论、材料成型及控制的专门知识和基本技能,从事装备与工艺设计、加工制造、检验,并熟练计算机应用与计算机软件开发的高级工程技术人才,以及具备企业管理知识能够从事企业管理的高级经营管理人才	理论课程,原则上16 学时计1 学分;实验课程、体育、上机、设计等,24 学时计1 学分;集中实践,如军训、工程训练、实习、课程设计、毕业设计(论文)等,1 个教学周计1 学分;学分的最小单位为 0.5。毕业的学分要求按照各级培养计划执行。例如,2009 级培养计划中规定:毕业的学分为 175 学分。175 学分中有 120 学分是通过上课获得的,其他获得学分的项目有:实验、上机、实践(生产实习、认识实习、工程训练、军训、体育)、设计(课程设计、毕业设计)	为强化培养效果,本专业所有实践环节均要求学生必修。据统计,近3 年来,本专业投入实践教学的经费达 800 多万元,学生人均专业教学实验面积 6.3 平方米。为保证实验教学的正常运行,本专业注重教学设备和条件的维护,能够做到教学实验室无破损、无危漏隐患;本科实验设备完好率100%,保持照明和通风设施良好,保证水、电、气管道、网络走线布局安全、合理,符合国家规范。为保证实验教学质量,学院加强实验过程的管理,注重每一个学生动手实践的开展,基础实验和专业实验每组学生数一般为2 人	鼓励学生与用人单位联系,直接承担符合上述要求的实际工程和研究课题。近年来,本专业的毕业设计(论文)选题一直遵循上述原则。毕业设计(论文)难易程度和工作量适中,适合学生的知识能力和相应的实验条件。在校外做毕业设计(论文)时,可聘请企业内相当于讲师以上的科研人员、工程技术人员担任指导,但应由本专业讲师或讲师以上的教师负责,掌握进度、要求,协调有关问题,采取双导师制	中国第一汽车集团公司、中国北车集团大连机车车辆有限公司、东北特钢集团大连特殊钢有限责任公司、中国第一重型机械集团公司大连一重集团有限公司

(十八) 电子专业

U47 大学电子专业的实践环节包括了以教学实验室为基地的实验教学，以科研室为基地的科研工程训练，以创新实践实验室为基地的课外科技实践活动，以联合实验室为基地的工程实践活动，以及校内外实习基地。U36 大学电子科学与技术专业毕业要求最低完成 191 学分，每 1 学分为 16 学时。其中，理论教学 144 学分，包括人文社会科学类课程(含外语)40 学分，约为总学分安排的 20%；数学与自然科学类课程 29 学分，约为总学分安排的 15%；工程基础类课程、学科专业基础类课程与专业类课程 75 学分，约为总学分安排的 40%；实践环节和毕业设计(包括创新实践活动与课外活动)47 学分，约为总学分安排的 25%，创新实践与课外活动包括以下项目：科技成果与发明专利、学术论文、竞赛、科技活动、社会实践、文体活动等。两校电子专业基本情况见表 6-31。

表 6-31　电子专业

	专业目标	课程体系	实践环节	毕业产出	校企合作
U47	面向信息、通信及传媒行业，培养掌握信号获取、处理与传输，电子技术与信息系统方面的知识，具备多媒体通信和信息处理技术、数字电视设备与系统方面的设计、开发、应用能力，能够从事各类电子设备和信息系统的研究、设计、制造、应用开发以及技术管理的高级工程技术人才	毕业要求最低完成 191 学分，每学分为 16 个学时，其中理论教学 142 学分，占 74.3%；实践教学 45 学分，占 24%；创新实践与课外活动 4 学分，占 1.7%	包括了以教学实验室为基地的实验教学，以科研室为基地的科研工程训练，以创新实践实验室为基地的课外科技实践活动，以联合实验室为基地的工程实践活动，以及校内外实习基地	毕业设计培养学生正确的设计思想、工程意识和理论联系实际的能力，形成良好的协作精神和创新意识，使学生在解决实际问题的过程中学会应用知识	MCU 单片机联合实验室

	专业目标	课程体系	实践环节	毕业产出	校企合作
U36	培养学生具有健全的人格,具有高素质、高层次、多样化、创造性所具备的人文精神以及人文、社科方面的背景知识,具有提出和解决问题的能力,具有进行有效的交流和团队合作的能力,在电子信息领域内掌握扎实的基础理论和专门知识及基本技能,具有在电子科学与技术专业学习与研究新理论、新知识、新技术的能力;能从事电子信息领域的科学研究、技术开发、教育和管理等工作,具有国际视野和社会责任感的高素质应用设计型后备的卓越工程师和未来领导者	毕业要求最低完成 191 学分,每 1 学分为 16 个学时。其中理论教学 144 学分,包括人文社会科学类课程(含外语) 40 学分,约为总学分安排的 20%;数学与自然科学类课程 29 学分,约为总学分安排的 15%;工程基础类课程、学科专业基础类课程与专业类课程 75 学分,约为总学分安排的 40%;实践环节和毕业设计(包括创新实践活动与课外活动) 47 学分,约为总学分安排的 25%,创新实践与课外活动包括以下项目:科技成果与发明专利、学术论文、竞赛、科技活动、社会实践、文体活动等	学生需完成实验性环节和实践设计	学生毕业论文以理论探究和项目设计为主,部分能够结合实践进行	数源科技股份有限公司、华越微电子有限公司、UT 斯达康公司、杭州杭鑫电子工业有限公司

第七章　院校工程教育师资的工程实践

2007 年 8 月 31 日,胡锦涛总书记在全国优秀教师代表座谈会上发表重要讲话,明确指出:"中国的未来发展,中华民族的伟大复兴,归根结底靠人才,人才培养的基础在教育……推动教育事业又好又快的发展培养高素质人才,教师是关键。"①胡锦涛总书记的重要讲话从新的高度进一步肯定了教育优先发展战略的地位,更加明确了教师队伍建设在教育发展中的重要位置。2010 年 7 月 29 日,经过近两年的智慧凝聚,党中央、国务院印发了《国家中长期教育改革和发展规划纲要(2010—2020 年)》(以下简称《教育规划纲要》),未来十年中国教育改革和发展的蓝图已清晰可见。《教育规划纲要》中再一次明确提出:"教育大计,教师为本。有好的教师,才有好的教育。"②国家和时代赋予了教师在实施国家可持续发展战略和提高全民族素质中不可替代的重要使命。

工程活动自古以来一直是人类社会存在和发展的基础。在当今全球化的背景下,工程教育作为立国之本的重要性更加日益凸显,是实现新世纪之初所提出的"走中国特色自主创新之路、建设创新型国家"的战略目标的关键。随着国际竞争日趋激烈,工程技术人才的培养与储备成为世界各国在竞争与合作中占据制高点的重要手段。工程教育的灵魂是工程实践,在这样的时代背景下,从"知识的传承性"来考虑,高校工程专业任课教师首先必须具备实施工程教育的素质与工程实践的能力,才能用工程的视野去进行教学和指导学生研究,才能将案例与所教授的课程相融合,培养学生的工程意识,增强学生的

---

① 胡锦涛. 在全国优秀教师代表座谈会上的讲话. 人民出版社.
② 国家中长期教育改革和发展规划纲要工作小组办公室. 国家中长期教育改革和发展规划纲要(2010—2020 年),2010,7,29.

工程实践能力,从而培养出更多合格的未来工程师。因此,提高工程教育的质量,关键在于提高工科教师的工程实践水平。

因此,各国的工程教育改革都将加强工科教师队伍工程实践作为重点工作之一。美国工程院发布的《2020 工程师》的研究报告认为,工程教育迫切需要出现能够更加有效地弥补工程实践的应用与工程教育之间越来越大的裂缝的新一代教师队伍。

工科教师队伍既然扮演了如此重要的角色,那么,他们是否具备足够的工程实践经验来担此重任呢?

因此,本章将重点研究以下问题:目前,我国院校工科教师队伍的工程实践经历现状到底是怎样的? 我国不同类型的院校中,工科教师队伍的工程实践经历是否呈现不同的结构特征? 面对众多对工科教师队伍实践经历严重不足的质疑,我们应该怎样进一步优化我国工科教师的队伍? 此外,本章将从中国高校工科教师队伍的总体情况入手,进一步探察我国高校工科教师的工程背景、实践现状及特点。

1996 年,中国工程院组织数十位院士和专家开展了"工程教育改革与发展战略的研究",在对大量政府部门、企业、院校和研究所的调研基础上,分析了我国工程教育的问题及其原因,其中,"教师队伍建设是院校工程教育改革成败的重要因素之一"。课题组提出:要优化教师结构,鼓励有实践经验和学术水平的工程师到学校兼职任教,同时鼓励工科教师到企业兼职,建立工科教师接受工程实践锻炼的制度①。

刘继荣等②也是较早关注工科教师的研究者,他们认为工程素质是工科教师应当具备的特殊素质要求,这个素质包括工程意识、工程背景、工程综合能力和工程教育方法。而近年来我国高校工科师资队伍正面临工程素质良好的老教师陆续退休、工程素质弱的青年教师比重增大的现状,在教师的学历年龄结构改善的同时,队伍的工程素质下滑严重。

进入 21 世纪,有越来越多的专家学者参与讨论了这个问题。卿德藩等③认为我国的高等工程教育忽视工程实践中的理论应用,"工程化"弱化的问题

①　朱高峰. 论我国工程教育的问题与对策[J]. 高等工程教育研究,1998(4):1-6.

②　刘继荣,胡方茜,叶民. 论工科教师的工程素质[J]. 中国高教研究,1997(6):91-93.

③　卿德藩,佘明亮. 工程教育中"工程化"不足的问题与对策[J]. 理工高教研究,2003(5):67-68.

严重,而主要的原因之一就是教师缺乏实践训练。工科教师应到企业从事科技服务或者兼职来提高"工程化"水平。

赵韩强等[1]提出,为了增强教师的工程意识,应让他们深入工程训练,积极与企业开展科研。2006 年,"面向创新型国家的工程教育改革研究课题组"对中国工程院院士、高校教师和企业工程技术人员进行了大面积的问卷调查,90% 的受调查者认为影响工程教育质量和发展的一个重要因素是缺乏具有工程实践背景的师资队伍[2]。中国工程院院士潘云鹤[3]也指出当前我国工程教育工科教师队伍的非工化趋向严重,工程设计和实践教育严重缺失。陈彬等(2008)[4]将工科教师缺乏工程实践背景的现象称为工科师资队伍的非工化趋向。作者提出"双师型"教师的概念,通过合理的教师招聘、培养和评价体系,扭转教师非工化的趋势。

另外一些研究者则从教师的基本素质出发,提出工科教师的素质模型,其核心仍然是强调加强工科教师的实践能力。例如,张光明认为工科教师应该具备良好的思想道德素质、较高的科学文化素质、较强的工程素质、全面的能力素质和健康的身心素质。[5] 腾祥东等详细论述了工科教师的工程实践能力,指出工科教师应熟悉生产一线或工作现场,掌握成熟技术和管理规范,具备处理现场复杂问题的操作技能,具有较强的技术开发和技术创新能力,具备良好的职业修养。[6]

按照这些研究的观点,当前的工程教育实践仍然没有太大的改变,教师问题仍然在制约工程教育质量的提高。近日,教育部发起了"卓越工程师教育培养计划",提出工科教师是能否培养出合格工程人才的关键,要引进有丰富工程经历的教师,聘请高水平工程专家到学校兼职任教;调整工程教育教师的评聘和考核办法;制定政策让教师定期到企业参与工程实践[7]。

---

① 赵韩强,赵树凯等. 试论高等工程教育师资队伍建设[J]. 理工高教研究,2006(12):81-82.
② 陈劲,胡建雄. 面向创新型国家的工程教育改革研究[M]. 北京:中国人民大学出版社,2006:44.
③ 潘云鹤. 关于创新型工程科技人才培养研究. 在"面向 21 世纪的创新型工程人才培养论坛"上的讲话. 2007-6-15,深圳.
④ 陈彬,潘艺林. 实施全面工程教育 改革工科教师非工化趋势[J]. 化工高等教育,2008(1):1-4.
⑤ 张光明. 工科院校教师素质面临的挑战与对策[J]. 中国高教研究,2002(12):68-69.
⑥ 腾祥东,任伟宁,杨冰. 应用型大学教师队伍结构模式的构建与优化[J]. 黑龙江高教研究,2009(7):88-90.
⑦ 陈希. 面向工业界、面向世界、面向未来,培养卓越工程后备人才——在"卓越工程师教育培养计划"启动会上的讲话. 2010-6-23,天津.

工程实践经验作为工程教育最重要的一个环节,是教师和学生都应该具备实践经历,而这一方面也恰恰是当今工程教育的教学和教师队伍最受质疑和诟病的一点,十多年以来,工科教师缺乏工程实践背景的观点得到了广泛的认同①。"我国的工科教师缺乏工程实践经验"是几乎所有关于工程教育和工科教师的研究所指出的共同问题。

但是,已有的研究都以描述性的定性研究为主,只是单纯强调我国工科教师的工程实践经验不足,呼吁加强工科教师的工程实践水平,却很少有过系统的实证量化分析和研究,我国院校工科教师队伍的工程实践经历到底如何。从以上综述可以看出,我国院校工科教师队伍工程实践经历结构的研究仍然有很大的空白。本章将对 76 份自评报告中的实证数据的统计,来深入分析并讨论工科教师队伍的工程实践经历问题。

一、工科教师及其工程实践经历

工科教师

潘懋元对工科教师的定义为:"传授高深的文化科学知识和技能,经常注意本专业本学科最新成就与发展趋势,把教学、科研与社会服务结合起来,不断提高教学质量和科学研究水平以及社会服务效果,以较高的学术水平影响学生,并在促进社会进步方面起良好的作用。"②

本书所研究的工科教师,主要是指我国院校中的专任教师,主要从事教学和科研的教师,以及工程实验系列和其他专业技术人员,但不包括专职的行政管理人员(或称教育职员)。另外,目前很多高校工科教师队伍的现实问题是:教师队伍中并非每个个体都有工程实践背景,因此,聘请企业工程师作为兼职教师或者部分具有工程背景的教师是各工科专业普遍的做法。由于兼职教师作为工科院校实践力量的重要补充,因此,在本研究中,"工科教师"的研究范围也同样包含兼职教师。为了让研究对象更加清晰,表7-1列举了本研究中工科教师所包含的范围。

① 吴启迪. 我国工程教育的改革与发展[M]//《中国教育年鉴》编辑部. 中国教育年鉴 2008. 北京:人民教育出版社,2008.
② 潘懋元. 新编高等教育学[M]. 北京:北京师范大学出版社,1996:180.

表 7-1 本研究中"工科教师"涉及的范围

专任教师(包括实验及技术人员)		兼职教师	
教授、研究员	教授级高级工程师	院士、教授级高级工程师	客座教授讲座教授实习指导
副教授、副研究员	高级工程师 高级实验师	高级工程师	
讲师、助理研究员	工程师 实验师	工程师	
助教	助理工程师 助理实验师	助理工程师	

工程实践经历

按照实施地点的不同,可以将工程实践分为两个方面,一是实验室的研发和设计,模拟真实的产品;二是工程现场的生产或应用。与此对应,具体到本研究中,我们认为,工科专任教师参与工程实践主要包含两个层次。第一,是通过在企业的专职工作,参与产品的现场生产、调试、运行和维护,属于工程实践的第一线的生产工作。第二,是通过承担与工程直接相关的课题科研项目,进行产品的研发和设计,包括企业委托研发的"横向课题"以及与实际工程相关的"纵向课题"。

因此,我们主要从专任教师队伍的第一层次的实践经历,以及第二层次的实践经历两个方面来考察我国不同类型院校工科专任教师队伍的工程实践状况,分别对应上述分析维度中的"全职企业经历"及"与工程相关的研发项目"。

教师队伍的质量是工程教育专业认证的一个重要方面,本研究仍然以2009年(下半年)至2012年(上半年)52所院校的76份工程教育专业认证自评报告为基础,通过我国各个类型的大学工科院系的实证数据,来讨论我国不同类型院校工科教师队伍的工程实践问题。

关于本研究的分析方法,主要采用文本分析法与比较研究法,具体解释如下。

文本分析

教师队伍的结构是工程教育专业认证的一个重要方面,通过对专业认证自评报告的分析,可以清晰地看到我国院校工科院系师资队伍的重要信息,这是本文研究工科教师队伍实践经历结构特点的重要数据基础。

由于本文研究对象的特殊性,部分数据无法仅从自评报告中得到,因此,课题组除了参考76份自评报告中既有的统计数据,还对自评报告附录中的所有教师简历进行了传记式研究。通过编码、统计等步骤为本文的研究提供第一手的精确资料,成为我国院校专任教师队伍工程实践经历结构分析的基础。同时,也参考了相关学校的官方网站资料。

比较研究

通过将不同类型院校工科专任师资队伍工程实践经历结构特点的横向比较,为后文的实证数据分析奠定基础。另外,从某种程度上来说,美国的工程教育的研究更全面,历史也较我国长很多,可作为重要经验借鉴。因此,本文在我国院校的兼职教师队伍建设的指标中,也希望能够参考美国的兼职教师队伍建设的指标。

二、不同类型院校工程教育师资队伍的工程实践经历

本节将从专任教师和兼职教师两个方面分析我国院校工程教育师资队伍的工程实践经历,并探索我国不同类型院校工科教师队伍工程实践经历结构的特点及其背后潜在的问题。

专任教师的工程实践经历分析

本研究选取76份自评报告中的工科专业全职教师的简历进行梳理,编码并统计,按照上文所提到的工程实践背景的两个维度(全职企业工作经历、与工程相关的研发项目)进行分析,以深入分析工科教师队伍工程实践经历的现状与特点。

1. "985"院校专任教师的工程实践经历

本研究共选取19所"985"院校为样本,对其从全职企业经历、与工程相关的研发项目两个维度进行统计调查,加权平均计算。涉及专业有交通运输工程、环境工程、水利水电工程、矿物加工工程、光电信息工程、计算机科学与技

术、机械工程及自动化、安全工程、通信工程、电气工程及其自动化、材料成型与控制工程、食品科学与工程、化学工程与工艺等。统计结果如图7-1所示。

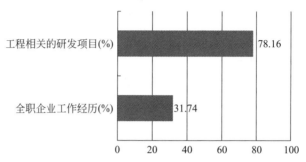

图 7-1 2009—2012 年"985"院校专任教师的工程实践经历统计

2. "211"院校专任教师的工程实践经历

本研究共选取 17 所地方本科院校的 17 份自评报告为样本,对其从全职企业经历、与工程相关的研发项目两个维度进行统计调查,加权平均计算。涉及专业有交通运输工程、环境工程、水利水电工程、矿物加工工程、光电信息工程、计算机科学与技术、机械工程及自动化、安全工程、通信工程、电气工程及其自动化、材料成型与控制工程、食品科学与工程、化学工程与工艺等。统计结果如图 7-2 所示。

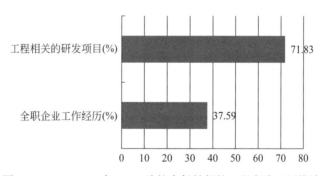

图 7-2 2009—2012 年"211"院校专任教师的工程实践经历统计

3. 地方本科院校专任教师的工程实践经历

本研究共选取 17 所"985"院校的 19 份自评报告为样本,对其从全职企业经历、与工程相关的研发项目两个维度进行统计调查,加权平均计算。涉及专业有机械设计制造及其自动化、安全工程、交通运输、水文与水资源工程、化学工程与工艺、食品科学与工程、采矿工程、矿物加工工程等。统计结果如图 7-3 所示。

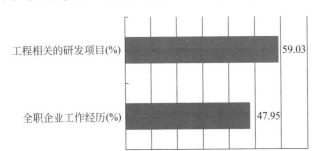

图 7-3　2009—2012 年地方本科院校专任教师的工程实践经历统计

4. 小结

从图 7-4 中可以看出,当前我国不同类型院校的工科教师队伍中,地方本科院校的专任教师队伍中,有过全职企业工作经历的比例最高,占 47.95%;"211"院校次之,有过全职企业工作经历为 37.59%;而"985"院校专任教师队伍中具有全职企业工作经历的比例最少,只有 31.74%。

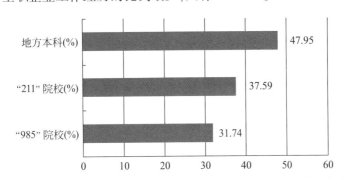

图 7-4　2009—2012 年不同类型院校专任教师全职企业经历数量统计

从图 7-5 中可以看出,当前我国不同类型院校的工科教师队伍中,"985"院校的专任教师队伍中,从事过与工程相关研发项目的比例最高,占 78.16%;"211"院校次之,具有工程相关研发项目经历的比例为 71.83%;地方本科院校专任教师队伍中具有工程相关的研发项目经历的比例最少,只有 59.03%。

通过对 2009—2012 年 76 份自评报告中数据的统计分析,并对其中的全职教师的简历进行了梳理,对比三类院校("985""211"、地方本科)的工科专任教师的工程实践背景,可以发现几个显著的特点:

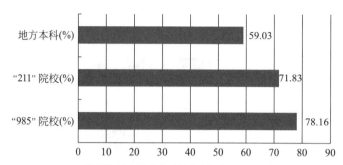

图 7-5 2009—2012 年不同类型院校专任教师承担与工程相关的研发项目数量统计

"985"院校工科专任教师队伍中,具有工程相关的研发项目经历的比例最高,而有全职企业工作经历的教师数量最少。也就是说,"985"院校的绝大部分工科教师的工程实践经验止步在实验室的模拟阶段,没有参与产品从原型到现实的过程。但是,在不同的"985"院校中,也呈现出较大的差异,比如 U18 大学食品科学与工程 76 名专任教师,只有 2 人有过全职在企业的工作经历;而 U2 大学机械设计制造及其自动化 118 名专任教师,其中有 67 人有过全职在企业的工作经历,比例高达 56.78%,其中,担任实习生、工人和技术员岗位的人数分别是 11、8 和 20,研究员 11 人,工程师和管理者分别为13 人和 4 人。

地方本科院校的工科专任教师队伍中,具有全职企业工作经历的教师比例最高,而具有工程相关的研发项目经历的比例,在三类院校中最低。

总体来说,在对专任教师的工程实践经历的统计中,如图 7-6 所示,三类院

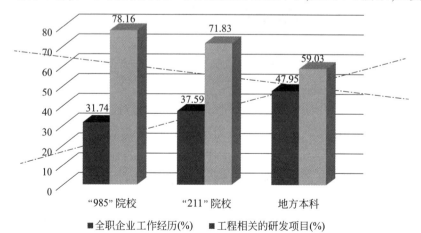

图 7-6 不同类型院校专任教师工程实践经历数量统计

校的专任师资的工程实践经历呈现典型的院校差异,表现为显著的"剪刀差"状的结构特征。即"985"院校的专任教师队伍中,全职在企业工作经历的教师数量不多,但大部分教师的科学研究和产品研发、设计能力较强,承担很多的与工程相关的研发项目。地方本科院校与此呈现相反的特点,即一般本科院校教师队伍的工程实践性最强,有全职企业工作经历的教师比例高达47.95%。"985"院校教师的工程教育实践则偏向科学性更多,承担过与工程相关的研发项目的教师比例高达78.16%。"211"院校则居于两者之间。

兼职教师队伍分析

1. "985"院校兼职教师结构

本研究共选取 17 所"985"院校为样本,对其从企业聘请的兼职教师队伍进行统计调查,加权平均计算。涉及专业有水利水电工程、矿物加工工程、光电信息工程、计算机科学与技术、机械工程及自动化、安全工程、环境工程、交通运输工程、通信工程、化学工程与工艺、电气工程及其自动化、材料成型与控制工程、食品科学与工程等。统计结果如图 7-7 所示。

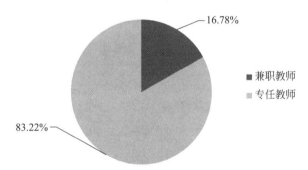

图 7-7　2009—2012 年部分"985"院校兼职教师的比例

2. "211"院校兼职教师结构

本研究共选取 13 所"211"院校 17 份自评报告为样本,对其从企业聘请的兼职教师队伍进行统计调查,加权平均计算。涉及专业有安全工程、水文与水资源工程、电子信息工程、通信工程、过程装备与控制工程、机械工程及自动化、计算机科学与技术、环境工程、化学工程与工艺、矿物加工工程、食品科学与工程等。统计结果如图 7-8 所示。

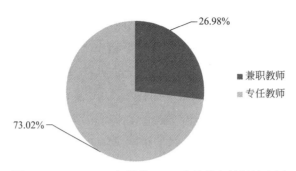

图 7-8　2009—2012 年部分"211"院校兼职教师的比例

3. 地方本科院校兼职教师结构

本研究共选取 17 所地方本科院校 19 份自评报告为样本,对其从企业聘请的兼职教师队伍进行统计调查,加权平均计算。涉及专业有机械设计制造及其自动化、安全工程、交通运输、水文与水资源工程、化学工程与工艺、食品科学与工程、采矿工程、矿物加工工程等专业。统计结果如图 7-9 所示。

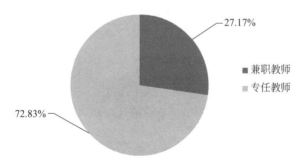

图 7-9　2009—2012 年地方本科院校兼职教师的比例

4. 小结

经过统计计算后,我国不同类型院校兼职教师队伍的统计数据如表 7-2 所示。

表 7-2　不同类型院校兼职教师与专任教师比例结构

院校类型	兼职教师(%)	专任教师(%)
"985"院校	16.78	83.22
"211"院校	26.98	73.02
地方本科院校	27.17	72.83
美国(工学)	49.30	50.70

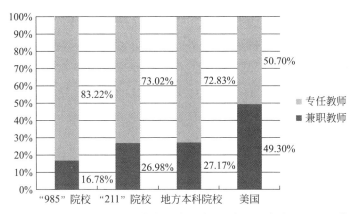

图 7-10　2009—2012 年三类类型院校兼职教师的比例与美国对比①

从图 7-10 中可以看出,当前我国不同类型院校的工科教师队伍中,地方本科院校有兼职教师队伍的比例最高,占 27.17% ;"211" 院校次之,兼职教师比例为 26.98% ,而"985" 院校兼职教师队伍的比例最少,只有 16.78% 。兼职教师在美国是普遍存在的,美国全国约有 40% 的大学教师是兼职的(Leatherman, 1998)②。根据美国教育统计年鉴,1998 年,兼职教师占了美国高校教师总量的 42.50% ,到 2009 年,兼职教师占了美国高校教师总量的 49.30% ,10 年之间,兼职教师的比例在美国高校教师总量中逐年增加。可见,兼职教师在美国高校已经是一个具有相当规模、不容忽视的群体。另外,对于工科领域来讲,兼职教师中有相当一部分来自工业界,他们在交流表达能力、了解客户需求和工业界环境、开展合作教育、为学生提供就业信息等方面发挥了重要作用(Gosink, 2000)③。因此,如果从国际比较的视角来看,目前,我国无论是"985" 院校、"211" 院校及地方本科院校的工科兼职教师队伍比例与美国相比,均有很大差距。

通过三类院校的数据的统计分析,可以发现上述特点是中国"985" 院校工

---

① 美国数据来源:U. S. DEPARTMENT OF EDUCATION, Digest of Education Statistics 2011, National Center for Education Statistics,NCES 2012-001. pp. 383.

② Leatherman C, Faculty Unions Move to Organize Growing Ranks of Part-time Professors, The Chronicle of Higher Education, Feb. 2, 1998.

③ Gosink J P, Streveler R A. Bring Adjunct Engineering Faculty into the Learning Community. Journal of Engineering Education, 2000(1): 47-51.

科院系的兼职教师队伍比例最少,只有 16.78%。当然,上述数据是将 17 所"985"院校所有兼职教师数量加权平均之后的数据,在部分学校也出现了一些例外。例如,U29 大学机械设计制造及其自动化专业兼职教师队伍比例占全体教师比例的 28.3%。再比如,U34 大学水文与水资源工程专业兼职教师队伍比例占全体教师比例的 31.4%。但也有一些院校呈现更大的差距,比如 U36 大学电子科学与技术专业,全体教师总数为 88 人,而兼职教师人数为 0。

三、结论与讨论

工程教育是高等教育的重要组成部分,对实现我国建设创新型国家的战略目标有重大意义。未来中国工程教育发展的重点将是提高工程教育的质量,而提高工科教师的水平是其中的关键因素之一。

本章通过既有文献,利用 2009 年(下半年)至 2012 年(上半年)期间提交的 76 份专业自评报告(涉及 52 所院校,21 个专业)中大量的实证数据,结合具体每所院校自评报告附录中所有工科专业的教师简历为依据,从工科教师的组成部分(专任教师与兼职教师)入手,统计分析了我国不同类型院校工科专任教师队伍的工程实践经验等方面的整体情况及量化特征,并进一步总结了我国院校工科教师队伍的工程实践经历的结构特点,见表 7-3~表 7-5。在兼职教师队伍结构的分析中,通过中美两国数据的对比,讨论了专任教师和兼职教师队伍的比例特点,提出了兼职教师结构中所反映出来的问题和不足。

研究发现,在我国三类院校中,工科专任教师队伍的工程实践经历结构呈现一种显著的"剪刀差"的结构特征(见图 7-6)。"985"院校的工科教师都大量参与了研究型的工程实践,即工业生产的研发环节,与企业有很好的合作基础。地方本科院校的工科教师,大多具有全职企业经历。

从 1998—2009 年来看,兼职教师在美国各大学中的比例呈现逐年上升趋势,因此,若仅以美国作为参考依据的话,我国"985"院校的兼职教师比例严重不足,而"211"院校及地方本科院校的兼职教师队伍比例相当,但是与美国兼职教师占高校教师总量的比例相比仍有一定的差距。

表7-3 "985"院校教师实践经历统计

学校类型	学校	专业	专任教师总数	全职企业经历	工程相关研发项目	兼职教师总数
"985"院校38份报告	U49	机械工程及自动化	253	—	—	—
	U50	交通运输	23	7	22	—
	U29	机械设计制造及其自动化	129	57	95	51
	U25	水利水电工程	50	13	49	29
	U33	水文与水资源工程	30	2	20	5
	U34	水文与水资源工程	24	3	19	11
	U30	矿物加工工程	23	1	19	4
	U12	光电信息工程	54	19	38	13
	U14	计算机科学与技术	224	75	182	47
	U35	电气工程及其自动化	88	7	64	0
	U19	机械工程及自动化	178	58	156	24
		计算机科学与技术	57	9	43	4
	U1	安全工程	33	12	19	8
		环境工程	24	17	20	19
	U15	计算机科学与技术	71	10	44	—
		交通运输	38	4	19	13
	U13	通信工程	33	17	17	11
		机械设计制造及其自动化	70	28	54	7
	U27	机械设计制造及其自动化	64	28	57	17
		自动化	29	12	24	2
	U36	化学工程与工艺	60	30	60	4
		电气工程及其自动化	50	17	39	5
		电子科学与技术	88	20	75	0
	U18	食品科学与工程	76	2	52	17
		计算机科学与技术	205	46	145	17
		水文与水资源工程	20	6	15	7
	U5	交通运输	55	11	51	3
		环境工程	22	14	19	6

学校类型	学校	专业	专任教师总数	全职企业经历	工程相关研发项目	兼职教师总数
"985"院校38份报告	U2	过程装备与控制工程	40	18	32	8
		机械设计制造及其自动化	118	67	97	8
		材料成型与控制工程	69	15	39	20
		计算机科学与技术	43	19	37	13
		环境工程	46	19	43	11
	U4	环境工程	35	14	24	19
		自动化	78	32	66	27
		食品科学与工程	26	9	24	2
		机械工程及自动化	123	51	98	23
		化学工程与工艺	88	19	65	18

表 7-4 "211"院校教师实践经历统计

学校类型	学校	专业	专任教师总数	全职企业经历	工程相关研发项目	兼职教师总数
"211"院校19份报告	U7	安全工程	11	4	7	—
		水文与水资源工程	25	6	20	5
	U47	电子信息工程	66	4	47	22
		通信工程	135	24	117	32
	U11	过程装备与控制工程	61	28	33	17
	U26	机械工程及自动化	110	78	43	44
	U51	计算机科学与技术	38	18	32	10
	U16	计算机科学与技术	90	28	76	63
	U3	环境工程	29	17	28	11
	U24	水利水电工程	72	7	43	11
	U52	化学工程与工艺	62	28	53	15
	U40	交通运输	13	5	12	1
	U48	交通运输	17	—	—	39
	U9	安全工程	15	7	15	9
	U6	环境工程	24	8	3	—

续表

学校类型	学校	专业	专任教师总数	全职企业经历	工程相关研发项目	兼职教师总数
"211"院校19份报告	U32	矿物加工	30	28	21	2
	U17	化学工程与工艺	45	24	32	32
		计算机科学与技术	76	29	61	30
		食品科学与工程	39	10	33	8

表 7-5　地方本科院校教师实践经历统计

学校类型	学校	专业	专任教师总数	全职企业经历	工程相关研发项目	兼职教师总数
地方本科院校19份报告	U41	机械设计制造及其自动化	165	67	50	32
	U8	安全工程	11	7	6	8
	U42	交通运输	28	13	24	37
	U43	水文与水资源工程	36	30	31	15
	U44	化学工程与工艺	39	12	26	14
	U45	安全工程	21	8	19	19
	U46	食品科学与工程	25	12	16	3
	U28	机械设计制造及其自动化	121	67	51	38
	U39	采矿工程	28	28	26	8
	U23	化学工程与工艺	66	27	47	64
	U21	食品科学与工程	96	0	64	5
	U20	食品科学与工程	18	3	4	6
	U22	化学工程与工艺	72	64	23	37
	U37	采矿工程	43	32	35	10
	U38	采矿工程	29	7	19	10
	U31	矿物加工工程	29	11	22	0
		采矿工程	25	10	18	8
	U10	安全工程	24	22	19	10
		采矿工程	27	13	24	13

另外,通过对 76 份自评报告中所有教师简历的梳理,我们还发现,在具有
"全职企业工作经历"的教师队伍中,有很大一部分专任教师在企业当过工人,
年龄大多集中在 50~60 岁。这与中国的时代背景是密不可分的。"文化大革
命"时期,有很多知识青年在农村和工厂参加劳动;"文革"结束后的高考,又
给很多以前在工厂工作的人创造了上大学的机会,因此,教师中有过在企业具
有当工人的经历的教师。但改革开放以后,有过这样经历的教师越来越少。
可以预见,随着经历过"文化大革命"的教师逐渐退休,新一代中青年教师成长
起来以后,以工人身份参与过工程实践的教师将基本消失。

从前文的文献综述可以清楚地看到,无论是教育管理者还是教育研究者,
在分析当前工科教师队伍的现状或者问题时,往往都会指出他们工程实践背
景的缺乏。在一份对中国工程院院士、高等院校教师以及企业工程技术人员
研究调查中,90%以上的被访者认为影响工程教育质量与发展的主要因素包
括"缺乏具有工程实践背景的师资队伍"。工科教师"不懂工程,不了解现场,
教学和科研内容与企业脱钩……对生产现场的设备技术改造更新的信息情况
不能及时了解掌握,难以胜任对学生专业实践能力的培养和训练"[1]。

从这些研究来看,十多年以来,工科教师缺乏工程实践背景的观点得到
了广泛的认同。出现工科教师队伍工程实践能力不强的原因很多,归纳起
来主要有:我国的高等工程教育在培养过程中缺乏实践环节,培养模式使教
师从学生时代起就缺乏工程实践训练;高校工科教师的招聘标准,基本都是
从刚毕业的学生中招聘,使很多工科教师是"从学校到学校",因此工科教师
在进入岗位时就在实践经验上"先天不足"。另外,学校建构的教师评价体
系重科研轻实践,等等,使教师入职后缺乏参与工程实践的机会、动力及制
度保障。

有些研究专门提出了改变这一状况的方法,例如有学者因此建议要培养
与引进"双师型"教师[2],从工业界吸收优秀人才到高校任教,并且完善教师评
价体制,认可教师在工程实践中的成绩。另外,需要建立完善的兼职教师队
伍,以进一步弥补专任教师工程实践经验不足的问题。

① 陈劲,胡建雄. 面向创新型国家的工程教育改革研究[M]. 北京:中国人民大学出版社,
2006:244.
② 陈彬,潘艺林. 实施全面工程教育 改革工科教师非工化趋势[J]. 化工高等教育,2008,(1):1-4.

第八章 院校工程教育工程性与创新性改革的政策建议

通过对国内院校工程教育的现状、发展趋势及存在问题的全面分析,并在借鉴相关国际经验的基础之上,本研究提出以下政策体系设计方案(见表 8-1)。

表 8-1 针对我国院校工程教育改革的政策体系设计

优先政策领域(2级)		政策工具			
		加大资金投入	加强创新与学习	进行政策调整	建立合作网络
战略与理念 Strategy	S1 历史、现状、问题研究 S2 环境分析 S3 利益攸关者分析 S4 改革方法路径研究		√	√	√
教师 Faculty	F1 提高工科教师职业吸引力 F2 完善工科教师培养模式 F3 扩宽工科教师来源渠道 F4 提高工科教师教学能力 F5 提高工科教师研究能力 F6 鼓励工科教师参与工程实践 F7 改进工科教师评价机制 F8 促进工科教师理解并参与改革	√	√		

续表

优先政策领域（2级）		政策工具			
		加大资金投入	加强创新与学习	进行政策调整	建立合作网络
学生 Student	St1 吸引优秀学生攻读工科专业 St2 鼓励毕业生选择工程领域就业 St3 培养并激发学生对工程专业学习和投入的热情 St4 完善学生评价机制 St5 重视学生创新意识、创新思维的激发和创新能力的培养	√	√		
课程设计 Curriculum	C1 强化课程的顶层设计 C2 加强课程的多样化与灵活性 C3 加强教育与实践结合 C4 将设计、制造等内容引入课程 C5 加强基础科学教育 C6 加强跨学科的学习与研究 C7 重视工程成败案例的学习 C8 加强对伦理与可持续发展观念 C9 加强全球化适应性的学习 C10 加强人文与社会科学教育 C11 加强对培养计划的鉴定工作	√	√		√

续表

优先政策领域（2级）		政策工具			
		加大资金投入	加强创新与学习	进行政策调整	建立合作网络
外部环境 System & Environment	E1 构建合理的工程教育体系，明确教育机构分类和定位 E2 推动中小学教育改革 E3 加强继续工程教育 E4 建立和完善工程专业鉴定和工程师资格认证及职业许可制度 E5 加强官产学研合作 E6 开展工程教育再造的试点与推广 E7 加强工程教育的国际交流 E8 提高社会认可		√	√	√
值得重视的共性问题	"创新性"关注和实践缺位；工程教育领域中的女性和少数族裔问题；工程教育中基础教育与高等教育衔接问题		√	√	√

一、理念与战略

工程教育再造是一项系统性工程，不仅涉及工程教育体系内部的各个环节和要素，而且需要关注工程教育系统与经济、社会系统之间的互动与影响。尽管当前工程教育再造的相关实践活动已在国际范围内广泛开展，但要准确定位和有效解决中国工程教育现存的实际问题，就需在借鉴国际经验的同时，考虑中国的本土环境和各高校纷繁复杂的具体情境，因而需要教育系统、政府有关部门及相关社会组织通过持续的创新与学习，采取相应的政策调整和广泛的合作网络建设等措施，进一步加强在工程教育再造领域的战略、路径及方法等方面的研究和实施工作。

（一）历史、现状、问题研究

中国工程教育的历史、现状和问题进行研究是制定和实施工程教育改革、全面提升工程教育质量战略的前提。任何战略的制定和实施均是建立在对历史（问题的发展及成因）、现状及问题的深入研究和清晰认识的基础之上。相关研究者有责任将其研究成果进行相互分享和交流，尤其是让工程教育改革的参与者（政策制定者、教师、学生、企业等）对此有所认识和理解。

建议： 在这方面，国内各工科院校多加研究和反思，并在中国科学院、中国工程院、教育部等咨询和管理部门支持下，认真解读以往形成若干研究报告。下阶段的任务重点应放在这些研究成果和经验的推广工作上，并进一步对一些重要问题进行深入系统的研究，而不要使近年来形成的这些宝贵研究成果束之高阁。

（二）环境分析

同历史、现状、问题分析相似，工程教育改革的环境分析就是要对国家宏观政治经济、社会和企业、高校为工程教育所构建的环境，以及对其所提出的要求和挑战进行分析。

建议： 需要特别重视对 10 年、20 年、50 年以后的未来环境进行合理的预测和情境分析，以便为改革者提供较为可靠的蓝图。尤其是要对我国工业发展当前存在的问题有深入认识，把握面向未来的工程技术战略前沿以及人才需求，并能将这类信息有效反馈给培养人才的教育系统，以促进院校人才培养的质量。

（三）利益攸关者分析

工程教育的再造要求多方的参与，涉及政府、高等院校、科研机构、企业、媒体、相关社会组织社团以及国际伙伴的合作。由于教育的巨大正外部性和"溢出效应"，工程教育改革应该上升为国家和社会的共同任务。在这项系统性的改革工程中，单靠任何一方都是无法达成目标的。

建议： 厘清学校、政府、企业、社会各自扮演的角色以及所担责任，更需要各直接利益攸关者（如高校领导、研究机构人员、教师、学生等）、间接利益相关者（国家、政府、社会、企业等）以及协作者（如媒体、国际伙伴）间有效交流，通力合作,进而构建工程教育再造的利益攸关者网络,形成多方牵头的合作体系成为必然选择。

（四）改革方法路径研究

加强国内工程教育改革的经验交流,并借鉴吸收国际经验。在教育实践中探讨、研究和尝试发达国家工程教育改革的经验是一种可行的方法。

建议:在开展各项深入研究的基础上,借鉴并吸收国内外经验,在教育实践中尝试工程教育改革的可行方法,并对各种改革尝试进行监控和评价,筛选出有效方案,进行推广。

二、教师发展

梅贻琦先生有一句名言:"所谓大学者,非谓有大楼之谓也,有大师之谓也。"教师作为教学活动的主要参与者,对于任何教育体系来说都是至关重要的。现代工程教育中培养环节出现的诸多问题均与教师队伍建设的不完善有着直接联系,因此针对教师队伍进行改革具有极为重要的意义。

（一）提高工科教师职业吸引力

美国国家研究委员会一度认为,高质量师资的短缺一直威胁着工程教育的质量,并指出大学必须采取措施,如增加工资,减轻教学工作量等,使工程教育职业更具吸引力。由于招聘条件、考核标准,以及工科教师职业的特质,许多优秀教师资源流失问题依然严峻,而优秀的学生不愿意从事教育事业的现象比比皆是。

建议:考虑提高工科教师的待遇和声望,尤其是从事教学岗位的工科教师的职业吸引力,留住优秀的人才,特别是有工业企业工作经验的教师,使工程教育职业更具吸引力。

（二）完善工科教师培养模式

专业人才成长是一个长期的过程。知识、能力、品格都是通过长时间或高强度的教育和实践训练而获得的。通过课堂教育、实验、实践、毕业设计环节等环节,基本完成基础和专业知识的学习和技能的培养,使毕业生成为未来工程技术人才的优质"毛坯",再经过实际工作的锻炼,最终成为能对社会有所贡献的有用之才。而高层次的专家级人才更需要大量的训练和实践。目前工科教师资格的获得基本都是等价于博士学位的取得,换言之,工科教师的培养均是采取"从校门到校门"的模式,而当前对博士生的培养基本属于研究导向型,缺乏教学能力和工程实践等方面的培养,因而这种培养模式产出的"工科教师"很难胜任"工程范式"下的工科教学和人才培养工作。

建议:改变目前国内高校工程专业的教师群体相对缺乏实践经验的状况。为了培养具有工程创新能力的工程人才,必须完善工科教师的遴选、资格评审相关标准,并健全对教师职业技能的开发、培训等相关环节的机制和制度。

(三)扩宽工科教师来源渠道

目前,工科教师的来源主要是刚毕业的博士生,或其他高校或学科的教师。教师队伍的来源和结构比较单一。与完善教师培养机制的改革措施相比,拓宽教师来源渠道更容易在短期内产生效果。1998—2003年,兼职教师在美国各大学中的比例呈现逐年上升趋势,通过本研究发现,若仅以美国作为参考依据,我国"985"院校的兼职教师比例严重不足。

建议:在工程教育改革的实践中尽快研究如何进行人事体制改革,改革教师的聘用和评价机制;考虑设立专项计划或项目,有针对性地吸收一部分实践经验丰富的工业界人士,增强工科教师群体的多样化,特别要进一步探讨和完善兼职教师队伍的建设。

(四)提高工科教师教学能力

为了满足国家科技进步和学校自身发展的双重需要,大学积极参与国家创新体系,形成了一批高水平研究实力的研究型大学,但正是在这种浓郁的研究氛围和逐步增强的研究需求影响下,大学教师也逐渐更加倾向于成为一流的研究者,而非杰出的教学人员,这无疑为高校人才培养质量埋下了隐患。2006年秋,美国国家工程院发表了《培养作为教育者的工科教师》一文引起了国际范围内的高度关注。

建议:坚持不懈地重视和提高工科教师的教学能力与意愿,确定工科教师至少要了解的基本教学原则和方法,具备有效设计课程和教学能力。加强工科教师重视教学的意识,不断促进其教学能力的提高是提升我国工程教育质量的关键所在。

（五）提高工科教师面向实际工程问题的研究能力

工程研究的本质是为解决工程问题而进行原理探究和创新。只有在研究中把握好理论与实际的平衡，才有可能做出高水平的"工程研究"，也更利于对学生的"工程能力"提升的指导和发展。

建议：工科教师既要避免过多横向课题研究的"低水平重复"，又要避免纵向课题研究的"纯讲理论不讲应用"，提高工科教师面向实际工程问题的研究能力。

（六）鼓励工科教师参与工程实践

早在1994年，美国工程教育协会在其报告《面对变化中的世界的工程教育》就"人事交流"这一主题中指出，联邦政府在产学研合作中，应该开发一项全国性计划以鼓励工科学校与企业在人员上的流动，并给予财政上的支持。这种交流制度包括"工业教授制"和大学的工业学术休假制。从执行经验来看，这种制度目前在教师休假期的工作量、薪酬制度以及对企业的激励等方面还存在一些问题，导致双方人才交流工作不是十分畅通。

建议：鼓励教师参与工程实践，在制度和措施层面，需要更为深入的研究、探索和尝试。开发全国性计划，以鼓励工科学校与企业在人员上的流动，并给予财政上的支持。下决心探讨有中国特色的"总工教授制"和工科大学教师的"工业学术休假制"（比如，暑假小学期或称夏季学期当中，无课教师必须到企业中去）。

（七）改进工科教师评价机制

人事制度是为教师创造激励和指挥教师活动的重要工具。具体来说，改进工程教师的评价机制，就要求完善教师的晋升和奖励制度。目前，高校的教师评价体系、职称晋升体系、科技成果奖励体系等，主要是以论文、科研项目的数量为标准，这种纯科学的导向扼杀了工程教育的特色。

建议：重点改革高校的教师评价机制，平衡工程教师在发现、综合、应用和教学等方面的活动投入，建立具有工科特色的评价指标体系。

（八）促进工科教师理解并参与改革

鉴于教师在工程教育中的核心作用，在开展工程教育改革的各个环节，都应注意调动工程教师参与其中的积极性,让其对工程教育的先进理念,以及改革的目标、愿景和措施等有较为深入和全面的认识和理解,这不仅利于改革的进展,更将利于教师与改革实践的互动交流,在一定程度上还能及时更新教师的教育教学手段。

建议:开展认知对于人的主动行为起重要作用的研究。注意调动工程教师参与的积极性,广泛深入地宣传工程教育的先进理念、改革目标、操作程序、评价体系等,加强教师与改革实践的互动。

三、学生培养

学生既是工程教育的对象,也是工程教育的成果。作为工程教育系统的作用对象,工程教育改革也需要对学生进出系统的边际,以及系统内的活动进行管理和改善。

(一) 吸引优秀学生攻读工科专业

工程专业对青年学生的吸引力正在逐渐减弱,工科学生选择工程职业的人数也在逐渐减少,这是一个国际性的问题。吸引优秀的学生攻读工科学位,才能保障工程教育系统的功能实施,即培养出充足的工程技术人才,以满足市场的需求。

建议:认真研究工程专业毕业生的就业状况、收入水平、对社会的影响力、人们对工程教育的看法等重要因素,以及未来职业生涯的国际化,职业被尊重的程度和社会地位,家庭和周围环境的影响等,这些都是影响学生选择工程专业的重要因素。

(二) 鼓励毕业生选择工程领域就业

从事工程职业对于毕业生积累工程实践经验具有重要的作用。在企业和工程类机构中的在职培训也是工程人才成长的重要过程。

建议:鼓励毕业生从事工程领域职业,这对于积累未来工程人力资源具有重要的作用。通过为学生提供工程职业规划(生涯规划)辅导,为学生提供工程职业的薪酬及晋升发展等方面信息,以及加强与企业合作等措施来帮助毕业生选择工程领域就业。

（三）培养并激发学生对工程专业学习和投入的热情，完善相应的训练平台和资源体系

学生是教育活动的主体，学生最终在工程领域中体现出的能力和素质，是衡量工程教育质量的核心标准，因而在整个工程教育过程中，除了从外部环境上，要考虑提供充分的制度设计和硬件条件，更重要的是要使学生对工程有深入和准确的认识，并有强烈的学习主动性、持续投入的热情和动力。

建议：在环境方面创造条件，提供能够满足其探究欲望、实践训练以及互动交流的课程、实训以及各类竞赛、课题的资源。激发学生内在的动机和行动，有效利于外部资源，进而实现工程教育所期待的培养目标。

（四）完善学生评价机制

传统的对学生在校期间的表现往往以考试成绩这一单一的衡量指标进行评价，这种只重视理论知识以及应试技能的考核方式，对于培养工程师所需的能力标准而言，是不合理的，亟须完善。

建议：设置多元化以及贴近工程师能力标准的衡量指标，引导教育过程的实施。学校和社会整体对工程教育的评价应从重视学校"提供什么"和教师"能教什么"，转向评价学生"学到什么"以及"掌握什么"。唯有基于学生主体的收获进行的评价，才有可能对教育的过程及其作用有较为准确的把握和引导。

（五）重视学生创新意识、创新思维的激发和创新能力的培养

从现有的工程教育改革实践来看，各大高校及职业院校已经充分重视强化实践环节，并纷纷采取各种措施。但对于"创新"能力的培养方面，目前还停留在理念倡导阶段，学界研究较多，但在工程教育实践领域，对"创新"相关能力的培养似乎还鲜有措施和方法，并且在相应的教育手段和评价方法方面，还远没有成形或者较为成熟的"共识"。这一点尤其需要引起重视。

建议：学生具备较强的可塑性，即教育的作用主要体现在其做事的思维方式和方法的训练方面。应特别注意对于"创新"能力培养，无论是课程的设置还是知识的传授方式方面都应重视对其创新意识和思维的激发，唤醒学生自主的创新精神，通过不断的"鼓励再鼓励"，进而激发其创新行为。

四、课程设计

工程教育的内容、手段和方法,集中体现在课程设计上。课程设计包含了教学的内容、安排、进程、时限,可以将其视为把教学内容、手段和方法按照一定顺序组织起来的一个模块。工程教育再造中的课程设计,实质上就是要处理好工科课程在理论与实践、分析与综合、知识教学与技能训练等方面的平衡,并突出工程教育的实学、集成与创新原则。

(一) 强化课程的顶层设计

课程是给予学生知识和能力的直接载体,工程教育改革的重点之一便是课程改革。现有的课程设置,大部分沿袭院系早年传统,并且课程内容都由教师的教育背景和科研背景决定,对于工程教育培养学生需要的各项知识、能力,以及知识技能传承模式,现有的课程体系很难满足,这也直接制约着工程教育的质量,导致我国的课程跟世界一流大学的课程只能是名同实异。这就需要教学机构对课程设置有足够的重视,对于工程技术和社会经济发展有与时俱进的把握和理解,适时把握变化和革新的需求,在既有体系的基础上,做出调整和应对。CDIO(Conceive-Design-Implement-Operate 构思-设计-实施-运行)课程大纲是由 MIT 首创的课程改革方案,该方案对现代工程师必备的个体知识、人际交往能力和系统构建能力做出了详细的规定。

建议:借鉴已有先进理念和经验,针对国内已有的工科课程内容存在问题,如知识陈旧零散、学科划分过细、理论与实践严重脱节,以及教学手段过于单一死板,不利于学生动手能力、发散性批判性思维能力训练等问题,亟须整合工程理论和实践的课程。在理念层面,应该强调以"解决工程问题"为导向的整合设计课程,将相关学科、领域的知识进行系统性的重组与划分,以利于培养学生实际解决问题能力的方式让其掌握。

(二) 加强课程的多样化与灵活性

1995 年,美国自然科学基金会在《重构工程教育:聚焦变革》中明确提出,学生具有不同的职业发展道路、不同的学科兴趣以及不同的人生目标,为了满足不同学生的需要,要加强课程的多样化和灵活性。

建议:着重解决本科工程教育"宽和专"的问题,即工程教育在本科四年课程里面要重点培养学生的工程基础,还是锻炼他们的专业能力。无论是两者选其一还是将两者整合,工科课程都要在统一的基础上加强多样化和灵活性,以尊重学生的自我选择。目前,推行灵活的学分制,大类招生和培养,基于"宽、专、交"的整合培养等都是有益的尝试。

(三)加强教育与实践结合

工科课程通常被区分为理论环节和实践环节两大部分。在"科学范式"下,工程教育强调理论分析,而忽视了设计、实验等实践环节。工程教育开展实践环节的有效方式之一就是加强合作教育。如加拿大滑铁卢大学的学生在完成一定的专业学习后,被安排到与所学专业有关的合作公司、企业等进行有酬实践工作,学生从事实践工作的时间一般为专业学习时间的1/2。学校负责联系实习单位,用人单位付给学生工作报酬。学校负责跟踪检查学生的实习业绩,用人单位负责对学生工作实习进行指导和鉴定。

建议:合作教育可以让学生在实践环节中身体力行,检验知识的实用性,并掌握那些来自实践的"隐性知识",可以促进教师不断更新知识,及时调整课程内容,以适应工业企业的要求。

(四)将设计、制造等内容引入课程

2005 年,美国工程院明确提出,为了提高工科学生的保留率并让学生尽快感受工程的魅力,"无论四年制的工科课程如何创新,都应当将工程的灵魂—设计、功能设定、构造、测试等内容尽早引入课程"。美国科罗拉多大学的"First Year Engineering Project"计划,在大学一年级便设置了有吸引力的工程团队项目设计课程,成功地降低了学生的流失率。佛罗里达大学把新生跨学科的实验取代了许多学校称为"睡眠曲"的工程引论讲座课,受到了学生的热烈欢迎。

建议:工程教育再造可以借鉴此类经验,尽早将工程的灵魂—设计、功能、构造、测试等内容引入课程,使学生有机会早期进入科研,接触工程实际;探索如何在新生刚入学就让其感受到工程的魅力,激发他们的学习兴趣。

(五)加强基础科学教育

未来的工程师所要就解决的问题将会越来越复杂、越来越综合,对工程师的基础科学知识和科学精神要求也会越来越高。再加上本科阶段的工程主要的目标在于培养"毛坯工程师"。

建议:需要在不丢失工程性和工程的兴趣的基础上,让工程学生夯实基础科学知识,更重要的是培养出科学探索的精神。

(六) 加强跨学科的学习与研究

新兴技术领域的迅猛发展和各学科的加速融合,将为人类经济发展提供新的增长点。而这一趋势要求工程师必须能够具备跨学科的学习与研究能力。美国达特茅斯学院的工程项目在这方面就独树一帜,它的工学院不再人为设置明显的专业划分,而是让学生像在实践中一样学会从各个学科中汲取知识,以解决复杂而综合的现实工程问题。

建议:让学生学会从各个学科中汲取知识,以解决复杂而综合的现实工程问题,要求工科学生具备跨学科的学习与研究能力。

(七) 重视工程成败案例的学习

工程作为一项复杂的系统工作,涉及可行性分析、设计、制造、运行等多个环节,通常这些知识被分散在各门课程中。工程案例是一项工程自始至终如何开展的"生动故事",将工科的许多课程知识都串联和整合在一起,并配有真实的运用。

建议:鼓励案例教学。案例中许多的成败曲折都蕴含着大量的"隐性知识",是工科学生模拟真实场景并获取工程经验的有效途径。鼓励和培养学生发散性思维与收效性思维。将活生生的工程案例整理成课程内容,让学生接受到更贴近现实的工程教育。特别对工程失败的案例学习,不仅是汲取经验教训的过程,也是为工科学生展示未来工作场景、让他们体验工程"酸甜苦辣"的过程。

(八) 加强对伦理与可持续发展观念

工程不是独立的存在,而是具有外部性的实践活动。工程人才的专业素养及职业操守所影响的不只是一个工程项目的成败,往往还涉及公共的生命财产利益与自然生态环境。随着全球人口的剧增、资源能源问题的日益严峻,人类必须谋求可持续的发展战略。工程实践也必须更加绿色化。而工程教育再造应当关注工程教育中渗透可持续发展战略的途径、面临的矛盾和应对策略,让未来的工程师们在构思与设计当中主动地将环保、节能等理念融入方案当中。

建议:注意帮助工科学生树立工程伦理的观念,让他们了解在工程活动中应当遵循的伦理原则与规范,担负必要的道德责任。工科课程中应设置有关工程伦理的课程,涉及工程的法律与道德、伦理与隐私、诚实与责任、安全与风险、工程与环境、工程师与管理者的关系、工程组织与自律、工程职业化、国际工程规范主题,等等。

(九) 加强全球化适应性的学习

世界变平了。新的全球化之潮,正在抹平一切疆界。在交通便利、信息通讯发达、生产全球化背景下,工程人力资源开始呈现全球化流动的趋势,在国际范围进行岗位的供求匹配。因此,工程教育再造需要加强学生对全球化适应性的学习,以面向工程国际化发展的需要。

建议:通过卓越工程师培养计划,通过国际实质等效性的国际工程教育认证,加强学生对全球化适应性的学习,注意培养学生的语言能力和对多文化的适应能力。

(十) 加强人文与社会科学教育

人文与社会科学对工程人才的培养具有重要作用,联合国教科文组织在一份报告中指出,人文学是为工程师描述历代积累下来的人类经验在心灵上的展现,阐述人的理智、文化和情感的演进录;社会科学则是构筑人的社会与政治的发展录。当前,沟通能力、团队合作能力、管理与商务能力已越来越成为工程师的能力要求。

建议:在不增加学生负担的条件下,加强其对人文与社会科学的学习。工程教育再造需要将技术创新管理、项目管理、质量管理、生产运作管理、人力资源管理、沟通与谈判技巧、历史与文化等知识与原有的工科课程进行整合。

(十一) 加强对工程教育的认证工作

工程教育认证是工科课程质量的保障措施,它将产业界对工程人力资源的素质要求传递给工程教育系统,对工科课程的内容、结构具有重要的引导作用。一方面,随着科技与工程的发展,许多的新知识需要充实到工程教育系统的课程中,同时,产业的发展也要求工程教育系统输出合格的人才;另一方面,工程教育系统的师资相对比较固定,由于自身意愿和能力的原因而缺乏对工科课程做出创新与改革的动力。

建议:积极推动并加快我国加入《华盛顿协议》进程①,加强培养工作,可以参照 ABET 的标准来评价和评估课程的质量,激励教师进行课程创新。

五、外部环境

教师、学生与课程这三个模块要发生有效的互动,需要一定的平台支撑和环境条件。工程教育体系作为平台支撑,不仅包括了合理的教育层次结构和学科结构、合理的高等学校的分类与定位,还涉及工程教育向两端的"延伸"和"强化",一端向中小学提供工程教育,另一端则加强继续工程教育。环境条件则不仅包括了人、财、物等硬件设施,还包括了官产学研合作、学术期刊建设、国际交流合作、工程文化等软件要素。

(一) 构建合理的工程教育体系,明确教育机构分类和定位

产业发展所需的工程人力资源是多样化的,理所当然,工程教育再造需要构建合理的工程教育结构以满足这种多样化的需求。工程教育结构主要包括教育层次和学科结构。

建议:加强工程教育结构调整(既包括教育层次和学科结构调整,也包括类型结构的调整),加强应用型人才的培养。最终要落脚在高等学校的分类和定位,实质上就是要建立起知识生产和人力资源开发的合理分工协作体系。

(二) 推动中小学教育改革

尽管工程教育的"主战场"在本科阶段,但近年来越来越多的专家学者和研究报告指出,由于基础教育为高等工程教育提供"原材料",为了有效开发工程人力资源,工程的理念、方法与内容需要渗透到基础教育中,工程教育再造需要推动中小学的工程教育改革。正如波士顿塔夫斯大学工学院前任院长 Miaoulis 所说,工程教育可以在任何阶段实施,他非常推崇马萨诸塞州立法机

---

① 编者注:2016 年,中国工程教育认证协会已代表中国成为《华盛顿协议》签约成员。

构将工程学科引入 K-12(K 代表幼儿园,12 代表从小学到高中的 12 年基础教育)课程的这一举措,认为把孩子引进工程的"奇妙世界"是非常重要的工作。2006 年,*JPIEEP* 介绍了美国的"土壤魔术"计划,它包含了各种简单的工程技术实验,用不同的形式将土木工程的相关知识展示给 K-12 的学生,并取得了良好效果。前文提供的案例"面向 K-12 的 PLTW 计划",更是开展多年,在中学如何开展工程教育积累了丰富经验,并取得了实际效果。

建议: 为了有效开发工程人力资源,工程的理念、方法与内容需要渗透到基础教育中。要推动中小学的工程教育改革,培养学生的动手能力和认知兴趣,把孩子引进工程的"奇妙世界"。

(三) 加强继续工程教育

中国工程院咨询报告《我国工程教育改革与发展》中指出:"继续工程教育主要是指大学后的非学历工程技术教育。它是对已受过高等教育的工程技术人员进行新理论、新知识、新技术、新方法的补充、更新、拓宽和提高的终身教育,是迅速提高我国工程技术人员和管理人员素质的重要途径,是提高个人、企业乃至整个国家的适应能力与竞争能力,促进经济和社会发展的必不可少的前提和手段。"

建议: 广泛宣传继续工程教育的重要意义,让全社会认识到继续工程教育是现代工程教育体系的重要组成部分,它与院校工程教育共同构成完整的终生教育体系。高等院校要承担起继续教育的部分责任,落实相关制度,提高工程人才的素质。

(四) 建立和完善工程专业认证、工程师资格认证及职业许可制度

工程教育与工程教育专业认证与工程师资格认证存在着密不可分的联系,工程师资格认证对工程教育具有导向性作用。工程师认证组织对工程师的要求可以通过工程教育专业认证传递给工程教育,同时,认证还为学历和学位的国际互认提供了基础。通过鉴定与认证促进工程教育质量的提高,已经成为各国工程教育改革的经验。

建议: 建立和完善既具有中国特色又与国际实质等效的工程教育专业认证和工程师资格认证制度,以期积极引导和推动工科院校对专业目标、课程设置、教学方法和评价方法等的调整、改革和创新。抓紧工程教育专业认证与工

程师资格认证衔接制度的研究和建立,应改变当前"明日复明日"的拖沓作风,应确立工作时间表。

(五) 加强官、产、学、研合作

官、产、学、研合作,历来是工程教育改革的关键举措。虽然其重要性不言而喻,但是在组织和制度上却一直是个难点。战略联盟作为 20 世纪末以来最重要的创新组织,从更宽泛的意义上来看实质上是指两个或两个以上的实体为实现各自的战略目标,发挥各自的比较优势,在"特定时期""特定范围"内以协议形式缔结的资源共享、风险共担、利益分享的松散型组织。

建议:在工程教育再造过程中,借鉴战略联盟的经验,进行体制改革,在共赢的原则下开展官、产、学、研的通力合作。

(六) 开展工程教育再造的试点与推广

从知行论的观点看,试点是实践、认识、再实践、再认识的过程,具有实践性和创新性。试点通过实践把客观现象反馈到认识主体,以便起到修改、补充、丰富、完善主体认识的作用。

建议:鼓励试点,特别是类似于 CDIO 模式和 PBL 模式的引进与尝试,以期取得实践经验,并将人们对客观事物的了解推进到更高的阶段。工程教育再造是一项复杂的工作,需要规避风险、节约资金、且不影响当前系统运行。因此需要集中力量先开展试点工作,不断在实践中探索,及时吸取经验教训,并将成功的模式进行推广。

(七) 加强工程教育的国际交流

在全球化背景下,国际交流与合作是了解彼此、共享经验与资源、提高自我的重要途径。教师、学生与管理人员的国际流动,实质上是知识,尤其是隐性知识的获得、传递与扩散的过程。工程教育再造通过访问、考察、培训等多种方式,了解别国工程教育的现状与动向,为本国工程教育的发展提供经验借鉴,并为理念、方法、设备、人才的引进与输出工作进行"探路"。

建议:要不断强调工程教育的国际交流与合作,要重视与国际组织和区域政府间组织的合作与交流,研究拟定人力资源国际流动的相关政策;加强工程教育系统有关教育合作与人事交流的机构及项目工作。为拔尖创新人才提供政策与制度上的保证。

（八）提高社会认可

在工程教育的"科学范式"转变为"工程范式"的改革过程中，通过媒体等手段向公众和社会普及工程文化是必不可少的一项工作。媒体的宣传和报道，对大众形成文化具有重要的影响。

建议：媒体人员首先要学习工程知识，理解工程教育的含义。媒体要发挥喉舌作用，要成为宣传正确的工程和工程教育理念；把工程和工程教育的活动，运用群众所喜闻乐见的语言，实事求是地通过事实，来宣传群众、动员群众、教育群众；开展舆论监督，质疑、揭露和批评工程教育活动中的方方面面。

六、共性问题

在以上政策分析框架内，本研究提供了较为具体而全面的建议，为工程教育改革实践活动的开展提供参考。在此基础上，本研究还要特别指出以下三大共性问题，以期引起工程教育研究领域和相关管理部门的重视。

第一，工程教育的"创新性"无论是在研究领域还是在实践领域都呈现出"缺位"态势。在建设有中国特色的创新型国家的背景下，"创新"几乎成了当前研究界最高频的关键词，颇受研究者的青睐，但鉴于相关研究涉及政治经济、社会文化、自然科学以及工程等人类社会的各个领域，关于"创新"的相关概念和理论研究从形式到内容往往纷繁复杂，如果脱离了具体的学科和实际情境背景，甚至会沦为一些浮于现象表层的空洞虚念，因而不仅无法形成研究者与实践者共识性的理念，更无法形成有效促进社会实践的强有力的理论依据。然而这种"创新"概念的泛化现象在工程教育研究领域也较为普遍。并且，本研究在分析全国范围内的工程教育专业认证自评报告的资料的基础上发现，国内工科院校近年来的教育改革实践也是主要围绕如何加强"工程性"而展开的，包括课程改革、实践实习平台和体系的构建，以及对学生毕业设计、对教师实践经历的要求，等等，均少有对"创新性"的涉及。而各高校对于"创新性"的解读，也呈现为对科技竞赛、研究性学习等活动的开展与强化。这种现状在一定程度上反映了当前工程教育领域尽管对"创新"的呼吁很强烈，但由于相关理论研究不够深入，对于"创新"的理解和概念都比较泛化，无论是在教育研究还是在教育实践领域均未形成较为共识性的理念和促进措施,致使教育教学一线的管理者和教师在教育实践中处于"既重视不够,又无从着手"的尴尬境地,造成"创新性"的在院校工程教育中的严重缺位,尽管也有部分学校已开始了一些零散性的尝试,但整体势头还是非常微弱的。此种局面亟待改善,一方面需要政府和高校管理部门的高度重视,另一方面也为教育研究者提出了新的研究挑战。

第二,工程专业的"劣势群体"问题。如女性和少数民族人数在工程专业和职业中人数比例一直不高,这是个世界性的问题,出于教育公平及工程多样性需求的考虑,需要采取措施鼓励和保障女性和少数民族群体选择和从事工程专业。

第三,基础教育与高等教育在"科学与工程教育"中如何衔接的问题。正如潘云鹤院士指出,当前基础教育缺乏对工程科技与创新的兴趣培养,青少年想当科学家的多,想当工程师的少,而且"目前的'科学教育'只重知识的传授,严重缺乏从小培养动手和解决问题的能力,导致与高等工程教育无法衔接"。这一问题需要引起社会各界的高度关注。工程师的培养是个系统性过程,就教育而言,应是教育各个阶段有机衔接、持续提供意识培养、技能训练以及价值塑造和认同的整体性工程,因而不只是高等教育阶段的问题,尤其需要从基础教育阶段开始就从各个环节上,给予足够的重视和培养。国外当前的K-12计划执行得如火如荼,与此同时,针对中小学生的科学、数学、技术以及工程相关学习与认知的交叉研究也在工程教育研究领域非常盛行。在这些方面,我国国内目前均未显现出足够的重视。

第九章　院校工程教育工程性与创新性建设特色案例

　　我国从 2006 年开始实施工程教育专业认证试点工作,在近 7 年的工程教育专业认证的试点工作中,学校的自评报告展示了各个学校在工科教师发展中的很多理念和实践。本研究对 76 份自评报告中带有一定典型性的专业进行了梳理,以此来讨论我国不同类型的 6 所大学相关专业的工程性与创新性问题。

　　同时,本研究还选择了世界上在工程教育改革领域比较成熟和比较著名的 4 个案例,供中国工程教育改革的决策和实践者参考。部分案例已得到了很好的实践检验,并取得了良好的效果,而一些改革构想或措施虽然呈现出良好的前景,但却缺乏严谨的效果评估。而且由于各国的工程实践存在较大差异,国情也千差万别,还需要对国际的各类经验应用于中国工程教育改革方面进行进一步的研究,特别是对各项改革措施在中国的适用性(效果);中国的政治、经济、社会发展前景,对工程实践的要求,以及对工程教育的要求等方面加强研究。

　　这些案例分析并不是多案例分析,而是多个单案例分析。根据罗伯特·K.殷对案例研究设计的分类,这里的案例可以算是多个启示性的单案例研究。它们一般在工程教育的工程性与创新性方面有具有特色的做法,这种做法被挖掘出来,通过案例展示,使工程教育的研究者和实践者们知道这种做法在一定程度上可以达到他们预想的目的。

一、院校工程教育的国内案例

案例一:U49 大学机械工程及自动化专业

U49 大学机械工程及自动化专业教育探索项目组借鉴"建构主义"认知理

论,提出了:强调学习者的认知主体作用,树立"学生是学习内容所反映的事物本质规律以及事物之间内在联系的主动建构者"的教育理念,针对国内本科生培养中普遍存在的"基础理论知识扎实、创新意识和实践能力不足"的问题,提出了实现学习知识、运用知识和创造知识三个目标;完成基础理论教学、自主探究实验和科研实践活动构建三个支撑平台;以及建设精品课程、开放式教学实验室和科技参赛组织三大任务。

围绕"激发学习兴趣、倡导自主探究、强化实践环节、贯通内外课堂、挑战科技竞赛"的教学改革指导方针,采取的具体措施包括:①按照上述三个层次构建本科课程体系,强化实验实践教学环节;②结合研究实践型精品课程建设,全面改革授课内容、授课形式、实验设置、考核机制等,在授课内容上引入最新的科研成果和相关领域的前沿;开放式授课,注重师生互动,发挥学生能动性;设计形式多样的课内实践项目,满足不同层次同学的学习兴趣与参与程度;以大作业、项目研究和课内竞赛等方式考查学生综合能力;鼓励学生参加SRT、国创计划、挑战杯等课外科技实践活动,择优取代课内学分;③按照新思路建设机电测控教学实践基地,在空间上实现"教室、实验室、科技活动基地"三位一体,在功能上实现"学习知识、运用知识、创造知识"三位一体,在管理上实现"全时开放、预约指导、资源共享"的方式,为大学生开展创新实践活动提供条件;④建立以机器人为主题的大学生创新实践教育特色平台,基于"挖掘学生潜能、锻炼研究技能、瞄准科技前沿、培养创新人才"的宗旨,竭尽全力引领有积极性和能动性的本科生参加国家级大学生创新训练计划、大学生研究训练计划等国内外相关科技赛事。

传统的教学模式是以"以教师为主体、注重知识传授",普遍存在的问题是本科生在1~3年级的学习中:学得多,用得少;验证性实验多,开放式探索研究少;培养出来的学生虽然基础理论知识非常扎实,但与国外一流大学相比,在运用知识解决实际问题的综合能力方面还存在相当大差距。一位同学对当时现状的评价是:"以往我们的课程,不是软件系统已经编写好了,就是硬件系统不用我们操心了,更有一些软硬件都无须我们参与的、只需看看就可以的实验课程。我们觉得很没意思,因为我们自己没有参与到里面去,更不要说能够从中得到什么能力的提高了。"

1. 国外高校机械工程学科领域课程的创新实践教育

2002年,U49大学机械系项目组考察了美国若干所著名大学,发现MIT开设的机电控制课程很有创意:该课程由不同专业背景的学生组成一个 Group,集中数周授课介绍实现"乒乓球射击对抗机器人"的关键技术,而将大部分时间留给学生,在设计、制造、控制机器人的过程中,进一步有针对性地深入学习和探讨相关学科的知识,以制作完成的作品的实战效果考察学生成绩。

随后,项目组成员充分利用在海外校友资源以及相关教师参加国际会议、赴国外访问进修等机会,近距离考察、体验了 MIT、UIUC、University of Wisconsin-Madison、University of Duke、University of Waterloo 等国外著名大学在机械工程学科领域的相关课程的创新实践教育过程。

1) 教学理念

综合国内外一流大学相关课程的创新实践教育经验,根据机械工程及自动化本科(材料成型及控制工程)特点和培养目标,项目组借鉴"建构主义"认知理论,提出了:强调学习者的认知主体作用,树立"学生是学习内容所反映的事物本质规律以及事物之间内在联系的主动建构者"的教育理念。

2) 明确教学主体,激发学习兴趣

"兴趣是最好的老师"这句话得到众多诺贝尔奖获得者的普遍认同。国外大学普遍实行学分制,学生可以选择自己感兴趣的课程,也就不存在所谓的学风不好问题;教师开课也是自由的,开课讲授的内容也是和自己的研究兴趣直接相关的,没有几位教授在教"书",更多的是讲义;走进大牌教授的课堂,仿佛就进入一个"场",每一堂课都是那样充满激情,每一个复杂的问题都能被抽丝剥茧地分析的如此透彻,学生很容易与教授产生共鸣,授课过程普遍也是学生质疑的过程,"教"与"学"就在这种相互质疑与共鸣中完美演绎。

3) 倡导自主研究,提升综合能力

国外一流大学开设的机电控制类课程的实验和实践占有很大比重,实验室和教室是一体的,理论学习和动手实践在空间和时间上都衔接得很好。考核方式除了理论测试,以开放式问题为主的大作业或者能充分展示运用知识解决实际问题的项目(案例)研究成为同学们最喜爱的方式。在项目研究的过程中,他们必须完成文献调研、方案制定与实施、元器件采购与集成、软硬件设计、成果展示、报告撰写等环节,团结协作、独立思考、实践动手等综合能力就在这些项目研究中自然而然地得到了提升。

4) 挑战科技赛事,放飞创新梦想

国外很多课程与科技竞赛是直接接轨的,有些课程本身就是一个小型的科技竞赛,如 MIT 的乒乓球机器人比赛课程。加拿大的 Waterloo 大学干脆规定学生必须参加一项具有挑战性的科技赛事,并取得相应的学分。由此迫使学生必须运用已有知识、学习未知知识、创造新知识,才能完成课程。这样的课程不仅给学生提供了很好的接近国际前沿、挑战自我的机会,同时也能最大限度地激发潜能、发挥主观能动性,做出创新性成果。

2. 工程教育实践的主要内容

针对国内本科生"基础理论知识扎实、创新意识和实践能力不足"现状,根据机械工程及自动化(材料成型及控制工程)专业特点,探索培养"未来创新拔尖人才"新途径。

强调学习者的认知主体作用,树立"学生是学习内容所反映的事物本质规律以及事物之间内在联系的主动建构者"教育理念;改革实践教学体系,建设了以国家级和校级精品课为代表的强化"自主探究实践"的机电测控系列课程,近年六百名本科生直接获益;建立以机器人为主题的创新实践教育特色平台,引导本科生参加科研实践项目 45 项 198 人次、科技赛事 29 项 90 人次,"放飞创新梦想"。

近五年积极参加探索实践的本科生:申请国家发明专利 58 项(已授权 42 项);发表论文 43 篇(SCI 4 篇、EI 38 篇、国际会议最佳论文 6 篇);1 人获清华特等奖学金;在校本科生独立赴美参加 ASME 竞赛并连获冠亚军;三十余人本科毕业即被麻省理工等世界名校录取读研。他们切身感受到不仅知识水平而且实践能力和创新意识逐渐得到国际学术组织的认可。成果已列入教育部和学校"卓越工程教育改革计划"推广实施,并为专业入选国家级和北京市特色专业建设点以及通过国家工程教育专业认证做出了贡献。

针对国内本科生培养中普遍存在的"基础理论知识扎实、创新意识和实践能力不足"的问题,学校提出了以下解决问题的思路:

实现三个层次目标:①学习知识,②运用知识,③创造知识。

完成三个阶段任务:①基础理论教学,②自主探究实验,③科研实践活动。

构建三个支撑平台:①精品课程,②开放式教学实验室,③科技参赛组织。

围绕"激发学习兴趣、倡导自主探究、强化实践环节、贯通内外课堂、挑战科技竞赛"的教学改革指导方针,采取的具体措施包括:

① 按照上述三个层次构建机械工程及自动化(材料成型及控制工程)本

科课程体系,强化实验实践教学环节,由本科低年级到高年级循序渐进地完成基础实验、应用实践、自主探究的过渡,为大学生开展创新实践活动提供基础。

例如:大四上学期开设的"机电控制系统实践"课将 32 学时中的 28 学时用于组织学生分组自主选题开展实践项目探究,被学生喻为"这是我们进入大学以来第一次真正完全自主的实验课程"。"希望这门课能够越办越好,毕竟作为一个大学生,动手能力和实际问题解决能力的重要性是毋庸置疑的,而机电系统微机控制实验课正是能弥补我们平时动手能力不足的缺点,提高我们的综合能力"。

② 结合研究实践型精品课程建设,全面改革授课内容、授课形式、实验设置、考核机制等,"倡导自主探究,培养综合能力",激发探求知识的强烈兴趣,为大学生开展创新实践活动提供保证。

在授课内容上引入最新的科研成果和相关领域的前沿,不仅可以激发学习兴趣,而且成为后面实践创新的起点;开放式授课,注重师生互动,发挥学生能动性;设计形式多样的课内实践项目,满足不同层次同学的学习兴趣与参与程度;以大作业、项目研究和课内竞赛等方式考查学生综合能力;鼓励学生参加 SRT、国创计划、挑战杯等课外科技实践活动,择优取代课内学分。

③ 按照新思路建设机电测控教学实践基地,在空间上实现"教室、实验室、科技活动基地"三位一体,在功能上实现"学习知识、运用知识、创造知识"三位一体,在管理上实现"全时开放、预约指导、资源共享"的方式,为大学生开展创新实践活动提供了条件。

"机电控制教学实践基地"占地 120 ㎡,在校"985"和系教学不断支持下,通过自行研制、购买和接受捐赠等多种方式,积累丰富的软、硬件教学资源。逐渐成为大学生开展课内外创新实践活动之家,每到项目结题冲刺阶段,很多同学通宵挑灯夜战,在实践中体会到成功是干出来的,不是想出来的,更不是叫出来的。

④ 建立以机器人为主题的大学生创新实践教育特色平台,基于"挖掘学生潜能、锻炼研究技能、瞄准科技前沿、培养创新人才"的宗旨,竭尽努力引领有积极性和能动性的本科生参加国家级大学生创新训练计划、学校大学生研究训练计划等和国内外相关科技赛事,为本科生提供了施展聪明才智、放飞创新梦想的广阔舞台。

经过多年的探索实践,项目组逐渐建立了"以机器人为主题的大学生创新实践教育特色平台"(如图 9-1 所示)。该平台将第一课堂和第二课堂紧密结合,选择了机械工程领域最具前沿性和挑战性"机器人"主题,充分共享内外部资源,指导教师根据专业前沿和学生特点,因材施教,制定详细的科研基本功训练计划(包括文献和专利检索、论文和专利撰写、科研和创新方法等),依托国家级大学生创新训练计划、学校大学生研究训练计划及首都高校机械创新设计大赛、美国 ASME 国际学生机构与机器人设计大赛等国内外高水平科技赛事,指导 200 多名有志趣的本科生开展高水平的科技创新实践活动,取得了丰硕成果,其知识水平、实践能力和创新意识得到国内外相关学术组织的认可。

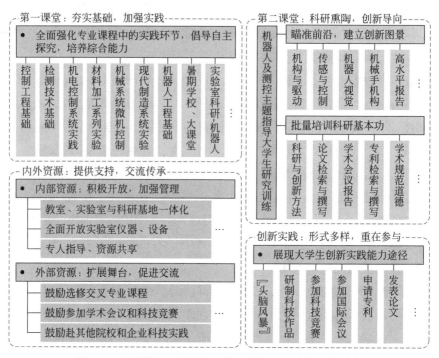

图 9-1　以机器人为主题的大学生创新实践教育特色平台

案例二:U35 大学自动化专业

U35 大学是一所以理工为主,理、工、管、文、经、法相结合,多学科、开放式、研究型的国家重点大学。新中国成立以来,U35 大学一直得到国家的重点建设。

U35 大学自动化专业历史悠久。其前身是由苏联专家帮助建立的自动控制专业,是国内最早创办的自动控制专业。1998 年,根据教育部新颁专业目录原自动控制专业更名为自动化专业。专业本科生学制 3~6 年(标准为 4 年),毕业后授予自动化专业工学学士学位。该专业现有专职教学、科研人员 102 人,其中教授 35 人,包括中国工程院院士 1 人,长江学者 2 人,教育部创新团队 1 个,博士生导师 31 人。教师分布于学科下设的"控制科学与工程系""控制理论与制导技术研究中心""控制与仿真中心""空间控制与惯性技术研究中心"四个教学科研单位。目前,有自动控制原理、自动控制原件及线路、模糊控制三门升级精品课程。曾获得国家级奖励 12 项、省部级奖励 80 余项、出版教材及专著 30 余部、年均发表高水平科技论文 300 余篇,年均科研经费3000 多万元。

自动化专业培养具备电工技术、电子技术、控制理论、自动检测与仪表、信息处理、系统工程、计算机技术与应用和网络技术等较宽广领域的工程技术基础和一定的专业知识,能在飞行控制、运动控制、工业过程控制、电力电子技术、检测与自动化仪表、电子与计算机技术、信息处理、管理与决策等领域从事系统分析、系统设计、系统运动、科技开发及研究等与自动化相关方面工作的高级工程技术人才。注重基础理论、注重理论与工程实际的结合,面向国民经济主战场。经过 50 多年的发展,已培养本科毕业生 4200 余人。毕业生除保送、考取研究生外,主要面向电子、电力、石化、航空、航天、电信、交通、国防及国民经济各领域从事自动控制系统的教学、科研、开发、经营及管理等工作。毕业生就业面广、适应性强,历年来毕业生就业率保持在 98% 以上。

1. 培养目标与方式

自动化专业培养的学生能够以自动控制理论为基础,以电子技术、电力电子技术、传感器技术、计算机技术、网络与通信技术为主要工具,面向工业生产过程自动控制及各行业、各部门的自动化从事自动化工程师(自动化系统的维护、优化)、自动化设计师(自动化系统的设计和开发)、软件工程师(自动化系统中相关软件的设计和开发)等工作。它具有"控(制)管(理)结合,强(电)弱(电)并重,软(件)硬(件)兼施"鲜明的特点。还可在高校及科研院所从事教学和相关的研究工作。

毕业生应具有以下素质:①具有较好的人文社会科学素养、较强的社会责任感和良好的工程职业道德(通过 6 学分人文社科类选修课、思想道德修养与法律基础、毛泽东思想和中国特色社会主义理论体系概论、马克思主义基本原理等课程）。②具有从事工程工作所需的相关数学、自然科学知识以及一定的经济管理知识（通过工科数学分析、大学物理、大学化学等课程）。③掌握扎实的工程基础知识和专业的基本理论知识，了解专业的前沿发展现状和趋势（通过现代控制理论基础、自动控制原理课程设计、控制系统设计、计算机控制、导航原理、自动控制元件及线路等课程）。④具有综合运用所学科学理论和技术手段分析并解决工程问题的基本能力（通过电路实验、大学物理实验、基础电子技术综合实验、集成电子技术综合实验等课程及实验）。⑤掌握文献检索、资料查询及运用现代信息技术获取相关信息的基本方法（通过计算机基础等工具类课程）。⑥具有创新意识和对新产品、新工艺、新技术和新设备进行研究、开发和设计的初步能力（通过电子学课程设计、精密机械设计基础课程设计、自动控制原理课程设计、控制系统设计课程设计等）。⑦了解与专业相关的职业和行业的生产、设计、研究与开发的法律、法规，熟悉环境保护和可持续发展等方面的方针、政策和法律、法规，能正确认识工程对于客观世界和社会的影响（通过生产实习和参加社会实践）。⑧具有一定的组织管理能力、较强的表达能力和人际交往能力以及在团队中发挥作用的能力（通过承担班级工作、院校学生会工作锻炼组织管理能力和人际交往能力以及在团队中发挥作用的能力，通过各种课程设计的答辩以及毕业设计的开题报告、中期检查报告、毕业答辩锻炼学生表述自己研究成果的能力）。⑨具有适应发展的能力以及对终身学习的正确认识和学习能力（通过毕业设计中接触到一些与设计题目相关的新的领域新的知识达到对终身学习的一定程度的正确认识，通过完成课程设计和毕业设计进一步提高自身的学习能力）。⑩具有国际视野和跨文化的交流、竞争与合作能力（通过大学外语的学习以及毕业设计中查阅外文文献的环节，另外，专业有和国外交流合作培养的项目，每届都有部分学生参加）。

2. 创新平台

1）课程体系

课堂授课、实验课（习题课）均按 16 学时计 1 学分，各门课程上机 32 学时计 1 学分；以周为单位的实践环节 1 周计 1 学分；在通过学时折算学分时，小数位按 0~0.25 计 0 学分、0.26~0.75 计 0.5 学分、0.76~0.99 计 1 学分的方法取舍。学生修满 181 学分即可毕业。其中有 144 学分是通过上课获得,其余 37 学分主要是通过实践环节获得(包括各种课程设计、金工实习、电子工艺实习、生产实习、毕业设计、科技创新及社会实践等环节)主要通过灵活的选修课开设制度。鼓励教师申报结合本领域的进展开设的新课程,经过教授委员会审核通过后,及时提供课程菜单供大三大四的学生选修。另外,要求每个责任教授团队开设至少一门以实践为主的结合本研究领域新技术的创新训练课。学校与行业企业建立固定合作的学生实习基地(见表 9-1),为学生提供实习机会。

表 9-1　与专业有固定合作的学生实习基地

单位名称	单位性质	单位规模	08 年接受学生数(人)	09 年接受学生数(人)	10 年接受学生数(人)
航天科工集团第三研究院三十三研究所	国有军工企业	大中型企业,员工 1100 人,占地面积 24 万平方米,固定资产 6 亿	41/52	39/55	41/50
哈尔滨航天科技控股集团股份有限公司	国有控股上市公司	大中型企业,员工 700 人,占地面积 69 000 平方米,固定资产 3 亿	74/98	100/117	77/109

注 1:接受学生数是最近三年的数据。

注 2:人数说明:"/"右边是自动化专业和探测制导与控制技术专业两个专业的学生数,左边是自动化专业学生。

2) 创新活动

鼓励学生参加各种科技创新活动,包括各类建模竞赛、电子设计大赛、学生创新实验计划等,在培养方案中明确规定学生必须获取 4 个创新学分,可通过参加大赛获奖获得,也可通过创新训练课获得,见表 9-2。

表 9-2　学生实践活动平台

实践活动	活动内容简述	学生参与活动的途径方式	近二年受益数
美国大学生数学建模竞赛	美国大学生数学建模竞赛(MCM/ICM),是一项国际级的竞赛项目,为现今各类数学建模竞赛之鼻祖	自愿报名,学校培训并选拔	16

实践活动	活动内容简述	学生参与活动的途径方式	近二年受益数
大学生创新性实验计划	大学生创新性实验计划（以下简称"计划"）是"十一五"期间教育部为推动创新型人才培养工作而实施的一项重要改革举措，是教育部第一次在国家层面上实施的、直接面向大学生立项的创新训练项目	在指导教师带领下完成项目立项和结题	141
东北三省数学建模竞赛	为全国大学生数学建模竞赛输送人才	自愿报名，学校培训并选拔	19
全国大学生数学建模竞赛	中国大学生数学建模竞赛是全国高校规模最大的课外科技活动之一。该竞赛每年9月举行，竞赛面向全国大专院校的学生，不分专业，本科组竞赛所有大学生均可参加，专科组竞赛只有专科生	自愿报名，学校培训并选拔	15
挑战杯	挑战杯是"挑战杯"全国大学生系列科技学术竞赛的简称，是由共青团中央、中国科协、教育部和全国学联共同主办的全国性的大学生课外学术实践竞赛。"挑战杯"竞赛在中国共有两个并列项目，一个是"挑战杯"中国大学生创业计划竞赛；另一个则是"挑战杯"全国大学生课外学术科技作品竞赛。这两个项目的全国竞赛交叉轮流开展，每个项目每两年举办一届	在指导教师带领下完成项目	6
全国大学生电子设计竞赛	是面向大学生的群众性科技活动，目的在于推动高等学校促进信息与电子类学科课程体系和课程内容的改革，有助于高等学校实施素质教育，培养大学生的实践创新意识与基本能力、团队协作的人文精神和理论联系实际的学风	自愿报名，学校培训并选拔	2

续表

实践活动	活动内容简述	学生参与活动的途径方式	近二年受益数
ACM 程序设计竞赛	ACM/ICPC(ACM International Collegiate Programming Contest,国际大学生程序设计竞赛)是由国际计算机界历史悠久、颇具权威性的组织 ACM(Association for Computing Machinery,国际计算机协会)主办的,世界上公认的规模最大、水平最高的国际大学生程序设计竞赛,其目的旨在使大学生运用计算机来充分展示自己分析问题和解决问题的能力	自愿报名,学校培训并选拔	2

学生会组织丰富多彩的社会实践活动,女生节、社会调查、植树活动、田径比赛、球类比赛等。积极参与上述社会实践活动可以在计算保研排名成绩时适当加分。金工实习、生产实习等教学环节也为学生提供了社会实践的机会。

案例三:U17 大学化学工程与工艺专业

U17 大学大学专业自成立以来,根据社会对化工专业人才的需求和专业发展情况,不断充实和完善专业人才培养方案,调整学生基础理论知识和专业知识结构,逐步形成了包含化学工艺和化学工程两大专业培养模块的理论课程体系。同时,十分重视加强实验、课程设计、工程实训、实习和毕业设计(论文)等实践性教学环节。依托具有先进技术装备的"安徽省化学化工实验教学示范中心""化工类工程实践创新基地"等实践教学基地,在强化基础化学、基础化工和专业实验室建设的同时,不断建设校内化工类工程实践创新基地、校外实习基地和大学生社会实践基地,逐步形成了特色鲜明的"从理论到实践、从验证到创新、从设计到工程"的"四年不断线、循序渐进"的三层次实践教学体系,全方位培养与提高学生的工程实践能力、创新能力和创业意识。

1. 培养特色

1) 构建多层次实践教学体系,突出工程实践能力培养

专业高度重视实践教学在人才培养和教学工作中的重要作用,依托学科和教学科研平台,积极探索实践教学改革,不断加强实践教学条件和基地建

设。在总结长期以来实践教学经验的基础上,明确提出了层次推进的实践教学体系设计思路,不断加强课程教学和实践教学的相互协调和融合,在不同学习阶段(学期)分层次开展各种形式的实践教学活动。

实践教学主要包括化学化工实验、课程设计、实习、工程实训、毕业设计(论文)、课外科技活动和社会实践等环节。三层次实践教学体系的基础层次通过基础化学、基础化工课程实验和综合(或设计)实验,以及工程训练、认识实习、化工原理课程设计等实践教学环节,侧重于基本实验方法、操作技能和初步工程概念培养;提高层次通过专业课程和综合(设计)实验、化工工程实训、专业课程设计、毕业实习、课外科技活动(如化工原理设计大赛等)等实践教学环节,着力培养学生的专业技能和初步工程实践能力;创新层次通过毕业设计(论文),创新基金、创新创业大赛等系列创新实践活动,主要加强学生工程实践能力、创新能力和创业意识的培养。

专业一贯注重基础化学、基础化工和专业实验教学条件、校外实习基地和大学生社会实践基地建设,以及学生工程设计能力培养手段的更新。学院与东华工程科技有限公司(原化工部第三设计院)和安徽省化工设计院建立了长期合作关系,借助这两个单位在化工工艺和工程设计上的优势共同承担培养学生设计能力的工作。专业还购置了合成氨、催化裂化工艺仿真软件、Aspenplus、AutoCAD 3Dplant 等仿真实习、化工模拟和设计专用软件,进一步强化工程实践能力培养的条件建设。

同时,针对目前高校普遍存在的认识实习、毕业实习等实践性教学环节中学生"只能看、不能动"的现状,结合教师的科研成果,创新性地在校内自主设计并建立化工基本技能实训基地和化工类工程实践创新基地。基地建设内容主要包括流体输送管路拆装系统、化工反应放大系统,无机反应—分离系统、有机反应—分离系统、气体吸收—解吸系统、多相催化反应系统、功能材料合成—改性系统,以及系统中典型装置与流程的 DCS 控制系统等平台。利用上述平台,专业设置为期 2 周的化工工程实训教学环节,以准工厂模式,模拟企业化生产环境,对每个学生进行工程实际训练,形成了课程实验与工程能力训练相结合、基础教学与科技创新相结合、个人能力培养与团队协作精神相结合的"三结合"实践教学模式。通过在实际装置上的动手操作,锻炼学生工程设计、实际操作、过程控制、原料及产品分析等工程实践能力,使其获得真实的实际操作经验,强化对基本理论及知识的理解与掌握,培养学生初步的化工系统工程、产品工程、控制工程和安全环保等方面的工程知识和理念,提升学生设计能力、动手能力、分析和解决问题等工程实践能力和创新能力。2010 年"校内化工实习实训基地建设研究与实践"获省级高等学校教学成果一等奖。

2) 开展各类科技创新实践活动,强化创新能力和创业意识培养

专业十分注重各类科技创新实践活动的开展。作为课堂教学内容的拓展,在 2008 年版和 2011 年版教学计划中专门设置 6 个必修的创新教育学分。根据学生兴趣、教师科研项目和企业需求,借助于指导教师、学院、学校和社会力量,分层次地在企业、学院、学校和国家等各级项目的资助下开展学科竞赛、科研活动、发明创造、校园文化活动、社会实践活动、职业资格等各类科技创新实践活动。同时,注重学生创新能力与创业意识的培养,鼓励学生参加一系列科技竞赛,通过科技成果制作、商业计划书编制、科技论文和设计研究报告撰写等过程,不断培养学生的工程实践能力、创新能力与创业意识,使学生成长为复合型工程技术人才。

作为国家大学生创新性实验计划学校,专业十分重视学生创新能力的培养。专业充分发挥学院在基础教学和科研开发方面的优势,依托"安徽省化学化工实验教学示范中心""化工类工程实践创新基地""可控化学与材料化工安徽省重点实验室""安徽省精细化工催化加氢工程技术中心"等教学科研、学科基地,搭建科技创新实践活动平台,对学生全面开放;依托各教学和科研团队,形成持续稳定的指导教师队伍。要求高年级学生进入创新基地和开放实验室进行综合性、设计性、创新性实验,参与各类科技创新实践和"第二课堂"实践活动。采取多种措施,鼓励高年级学生参加教师的科研项目,做教师的科研助手;同时,积极组织学生申报国家大学生创新性实验计划项目、学校大学生创新性实验计划和创新基金项目、化工学院大学生创新研究项目。经过国家、学校和学院三个层次创新项目的申报、研究方案制定与实施、中期检查、结题验收等过程,提高了学生的综合能力与素质,培养了学生的团队意识与合作精神。近年来,专业学生参加国家级大学生创新性实验计划项目 7 项、学校大学生创新性实验计划和创新基金项目 54 项,发表论文 150 余篇、申请专利 30 余项。

依托学校和学院的大学生科技创新实践基地,组织实施了旨在提高学生

创新能力和创业意识的各类学术科技竞赛活动,如组织开展化工知识竞赛、基础化学实验技能竞赛、化工原理竞赛暨"安利合成革杯"化工设计大赛、本科生创新实验竞赛、环保创意大赛、"斛兵杯"大学生课外学术科技作品竞赛、"工大高科杯"大学生创业计划竞赛等各类科技竞赛活动。以此为基础,组织学生积极参加国家、安徽省组织的"挑战杯"大学生创业计划竞赛、"挑战杯"大学生课外学术科技作品竞赛等活动,并取得了很好的成绩。近年来,专业学生共获"挑战杯"等竞赛国家级奖励 5 项、省部级奖励 10 项。

3) 服务地方区域经济,产学研紧密结合培养工程技术人才

20 世纪 60—80 年代,专业名称为"无机化工",主要为化肥、三酸两碱和无机盐行业培养所需求的高级工程技术人才,毕业生 50% 左右分配到安徽省化肥、三酸两碱等无机化工行业工作,安徽省该领域 60% 以上的厂长和高层技术人员均毕业于专业。20 世纪 90 年代,经过两次专业改革,专业培养方向进一步拓宽,工程能力培养进一步加强,素质教育得到进一步提升。办学五十多年来,专业立足安徽、面向华东、辐射全国,面向经济发展主战场,形成了较为清晰的区域人才培养特色,并涌现出一大批杰出校友。近三年来,毕业生平均有 30.81% 被录取为研究生,直接就业的学生中 36.4% 在安徽省就业,29.6% 在华东地区就业。

专业一贯重视产学研合作与专业建设间的相互促进关系,产学研紧密结合反哺本科教学是专业的办学特色之一。几十年来,专业办学始终以服务地方区域经济为主导方向,已向社会、企业输送了四千多名高级工程技术人才。同时,通过与企业合作研发、申报各类产学研科技项目,培育和申报科技成果,共建工程技术中心、实习基地和创新实践基地等多种形式,建设校企产学研合作平台,构建了专业与产业良性互动的人才培养模式。一方面企业通过教学计划的修订、课程设计指导、开设专题讲座和指导实习等方式参与学生培养;另一方面专业教师通过与企业的产学研合作,积累科研和工程实践经验,增强工程实践教学能力。长期以来,专业坚持将最新科研成果转化为教学内容,在课堂教学、综合性、设计性和创新性实验,毕业设计(论文)等教学环节中实施,进一步促进了专业教学的改革和发展,促进了工程技术人才的培养。例如,将具有一定研究优势的低温 SCR 脱硝技术和胺法脱硫分离技术等转化为化工类工程实践创新基地建设项目,用于化工工程实训教学;此外,专业约 90% 的毕业设计(论文)题目来源于教师的科研项目。

产学研合作,有效地促进了学生工程实践能力、创新能力和创业意识的培养。例如,依托专业教师科研团队与安徽安利合成革股份有限公司良好的产学研合作关系,学院已连续举办了五届化工原理竞赛暨"安利合成革杯"化工设计大赛。比赛过程中,通过现场实习,由参赛学生和指导教师从企业生产一线存在的技术需求中提炼参赛题目、确定设计方案,再通过实验研究、工程设计等环节完成大赛任务,部分优秀研究和设计成果已用于指导生产。该实践环节进一步强化了学生的化工产品工程、系统工程、技术经济等方面的理念,提升了市场拓展、人际交往等方面的能力。

2. 课程体系

在教学过程中采取了以下措施:课堂教学与实践教学并重、基础理论与专业知识并重、人文素质与专业素养并重,着力培养工程实践能力强,具有创新能力和创业意识的高级工程技术人才。在教育教学过程中坚持育人为本、培养综合素质、加强基础教学、强化能力培养、鼓励科技创新、重视个性发展。

学院按"化学工程与工艺"专业招生,学生在完成通识教育及学科基础课程的学习后,结合个人兴趣和择业意向,选择并编入相应的专业培养模块进行学习。化学工程与工艺专业课程体系结构如图9-2所示。

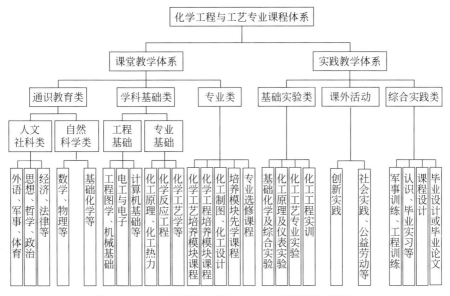

图 9-2　U17 大学化学工程与工艺专业课程体系结构

1）校内外实践教学基地建设

为有效地进行实践教学工作,专业依托学校实践教学共享资源、专业学科建设实践教学平台和校外实习实践教学基地,构建以学校、学院(学科)与产学研合作企业为核心的专业实践教学基地,辅以其他社会资源,服务于专业的实践教学。

2）化学化工实验

主要包括基础化学实验、基础化工实验两部分,实验内容的设置采用三种模式:一种为传统的课程附带实验,如化工原理实验、化工仪表及自动化实验等,另一种为集中开设的专业实验课(含化工热力学、化学反应工程、化工分离工程、化工工艺学等课程实验),还有一种为分散开设的综合性实验。

3）化工(课程)设计

化工(课程)设计是学生得到比较综合与系统工程能力训练的实践教学环节之一,旨在对学生进行现代工程设计思想、设计方法、计算机辅助应用和工程语言表达等的综合训练,使学生了解和初步掌握化工设计的总原则与方法、化工设计程序与文件编制、过程组织与分析、物料衡算与热量衡算及能级匹配使用、过程控制、化工过程安全与健康、化工生产过程的技术经济分析等方面的内容,训练学生利用计算机辅助设计(CAD)等手段进行工程设计的能力,从而全方面培养学生综合应用知识与解决工程问题的能力。化工(课程)设计包括①化工原理课程设计。在第六学期开设,时间为3周。是在完成化工原理、化工设备机械基础、化工仪表及自动化等课程基础上进行的一次综合性实践教学环节。主要内容包括典型单元操作的工艺计算、主体设备结构尺寸的计算、辅助设备的设计计算及选型、设计图纸的绘制等。以此对学生进行一次设计技能的基本训练,使学生掌握化工设计的基本程序和方法,培养学生综合运用所学知识进行化工单元操作工艺设计和化工设备结构设计的能力。②化工工艺课程设计。在第七学期开设,时间为3周。是在系统学习化工工艺学系列课程后进行的一次综合性实践教学环节。学生从前面的单元操作设备设计扩展到生产过程设计,运用所学知识,完成一个以一般生产条件为背景,确定生产规模、工艺操作条件、完整工艺流程的计算与初步设计,主要内容有工艺流程设计、物料衡算、能量衡算、设备设计与选型、管道计算、环境、安全和技术经济分析,以及工程图纸绘制等。

4）实习

专业实习主要包含 2 周工程训练（金工实习）、2 周认识实习和 3 周毕业实习。①工程训练。在第二学期开设，时间为 2 周。是学生建立机械制造生产过程概念，获得机械制造基础知识、初步掌握材料成型的基本方法、简单零件的加工工艺过程、基本机械制造方法和操作技能的奠基课程和必修课程。我校工业培训中心是国家级实验教学示范中心，专业学生的工程训练由该中心承担。实训内容主要包括铸造、钳工，车、铣、刨、磨、焊等操作内容。强调以实践教学为主，要求学生通过实践了解机械制造的原理和过程，熟悉机械零件的常用加工方法，所用主要设备的工作原理和安全操作技术，了解新工艺、新技术、新材料在现代机械制造中的应用，对简单零件有初步的选择加工方式的能力和工艺分析的能力。②认识实习。在第六学期开设，时间为 2 周。近年来，主要实习基地是安徽锦邦化工集团有限责任公司，主要实习车间（装置）包括年产 5 万吨/年离子膜电解法烧碱工艺装置，5 万吨/年金属阳极电解法烧碱工艺装置，同时参观盐水净化工段、氯氢处理工段以及乙炔路线生产 PVC 的工艺过程等上下游工段。要求学生通过实习过程了解行业和企业发展概况、各工序生产流程及工艺原理、主要工艺条件，了解主要设备性能、结构及产能，认识重点设备的温度、压力、浓度、液位及流量的控制形式，化工生产中物料和能量综合利用情况，熟悉实习车间生产要求、环保要求以及安全生产知识等。通过实习报告，平时表现，分组公开报告、交流、答辩等方式对实习效果进行考核。③毕业实习。在第八学期开设，时间为 3 周。近年来，主要实习基地为中国石油化工股份有限公司安庆分公司，主要实习车间（装置）包括 33 万吨/年的合成氨装置、58 万吨/年的尿素装置、550 万吨/年的常减压精馏装置、140 万吨/年的催化裂化装置、70 万吨/年催化裂解装置、7 万吨/年的腈纶装置此外还参观日处理煤 2000 吨，每小时产出有效气（$CO+H_2$）14.2 万 Nm^3 的壳牌粉煤气化装置、150 万吨/年延迟焦化装置、160 万吨/年加氢精制装置、3 万吨/年聚丙烯装置、8 万吨/年的丙烯腈装置、污水处理装置等。目的是使学生巩固与运用所学各门课程的知识，理论联系实际，培养工程观念，训练观察、分析和解决实际工程问题的能力，学习操作控制与生产管理的有关知识，增长化工生产实操知识和技能，收集相关资料和数据为毕业设计（论文）环节做好准备。

在实习过程中，每天安排企业技术人员讲解各工段生产工艺、安全注意事项等,然后由实习指导老师带领学生进行现场实习。现场实习包括企业技术人员现场讲解、学生熟悉工艺流程、设备管道、学生提问等多个环节。要求学生通过实习过程了解行业和企业展概况,了解实习车间各装置生产流程及工艺原理、工艺条件,主要设备性能、结构及生产能力,管道连接及架设方法、管件、阀门的特殊要求、设备支撑类型及结构,自动控制系统的类型及方法,认识重点设备的温度、压力、浓度、液位及流量的控制系统形式及过程控制参数,熟悉实习车间生产要求以及环保、安全生产等知识。通过实习报告,平时成绩,分组公开报告、交流、答辩等方式对实习效果进行考核。

与专业有固定合作关系的实习基地有:中国石油化工股份有限公司安庆分公司、安徽锦邦化工集团有限责任公司、中盐安徽红四方股份有限公司、东华工程科技股份有限公司、合肥四方磷复肥有限责任公司、安徽省司尔特肥业股份有限公司、安徽华星化工股份有限公司等大中型企业单位。近三年主要在安徽锦邦化工集团有限责任公司进行认识实习、中国石油化工股份有限公司安庆分公司进行毕业实习。

5)创新实践

学校制定《学生课外学术科技活动奖励暂行办法》等政策,2009年学院制定了《化工学院大学生创新研究项目基金实施办法》等办法,鼓励大学生科技创新,并在免试研究生推荐、奖学金评定、学分认定等方面给予一定优惠。除课内各种教学环节的创新教育和创新实践外,各类科技竞赛、创意与创业设计大赛、国家与学校科技创新基金项目,各类科研项目的实施和开放等,为学生团队精神、创新能力和创业意识培养提供了丰富多彩科技创新实践活动平台。

作为本科教学的最终环节,毕业论文(设计)在学生综合实践能力和综合素质培养上起着重要的作用,是实现专业培养目标的综合性实践教学环节。专业沿革执行《本科毕业设计(论文)工作实施细则》,依托教师承担的各类科研课题和产学研合作项目,实施"一生一题"和师生双向选择机制,严格规范诸如选题与审核、过程监督与检查、论文撰写格式、答辩、成绩评定等环节的管理,严把质量关。

产学研紧密结合反哺本科教学是专业的办学特色之一。"产学结合、校企合作"的培养模式,发挥了专业和企业的各自优势,共同培养社会与市场需要的人才,有利于专业与企业(社会)的双赢。专业充分利用在学科建设、基地建设和人才培养等方面的资源优势,加强与大、中型企业间的联系与合作。一方面企业通过专业教学计划的审定、课程设计指导、开设专题讲座和指导实习等方式参与学生培养;另一方面通过与企业的产学研合作,专业教师在解决困扰企业发展技术难题的同时,也明确了科研方向,提升了工程教育能力和社会服务能力。

通过校企有效合作,赢得了企业对专业教学工作的大力支持,促进了学生实习基地建设。企业主要通过与学校合作共建实践教学基地,审定专业教学计划、指导学生的毕业设计(论文)、指导实习、课程设计,与专业教师共同开发项目等途径参与专业教学。作为国家大学生创新性实验计划学校,学校和学院均十分重视学生创新能力的培养。依托学院"安徽省化学化工实验教学示范中心""化工类工程实践创新基地""可控化学与材料化工安徽省重点实验室"等学科教学基地,搭建化工创新平台,对学生全面开放;依托各教学和科研团队,形成了持续稳定的指导教师队伍,实现建设学生课外科技活动体系的长效机制。

案例四:U16 大学计算机科学与技术专业

U16 大学计算机科学与技术专业是省级重点本科专业,其起点可以追溯到早期的海军工程系指挥仪专业和电子工程系数字计算机专业。这两个专业的课题组分别于 1958 年和 1964 年研制成功了我国第一台军用电子计算机"901 型鱼雷艇指挥仪"和我国最早一批采用国产晶体管的"441B 系列计算机"。1966 年以这两个专业为基础组建了电子计算机系。1970 年"哈军工"改建后,又以原"哈军工"计算机系的部分教师为基础组建了哈尔滨船舶工程学院("哈船院")的计算机专业,专业是以承担重大科研项目为背景而起步的,研制成功的"277 乙机"和"海鹰-Ⅱ号"导弹指挥仪均获得了 1978 年全国科学大会奖,一度在国内处于较领先的地位。1975 年成立了"哈船院"的计算机系,先后设立计算机及应用专业和计算机软件专业。1998 年将这两个专业合并为计算机科学与技术专业,致力于培养基础厚、视野宽、能力强、素质优的计算机专业技术人才。多年来,专业已为国家培养 3800 余名本科生,目前在校本科生 700 余人。

秉承学校精英教育理念,专业培养具备计算机科学与技术相关知识,能在IT 领域从事计算机科学与技术研究、软硬件及相关系统开发和应用工作的专业技术人才。在 2009 年版人才培养方案中,强化了工科基础,同时分别设置了计算机科学、计算机工程和软件工程三个专业方向。计算机科学方向以培养计算机科学领域的研究型人才为主,计算机工程方向以培养计算机及嵌入式系统开发的工程型人才为主,软件工程方向以培养软件系统开发的工程型人才为主。基础雄厚、专业突出是 2009 年版人才培养方案的最大特色,修订本版人才培养方案时,主要是考虑通过基础"更宽"、专业"更专"来增强毕业生的就业竞争力和可持续发展能力。开设一个 ACM 实验班,着力强化学生的算法设计和软件开发能力,探索培养能够适合计算机行业高端需求的创新型人才。

1. 特色论坛

1) 阳光论坛

U16 大学"阳光论坛"创办于 2000 年,是以"浓厚大学学术氛围,丰富校园课余文化,开阔学生知识视野,传播阳光文化精神"为宗旨,隶属于校团委,由阳光论坛策划中心负责具体实施的校级学生组织。"阳光论坛"内容非常广泛,不仅包括时事、政治、社会、经济,而且有军事、文化、科技、法律、文学、外语、艺术、天文、地理、历史,此外,还有创业、考研、留学、哲学以及人才培养等诸多方面。主讲嘉宾包括两院院士、知名专家、学者等,也有专业领域做出突出贡献的社会名人。截至目前,阳光论坛已举办讲座 500 多期,听众累计超过 20 万人次。在工程大学开设综合性论坛,能够帮助学生开阔视野、促使学生了解社会、深入探索自己感兴趣的事物,同时,论坛在服务学生成长成才、丰富学生课余文化生活等方面做出了较大贡献。经过一段时间的发展,"阳光论坛"稳步推进、机构健全,已经成为国内知名论坛,具有一定的影响力。

2) 启航讲坛

启航讲坛是 U16 大学国家大学生文化素质教育基地专为丰富大学生文化生活、开阔学术视野而搭建的素质教育平台。与阳光论坛的内容相比,它显得更为实用和贴近学生生活,在讲坛上,主讲人会和学生讨论自己的社会经验和成功心得,学生也会就此提问,双方展开交流。启航讲坛重在知识性、前沿性、趣味性、哲理性,包括文学、历史、哲学、艺术和自然科学等方面,旨在为广大学生提供一个更多地接触名师名家和课外思考与想象的空间。如有专家在讲坛中提出,认为现在的学生缺乏"三力",即表达力、表现力、表演力。这种"三力"的提法比较新颖,也总结了部分工科生认为自身存在的问题。启航讲坛注重交流,发展重点在于提升大学生审美情趣,帮助大学生养成健全人格。自

2008 年 3 月开办以来,已举办 90 余期讲座。虽然规模和影响力不如阳光论坛,但作为实用性较强的讲坛,仍然发挥了一定的作用。

3) 讲座和 CST 论坛

图书馆每年分春季秋季举办文献检索系列讲座,包括新生入学教育、电子资源检索与利用、应用软件使用技巧、馆藏资源利用及专题/专场讲座。

知识产权系列讲座始于 2008 年 4 月,由科技处和研究生院共同主办,主要目的是提高我校师生的知识产权保护意识,鼓励发明创造和技术创新,促进科学技术成果的推广应用,进一步培养科技竞争能力。每年组织 4 场讲座。

CST 是我院常设的学术论坛,不定期邀请国内外计算机领域的教育家、学者和企业人士来此进行学术交流,主讲人也包括我院的教师和博士生,每年都有 50 场左右的学术报告,并且逐年递增。

学校鼓励教师结合本领域的进展提出开设新课程,在《本科人才培养方案修订工作管理规定》中明确规定"由于专业领域内新技术、新知识的增加、教学条件的变化、学生接受能力的变化等原因,需要在保证正常教学秩序的前提下,及时对培养方案进行调整,以保证教学质量。"在 2009 年版人才培养方案中,即新开了 MATLAB 与科学计算、网络安全防护技术、数据库新技术、面向服务的架构、设计模式、嵌入式技术、Linux 程序设计环境等一批课程。

学校鼓励教师对原有课程进行更新,在《本科课程评估方案(试行)》中,将课程内容改革、教学内容体现学科前沿知识都列入了课程评估指标体系。

学校一贯重视人才培养方案(教学计划)的修订工作。在《关于进一步加强本科教学工作的若干意见》中明确指出"各学院(系)要继续深化课程体系改革""不断优化专业结构""整体优化教学内容"。近 10 年来,专业的人才培养方案分别在 1999 年、2002 年、2005 年、2007 年和 2009 年进行了 5 次修订,基本上是每 3 年修订一次。每轮人才培养方案修订工作都是教务管理人员、教学指导和督导组成员及任课教师全员参与,同时还涉及专业国家教指委和行业学会、用人单位、毕业生校友、高年级本科生和研究生的参与。

学校制定了《本科课程评估方案(试行)》,由学校教学质量评估办公室负责对课程进行评估。但学校层面的课程评估主要是针对精品课程建设的,评估方案对一般的课程只是起到指导作用,并不能对所有课程进行面面俱到的评估。

学生评教、领导听课和督学听课主要用于评价课堂教学质量,即课堂教学活动是否达到教学目标,旨在不断改进教学方法、提高教学质量。学生评教面向开设的所有课程,领导听课只随机听取部分课程,督学听课主要是"抓两头","一头"是精品课、优秀主讲教师的课以及拟评优教师、拟报精品课的课程,"另一头"是新教师、新开课或学生评教成绩低的课程。以往,仅评教结果低于 70 分的教师需要整改,目前,为不断提升整体教学效果,全部主讲教师都要根据评教结果对教学方法进行持续改进。自 2009 年年底以来,为了能从课程建设的层面进一步完善课程评价体系,我院增设课程评价环节,由教学团队对所属的所有课程的综合评价,结合教学过程重点评价课程是否达到教学大纲中规定课程目标,评价结果反馈给课程组长,用于指导课程组加强课程建设和改进教学方法,旨在不断加强课程建设质量。工作组评价是指培养方案修订工作组结合人才培养效果来评价整个课程体系,评估课程体系能否满足人才培养目标的需求,为修订人才培养方案提供指导。

2. 师资队伍

学院不断加强师资队伍建设。自 2004 年下半年以来,在学校的"人才强校"战略和人才引进政策的支持推动下,加大了人才引进和培养的力度,先后引进了国内知名高校的博士、硕士 30 余人,由在职教师培养了博士近 30 人,学院同时积极与企业联系,吸纳企业兼职教师参与实习和毕业设计指导工作。极大地丰富了学院师资队伍的学缘结构,优化了年龄结构和学历结构,师资队伍结构发生了质的变化,几年来呈现出良好的发展趋势。

学校特别重视师资队伍的建设和教师个人的发展,出台了《关于本科课程主讲教师资格的认定办法》《新教师教学培训办法》《"教学名师、优秀主讲教师"评选办法》和《关于教师培训、退出的若干规定》等系列文件,并于 2005 年开始实施"教师培养工程"。2010 年 1 月学校召开了人才工作会议,推出"十二五"期间师资队伍建设的重要战略举措,包括"兴海人才工程""智海提升工程"和"碧海创新工程",又新出台《高层次领军人才培养支持计划》《高层次领军后备人才培养办法》《杰出青年基金管理暂行办法》《"青年骨干教师支持计划"实施办法(修订)》《专业技术人才引进若干政策(修订)》《"中青年教师事业发展支持计划"实施办法》《"青年教师导师制"实施办法》《基础研究岗位管理暂行办法》和《教师岗位聘用与聘期考核实施办法》等一系列配套文件。每位教师都有充分的进修和个人发展机会。

　　根据《新教师教学培训办法》,所有新教师上岗前要过三关:第一关是学校统一组织参加省里举办的教师资格证考试培训,第二关是教务处主办的新教师教学技能培训,第三关是由各院系组织的试讲。根据《关于教授、副教授承担本科教学工作的规定》,要求教授、副教授每学年至少要为本科学生讲授 1 门课程,提倡教授、副教授参与或指导学生的课外科技活动、社会实践活动和创新活动。连续两年不讲授本科课程的,不再聘任其担任教授、副教授职务。对于不主讲本科课程,或达不到本科教学基本工作量的教师不能晋升副教授、教授。对此,学校在职务评聘中将行使一票否决权。对于参加学生指导的教师,按照《计算机科学与技术学院科研教学系列岗位年度业绩考核指标》的规定计算工作量。

3. 实践环节

1)实践平台

计算机科学与技术专业实践环节主要包括三个平台:基础实践平台、专业实践平台、能力拓展平台。如下图所示,基础实践平台包括军事训练、工程认

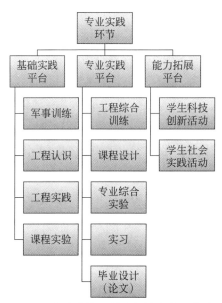

图 9-3　U16 大学计算机科学与技术专业实践环节

识、工程实践、课程实验;专业实践平台包括工程综合训练、课程设计、专业综合实验、实习、毕业设计(论文);能力拓展平台包括学生科技创新活动和学生社会实践活动等。整个专业各实践教学环节累计学时不低于总学时的 25%,这一安排很好地保证了工程教育实践教学的实施。

专业的实验包括硬件和软件两部分内容。硬件系列实验单设课程,由数字逻辑实验、计算机部件实验、计算机组成实验和微机系统与接口实验组成,4门硬件实验课开设顺序与其对应的基础理论课和专业技术理论课开设相一致。每门实验课程内容安排灵活,包含验证、设计和综合性实验。并且设置必做实验和选做实验,充分考虑学生的能力和兴趣,实验教学保证普及教育和因材施教,充分锻炼学生的实践动手能力和创新意识。2005 年版课程体系中软件实验未独立设课。软件工程方向的软件设计类课程全程在实验室授课,边讲边练。学校制定了完善的实验教学管理制度,包括《实验教学管理规定》《实验教学考核与成绩评定的规定(试行)》《本科生实验守则(试行)》和《实验课测评实施办法(试行)》等系列文件,确保实验课程的开设质量。

2) 硬件设施

专业教学所用的实验室分布在计算机实验教学中心、工程训练中心、物理实验教学中心、化学实验教学中心、电工电子教学中心。计算机实验教学中心建在我院,是省级实验教学示范中心,总面积 2300 平方米,拥有仪器设备 1500台,总资产 1100 万元,下设 10 个计算机基础多媒体网络实验室及 6 个专业实验室。工程训练中心是国家级实验教学示范中心,工程认识、工程实践教学部可用面积达 3600 多平方米,拥有仪器设备 450 台套,总资产 1203.27 万元。物理实验教学中心,是国家级物理实验教学示范中心试建单位,是黑龙江省实验教学示范中心,中心现有面积 1315 平方米,设备 2822 台(套),固定资产 2372(800 元以上)万元,下设 14 个基础物理实验室及 10 个专业实验室。化学实验教学中心下设基础化学实验室、化工实验室、环境工程实验室和电化学四大实验室。中心拥有仪器设备总资产 300 万元。电工电子教学中心是国家级实验教学示范中心,现有固定资产 2000 余万元,实验用房面积约 5000 平方米,实验仪器设备 3000 余台。目前中心建有 20 余个实验室,现已成为学校规模最大的实验教学平台,并在国内保持领先水平。计算机实验教学中心采用实验时间、实验内容和实验室"三开放"预约形式进行实验,每个实验室均承担两门实验课程,实验室设备利用率接近 30%。软件实验室和软件工程实验室全天开放,主要设备包括微机 144 台,多媒体系统 2 套,主要面向全院软件实验课程开放、毕业设计和 ACM 实验班训练使用,设备利用率接近 60%。另外,计算机技术创新实验室全天开放(含假期、周末和晚上),用于专业学生进行各种课余创新实践、学生科研项目研制、毕业设计和部分研究生嵌入式系统实验。主要设备包括微机、各种嵌入式系统开发平台、多媒体系统一套、仿人型机器人足球比赛系统一套,以及各种实验仪器,设备利用率接近 80%。

教学中使用的主要硬件平台包括数逻实验平台、ARM 实验平台、EDA 实验平台以及其他多种嵌入式系统实验平台。课程组针对每门实验课程首先确定采用什么主流技术来实现实验内容,然后再选择实验平台,所以所采用的实验设备基本上与目前工业界保持同步。例如,数字逻辑实验课作为基础实验课,选用各种常用的 74 系列芯片在数逻实验平台上搭建具有特定功能的电路;部件实验和组成实验则选用基于目前热门的硬件设计技术 FPGA 在 EDA 上实现某些硬件逻辑设计,微机接口实验则选用业界主流以 ARM 为核心的嵌入式系统实现实验内容。所采用的软件开发环境主要包括在 Quartus 下使用 VHDL 或者 Verilog 语言开发硬件系统;在 ADS1.2 下基于 uC/OS Ⅱ 使用 C 语言开发嵌入式系统;在学生课外创新实践活动中,综合利用当前业界使用的先进的嵌入式系统设计、通信、自动控制等技术来设计和实现目标系统。

3)理论与实践结合方式

软件工程方向注重实践,70% 以上的专业课程开设均要求理论与实践相结合,结合方式可分为三类:

第一类,理论课+实践课,如"软件工程导论"(48 学时)+"软件工程实验"(48 学时)、"数据库原理"(48 学时)+"数据库设计实验"(32 学时)、"高级语言程序设计"(56 学时)+"程序设计实验"(32 学时)、"数字逻辑"(64 学时)+"数字逻辑实验"(32 学时)、"计算机组织与结构"(72 学时)+"计算机组织与结构实验"(32 学时)。

第二类,课内实践,"系统设计与分析"(32 学时)、"网络程序设计"(24 学时)、"C++程序设计"(24 学时)、"小组软件过程"(24 学时)、"软件开发环境"(40 学时),课程开设在实验室。

第三类,综合实践,"课程设计"(3 周)、"毕业实习"(3 周)、"毕业设计"(14 周)均为综合实践课程,"课程设计""毕业设计"课程的开设均依托于实验室。

软件工程专业(方向)每年实验课学时为 320 学时+17 周(不含课外学时),此外,21 号楼 427 实验室作为软件工程专业实验室,全天对软件工程专业学生开放。学生充分利用实验室资源,参与各类软件项目和竞赛,专业学生参加的科研训练项目、大学生科研立项、"五四"科技竞赛、微软软件设计大赛、ACM/ICPC 大学生程序设计竞赛、省级计算机作品大赛等均有大量优秀作品诞生于此实验室。

学生用教室由学校统一管理,仅 ACM 实验班配有专用教室和专门的"ACM/ICPC 创新训练基地"。面向全校学生开设的部分通识教育选修课程会安排在晚上和周末,以便于协调各院系学生的时间。专业课没有安排在晚上和周末的。近年来,学生参加 ACM/ICPC 竞赛,获得了省级以上奖项 50 余项,ACM 赛队学生的能力明显高出其他同学。ACM 实验班是将课外科技竞赛中积累的创新人才培养经验推广到教学领域的一种尝试,目前正在申报省级创新人才培养实验区,将有更多的学生会从中受益。

校图书馆馆藏纸本中外文图书 150 万种,中外文期刊 2300 种,报纸 86 种,学位论文 5400 册,其中计算机类图书共计 30 560 种,163 572 册,计算机类科技期刊 88 种。学院资料室拥有专业图书 1647 册,中外文期刊 28 种。校园网内免费电子资源有电子图书 66 万册,期刊 4.2 万种,报纸 1200 种,各类文献数据库 40 种。学生可以通过图书馆、学院开放实验室和宿舍个人计算机接入校园网,利用网络资源。通过任课教师、实践指导教师、信息检索课和图书馆信息检索与利用系列讲座指导学生利用与课程教学相关的网络资源。

案例五:U22 大学化学工程与工艺专业

U22 是一所以工为主省属重点建设的多科性大学,学校具有强烈的化工特色,化学工程学科是本校的重中之重学科,很多院系是由化学工程学科孕育演变而来。学校一直面向我国现代大化工行业的需求,培养了大批高级化工技术与管理人才,为国家和地方经济建设做出了重要贡献。

1982 年,学校设立国家首批化学工程专业,化学工程硕士点、博士点;2001 年化学工程学科被评为国家重点学科;2007 年化学工程与技术一级学科被评为首批国家一级重点学科。目前学院拥有化学工程与技术博士后流动站;化学工程、化学工艺、工业催化、材料化学工程、生态工业工程五个二级学科博士点;化学工程、化学工艺、工业催化、物理化学、无机化学五个硕士点;以及化学工程与工艺、化学两个本科专业,形成了从本科生到博士后完整的化工专业人才培养体系。

长期以来,学院一直重视申报各级各类教学研究与改革项目,近年来,共完成教改项目 30 余项,取得了一系列教学成果。目前专业拥有可用于教学科研的实验室面积达 15 000 平方米,可用于人才培养的仪器设备总值达 5000 万元以上。

学院构建了化工类大学生实践创新训练平台,在化工专业学生中设立"大学生创新基金""实验开放项目",与 10 余家大中型企业联合共建"大学生创新中心",与 5 家工程设计院所联合培养大学生的工程设计能力。专业教学团队科研水平高、师资力量雄厚,每年承担近百项国家级、省部级和企业横向课题,年均科研经费达 4000 万元以上,充分保证了本科毕业设计(论文)一人一题,真题真做。

1. 办学思路及特色

1)办学思路

① 突出本科教学的中心地位,继续完善本科、硕士和博士多层次人才培养体系,为我国经济、科技和社会发展培养输送各种化工高级人才。

② 以社会需求为导向,推进化工专业本科人才培养方案改革,构建经济社会发展需要的课程体系。在通识教育、化工专业教育的基础上,建设若干多学科交叉、融合的专业方向,在知识和能力结构上形成差异化的错位培养,为社会发展输送不同需求的应用型化工创新人才,也为同类型高校化工专业人才培养方案的改革起到示范作用。

③ 不断更新专业课程教学内容,将化工领域新技术纳入课堂教学;积极编写出版化工专业国家应用型和国家规划教材,以满足不同类型人才培养的需要。进一步加强化工专业双语课程建设,主要课程引进国外校优秀教材,提高双语课程教学质量。

④ 进一步完善青年教师培养制度,不断提高青年教师工程实践能力和授课水平,建设一支懂实践、精业务、善教学的高水平专职与兼任相结合的化工专业教学队伍。

⑤ 继续完善以培养化工类大学生工程实践与创新能力为目标的实践教学体系,不断建设大学生社会实践基地、生产实习基地和校内化学工程实训中

心;建立健全社会及用人单位对大学毕业生的评价机制,为专业建设和人才培养方案的改革提供依据。

2)办学特色

通过多年的教学实践积累,化学工程与工艺专业已形成了如下的办学特色:①人才培养始终面向地方化工支柱产业,实现了专业人才培养与产业、科技和社会发展的良性互动。②科研促进教学,产学研紧密结合,全面培养化工创新人才。

化学工程与工艺专业的目标是培养德、智、体、美全面发展,综合素质良好,具备化学工程与工艺方面的专业知识,能在化工、炼油、冶金、能源、材料、轻工、医药、食品、环保和军工等化学工业领域,从事产品研制与开发、工程设计、技术开发、工厂操作、生产过程控制及企业经营管理、科学研究等具有创业创新精神和较强实践工作能力的应用型化学工程技术人才。

为了吸引优秀学生进入本校学习,学校采取一些特殊培养人才措施:①为充分调动学生的学习积极性、主动性、尊重他们的志向和爱好,在入学一年后,对于学习成绩优秀、表现突出的学生,经本人申请,学校按照相关办法调整其所学专业。②免试保送研究生。符合学校有关规定、成绩优秀,德智体全面发展的优秀毕业生可免试保送研究生。③优秀生重点培养。学校注重个性培养和因材施教,对优秀学生进行分类指导,实施学士-硕士-博士的长期培养工程。④校长奖学金和新生创新基金。为鼓励优秀考生报考我校,学校设立了"校长奖学金"(20 000元)和"新生创新基金"(5000~10 000元),每年从新生中选拔一批高考成绩优秀、综合素质突出的学生,为其提供科技创新经费。⑤学有余力,品学兼优的学生可提前毕业,或攻读国际经济与贸易、会计学、法学、英语、计算机科学与技术等专业双学位或辅修另一专业。

2. 就业情况

毕业生择业面宽、就业形势好,除继续深造外,毕业生就业单位多集中于国有企业和以化工贸易和化工生产为主的其他企业,近四年平均占44%;总就业率高,近四年平均为99%;毕业生专业基础知识扎实,计算机和外语能力强,普遍受到用人单位的好评和业界的赞扬,在就业市场具有较强竞争力。

近三年毕业生主要就业单位:中国石化扬子石化公司、中国石化独山子公司、中国石化燕山石化公司、扬子巴斯夫公司、南京化学工业公司连云港碱厂、云天化股份有限公司,中国石化天津大沽股份有限公司、上海石化有限公司、中国石化四川维尼纶厂、南京塞拉尼斯公司、中国石化洛阳石化分公司、江苏仪征化纤公司、昆明冶研材料股份有限公司、齐鲁制药公司、齐鲁石化济南分公司、华北制药集团、中国石油化工股份有限公司金陵分公司、中国石油锦州石化公司、镇江索普集团、宁波万华集团、连云港恒瑞医药集团、连云港正大天晴集团等。以 2009 年化工专业就业情况为例的行业就业率分布情况如图 9-4 所示。

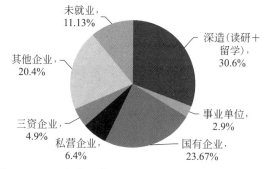

图 9-4　2009 年化工专业毕业生行业就业率分布示意图

3. 课程体系

化学工程与工艺专业六类课程体系是:人文社科体系;数、理、化及生化基础体系;工程基础体系;专业基础体系;专业课程体系及专业选修课程体系。在完成化工专业教育的基础上,在第四学年开设化工企业管理、化工贸易、化工设计、精细化工、有机合成、材料化学工程等六个特色专业方向,让学生自由选择。

材料化学工程方向是依据我校化学工程与技术国家一级重点学科和材料化学工程国家重点实验室,为培养化工学科和材料学科复合型创新人才而设置的特色专业方向。精细化工方向和有机合成方向为培养专门从事各种新型精细化学品、医药新产品、农药新产品等研究开发的高级技术人才。化工设计方向是与国内知名度较高、技术力量雄厚的大型化工设计单位联合培养专门从事工程设计的高级人才。化工企业管理是化工学科和管理学科交叉融合,培养既懂化工生产又掌握一定企业管理知识的复合型人才。化工贸易是化工学科与经济学科融合,培养既掌握一定的化工专业基础理论又了解现代市场营销的基本理论、基本知识和国际市场营销的惯例与规则的复合型人才。

4. 创新训练

化工类大学生实践创新训练有:①通过组织"化工实验技能竞赛"等活动,开展科技创新活动;②开展"大学生创新实验室"和"大学生创新基金";③充分利用国家重点实验室等条件,开展科研助手活动;④充分创造条件,促成学生参加其他各类实践创新活动。

1) 训练平台

多年来,专业以材料化学工程国家重点实验室、生物化学工程国家实验教学示范中心、省市工程中心、校外工程设计院和校企共建大学生创新中心为依托,构建了化工类大学生实践创新训练平台,在大学生中广泛开展素质拓展训练、开放实验训练、科技创新训练、工程设计训练及成果转化训练,大学生的实践创新能力显著增强,应用型化工创新人才培养成效显著。科技创新活动是学生利用课余时间从事的科学研究、开发或设计工作,专业充分利用各种教学资源,鼓励学生从事各种类型的科技创新活动。

为了培养大学生的创新思维能力,2003年开始徐南平院士亲自倡导设立"大学生创新基金",学院每年都为大学生提供10万元的科研活动经费。创新基金项目研究课题由专业教授们提供,学生自主选择有兴趣的研究课题,进行申报、答辩,通过后方可进入该研究课题。近年来,批准立项325项,有600多名学生参与了创新基金项目。其中有3个项目获学校重点基金资助,1个项目获校大学生科技论坛一等奖,2个项目获二等奖,1个项目获优胜奖。2001年以来,获得全国大学生英语竞赛、全国大学生数模竞赛、挑战杯全国创业计划大赛、江苏省数学竞赛,江苏省创业计划大赛等各级各类奖项达96项。

2) 训练层次

(1) 素质拓展训练——责任感培养

社会实践教育作为素质拓展教育的一项重要内容,开阔了学生的专业视野,让大学生更好地了解社会、认识国情,在活动中实践和应用课堂所学知识,找出理想与现实的差距,从而激发学生的求知欲,增强大学生的社会责任与使命感,为创新能力的培养奠定良好的思想基础。近年来,我校在许多社会单位建立校外大学生社会实践基地21个,化工专业大学生在历年社会实践活动中取得了较好的成绩。

（2）开放实验训练——创新意识培养

开放项目包括提高性实验项目、校级开放性实验项目、化工专业开放实验项目3类。这些项目是依托国家实验教学示范中心—化学化工实验中心和专业教师的科研课题而进行的。通过开放项目训练，达到培养学生的创新意识的目的。近年来，学生进行的开放项目达78项，化工专业学生全部参与了开放实验训练活动。

（3）科技创新训练——创新思维与研发能力培养

为了培养大学生的创新思维能力，学院设立了"大学生创新基金"，每年都为大学生提供10万元的科研活动经费。创新基金项目研究课题由本院教授们提供，学生自主选择有兴趣的研究课题，进行申报、答辩，通过后方可进入该研究课题。近年来批准立项325项，有600余名学生参与了大学生创新基金项目。

为了进一步训练与培养大学生的研究与开发能力，学院将一大批国家"973"项目、国家杰出青年基金项目、国家"863"项目、国家与省部级自然科学基金项目和数百项企业委托项目与大学生毕业论文相结合，并取得了很好的成绩，在江苏省普通高校本科优秀毕业设计（论文）一等奖2篇，二等奖3篇，三等奖3篇，获省级优秀毕业设计（论文）团队4个。学生参与本科毕业论文研究工作而正式发表论文46篇。

（4）工程设计训练——设计能力培养

工程设计是科研成果在产业化过程中的一个重要中介环节，工程设计根据实验研究结果进行设计计算，绘制生产工艺流程、平面立面布置图，设备设计与选型，仪器仪表的选用，水、电、汽等公用工程的配备，环保与安全措施的制定。为此，专业与大型工程设计院所如南京中图数码科技有限公司、江苏省化工设计院有限公司等5家单位签订了校企双方共同培养大学生工程设计能力协议，工程设计题目均来自生产第一线，设计过程由学校老师和企业工程师共同指导，化工专业大学生的工程设计能力得以充分全面训练。设计单位可以选择优秀大学生到本单位工作，实现了校企双方在人才培养合作上的共赢，大学生的就业竞争力和就业率也显著提高。

（5）成果转化训练——创业能力培养

2003年以来，为了充分发挥学校和企业各自的优势，推进产、学、研合作，校企双方在多年来人才培养、科研合作的基础上，与10余家大中型化工企业和高新技术企业如扬子石化、南化公司等,共同组建"大学生创新中心"。大学生在学校老师、企业工程师的指导下,参与课题的实验研究、可行性研究、工程设计、设备安装、生产调试等,大学生的创业创新精神得到了全面培养和提高。学校根据企业需要,每年派出一定数量的大学生到"大学生创新中心"开展科技活动。在校企双方的共同努力下,校企共建"大学生创新中心"已结出丰硕成果,实现成果转化 6 项,已累计为企业创造经济效益达 2.9 亿元,实现了校企双方在人才培养、科研合作的共赢,同时为大学生的实践创新能力的培养,开创了非常有效的途径。

2003 年开始建设"两台一创"实践教学体系,大幅度地加强了课程教学和实践教学的相互协调和融合。"两台一创"实践教学体系由"基础实践能力培养平台""专业技能与工程实践能力培养平台"和"创新能力培养与实践"三部分组成。将体系第一平台作为第二平台的基础,而第一和第二平台又是"创新能力培养与实践"的基础;从学生工程实践与创新能力形成活动中产生的信息又向第一和第二平台反馈,实现实践教学体系的不断完善与改进。从能力培养上,由基本实验技能、专业基础技能到专业技能;由基础设计能力、初步设计能力到工程设计能力;由初步工程观念培养到工程实践能力培养,形成循序渐进发展和提高的过程。该项目 2007 年获省级优秀教学成果二等奖。

认识及毕业实习的安排如下:①认识实习安排在第五学期进行,时间 2 周,共 2 学分。②毕业实习安排在第七学期进行,时间 4 周,共 4 学分。其中 3 周现场实习,1 周在校内进行化工仿真实习。专业充分利用南京周边地区化工企业的优势,与大型石化和化工企业建立了稳定的 10 个校外实习基地。这些企业是国内、省内著名的石油、化工企业,具有较大的生产规模和代表当今先进的生产工艺,能提供各种化工单元操作、化工仪表及化工自动化控制、设备和管路布置等各种工艺流程图和设备结构图供学生学习。

化学工程与工艺专业学生毕业设计或毕业论文题目一般来自教师的科研课题。每位教师通常指导 2~4 名学生,个别情况不超过 6 名学生,一人一题,真题真做,特殊情况可以两名学生合作,但每个人的工作重点各不相同。学生的毕业设计一般要求以所学知识为基础,结合工程实际,并考虑各种制约因素,如经济、环境、职业道德等方面因素;学生的毕业论文通常为教师科研项目的一部分,要求具有前沿性和一定的难度,允许学生自由选择老师和课题。

毕业论文的选题,力求符合专业人才培养目标,保证达到专业(学科)论文的基本要求。选题中鼓励不同学科(专业)相互交叉,相互渗透,鼓励支持学生到位校外企单位进行毕业设计(或论文)。专业依托省级化工与石油化工支柱产业和沿江高新技术产业带的优势,与地区大型化工企业如扬子石化、扬巴公司、金陵石化、南化公司、仪征化纤等均建立了密切的科研合作关系,每年和他们合作项目经费达 2000 万元左右。结合这些项目将本科生的毕业设计(论文)选题和这些大型企业的工程实际问题相结合,使学生能够接触到企业实际运行情况,并学会用所学知识解决实际问题。

教师队伍中教授 37 人,副教授 27 人,教授和副教授占教师总人数的 88.89%;其中具有硕士学位以上的教师占 91.67%,具有博士学位的教师占 76.39%,45 岁以下专任教师比例达到 70.83%。有足够数量的教师保证本科教学的连续与稳定。已形成以院士、"973"首席科学家、国家杰出青年基金获得者为带头人,以青年博士生导师、海外归国博士为骨干,以年轻博士为主体的结构相对合理的教师队伍,拥有教育部创新团队、省级优秀学科梯队和省级"青蓝工程"优秀学科梯队。专业现有院士 1 人,"973"首席科学家 1 人,全国杰出专业技术人才 1 人,"六大人才高峰"教师 2 人,国家杰出青年基金获得者 2 人次,入选国家百千万人才工程教师 2 人,全国优秀教师 1 人,国家和江苏省有突出贡献的中青年专家 3 人,青蓝工程人才 4 人,省级创业创新人才 1 人,省级劳动模范 3 人,省级教学名师 1 人,首批 333 高层次领军人才 3 人,首批 333 中青年科学技术带头人 3 人,"霍英东基金与奖励"获得者 2 人。

重视教师工程实践经验的培养通过指导实习、与企业合作项目等方式,并积极聘请在企业工作的高级工程技术人员作为兼职教师,使专业具有企业或社会工程实践经验的教师比例达到 88.89%。积极聘请企业兼职教师参与教学活动通过聘请部分企业人员加入专业教学指导委员会,参与培养方案、教学大纲等修订;聘任企业人员担任兼职教授;聘请有丰富工程设计经验的人员参与培训青年教师、指导学生设计;聘请企业人员指导学生论文等做法,使企业工程技术人员参与到专业教学活动中。化工专业企业兼职教师 35 名。教师积极参与国家省部级项目及企业委托项目 2008 年教师到款达到 4800 余万元,其中 2000 万元为企业委托项目到款。要求科研一线的教师为本科生讲授主干课程,将科研融入教学,及时更新教材和教学内容,将本学科研究的最新动态传递给学生,使学生关注本学科的发展,激发学生对科研的兴趣;同时,在教学中及时引入与课程相关的最新科研成果和发展动态,特别是学生的毕业论文环节。利用专业教师的科研特色和优势,把科研成果转化为教学实验,开发一批综合性、提高性实验,充实实验教学环节。还设立大学生创新实验室和创新基金,组织名家开设"化学工程研究进展讲座"课程,真正体现了科学研究对本科教学的促进作用。

为了提高教师工程实践能力,专业注重教师工程实践经验的培养,要求教师必须具备工程实践经验,在认识实习、生产实习中有计划地安排教师进行下厂学习,鼓励老教师在与企业的科研协作中培养年轻教师,使其尽快具备工程素质。从事专业教学工作的教师都有明确的科研方向,至少参加过1项以上科研活动。近年来,专业把海外引进人才的工程实践能力培养作为重点,要求他们在归国第一年就必须参加认识实习、生产实习,并结合工艺类课程观摩,迅速掌握基本的工程实践经验。

案例六:U39 大学采矿工程专业

U39 大学是教育部卓越工程师教育培养计划实施高校,是一所历史悠久的高校,整个学校的工程教育底蕴深厚。采矿工程专业在 70 多年的成长历程中,经过几代人的团结协作、艰苦奋斗、不断改革进取,在专业建设和学科发展上取得了突出的成绩,形成了矿山压力与岩层控制、开采损害与环境保护、开采系统与工艺优化、井工与露天开采等协调发展的特色专业方向和敬业奉献,吃苦耐劳,年龄、学历、学缘结构合理,勇于创新和积极进取的师资队伍。采矿工程专业现有教职人员 28 人,其中教师 21 人,实验教学人员 7 人;教授 10 人(博导 7 人),副教授 6 人,讲师 2 人,助教 3 人,高级工程师 2 人,工程师 4 人,助理工程师 1 人;50 岁以上 9 人,40~49 岁 7 人,30~39 岁 10 人,30 岁以下 2人;博士 15 人,在读博士 3 人,硕士 4 人,本科 3 人,专科 3 人。

学校重视学生在学校的全面发展,开展了全程、全方位、多措施的学生指导工作,涉及人生信念、学习生活、职业规划、人际交往、素质提升、心理健康、升学指导和就业创业等方面,形成了完善的指导体系,有效地保证了学生的健康发展和学业的顺利完成。

关于学生转专业,学校制定了《本科生转专业实施办法》,其中第六条对学生原有学分的认定做了专门规定:"经学校批准转专业的学生,所取得的公共课学分仍然有效,其余已取得学分的非转入专业教学计划规定的课程,则按选修课记入本人成绩表;所缺转入专业的必修课、限选课必须补修,所产生费用由学生本人承担。"近年来,有符合条件的其他工科专业学生看好采矿工程专业的就业前景好,申请转入采矿工程专业学习。

5. 课程体系

按照采矿工程专业毕业要求,采矿工程专业课程体系设通识教育、专业教育和综合教育 3 个教育平台,通识教育和专业教育在课内完成,综合教育在课外(第二课堂)完成。通识教育由人文社会科学、自然科学基础、体育、外语、计算机与信息技术、经济管理 6 个模块组成,专业教育由工程技术基础、专业基础、专业 3 个模块组成,设课堂教学、实验教学、实习、综合设计、专项能力训练 5 个教学环节,每个模块和环节都由若干课程组成,所有课程分为必修和选修两类。课外教学主要为参加社会调查、科技活动、文体活动、各类竞赛等。

1) 通识教育平台

该部分课程由学校统一规划设置,由 6 个模块组成。课程包括马克思主义基本原理、毛泽东思想和中国特色社会主义理论体系概论、高等数学、大学物理、体育、英语阅读、现代企业管理导论、计算机文化基础、军事理论等必修和选修课程,分课堂教学、实验教学、专项能力训练 3 个环节。课程设置和学分分配按照"打好工科基础,文、理、工、管平衡,德、智、体、美全面发展"的原则进行。

2) 专业教育平台

该部分课程由采矿系确定,由 3 个模块组成。工程技术基础模块包括理论力学、材料力学、画法几何与工程制图、电工电子技术、机械设计基础、弹性力学、流体力学、环境保护概论等必修和选修课程,专业基础模块包括地质学、岩石力学、矿业系统工程、工程测量、采掘机械与设备等课程,专业模块包括采矿学、矿山压力及岩层控制、矿井通风与安全、矿井开采设计、地下工程设计与施工、开采损害学等课程。专业教育分课堂教学、实验教学、实习、综合设计 4 个环节。其中工程技术基础和专业基础课按照宽口径设置和要求,专业课按照专业方向设置和要求。既可保证在专业方向上专门发展的要求和专业教育的深度,又为根据需要改变专业方向、选择相关专业奠定了基础。在专业教育平台上这种"先宽后窄,先博后深"的课程设置使专业教育更富弹性,有利于学生就业和长远发展。

采矿工程专业实践教学体系由课内实验教学(实验)、工程实践教学(实习)、综合设计(课程设计)和课外(第二课堂)实践教学4个环节组成,其中课外实践教学分科研创新和社会实践2个部分,如图9-5所示。采矿工程专业实践教学体系按照以下指导思想和原则构建。

① 指导思想:围绕培养目标,以结合理论教学巩固和学习知识为基础,培养能力为重点,提高综合素质为目标。

② 原则:实验以学生动手参与、独立完成为主,逐步增加综合性、设计性实验;实习以深入矿山工程实地为主;综合设计以紧密结合实际为主。

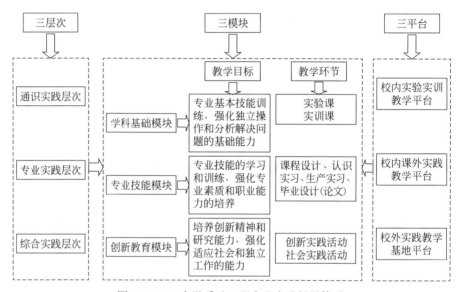

图 9-5   U39 大学采矿工程专业实践教学体系

在上述实践教学体系中,各环节和课程的教学内容、教学方法、教学目标及其评估方法均不相同,每个环节、课程相对独立,但环节间、课程间以及与相关理论课程间相互关联、紧密结合,使实践体系以及整个课程体系形成一个有机的整体。

按照上述实践教学体系,采矿工程专业在实践教学条件建设,教学内容、手段和方法的改革与创新,教学管理及教学目标实现的评估等方面做了大量工作,有效地保证了实践教学目标的实现和实践教学质量的持续稳定提高。

实验教学是理论与实践教学结合、教学与科研结合最直接、最方便、最有效的途径。根据课程教学需要,实验教学主要分布于自然科学基础、计算机与信息技术、公共选修课、工程技术基础、专业基础、专业课等模块中。按照理论与实践紧密结合的原则,实验教学穿插于理论教学的过程中,贯穿于培养教育的始终。为了便于教学安排和实施,实验课或独立设课,或附属于相关课程。其中仅《大学物理实验》独立设课,其他实验均附属于相关课程。为了保证实验教学质量,各实验室设专职实验教师,实验教学由专职实验教师负责,由任课教师配合。按照实验教学拓展和加深理解理论知识,学习和掌握科学实验和研究方法,培养动手能力、分析解决实际问题的能力、创新意识和创新能力的三个目标,实验教学内容由三方面组成:一是结合理论教学的内容、二是结合科研课题的内容、三是结合学生课外科技创新活动的内容。实验分演示性实验、验证性实验、综合性实验、设计性实验四种类型,采用两种形式进行:一是教师操作,学生观摩;二是由学生独立或参与完成。专业十分重视实验教学内容和方法的改革,随实验教学改革不断深入,有利于学生综合能力和素质锻炼与培养的综合性和设计性实验以及由学生独立或参与完成的实验逐年增加。

6. 实践环节

1)实习

实习是学生走入工程实际中学习的最主要的机会和途径,实习环节在综合能力培养方面具有其他环节不可取代的作用。根据采矿工程专业人才毕业要求,采矿工程专业共设四类实习:①地质实习,在野外和矿井实施;②测量实习,在校内测量实习基地实施;③金工实习,在校内工程训练中心实施;④矿山实习,在矿山实习基地实施。其中矿山实习分三个阶段安排,分别为认识实习、生产实习和毕业实习。实习安排见表9-3。

表9-3 采矿工程专业实习安排

课程性质	课程名称	总学时	学分	开课单位
必修	金工实习	2周	2	工程训练中心
	测量实习	1周	1	测绘学院
	地质实习	1周	1	地环学院
	认识实习	2周	2	能源学院
	生产实习	3周	3	能源学院
	毕业实习	4周	4	能源学院
总计		13周	13	

2）矿山实习基地建设及改革

矿山实习基地是采矿工程专业完成矿山实习任务和实现课程目标的基本
保障。目前使用的实习基地有两类：第一类是分布于全国各地的，生产技术条
件、生活条件、教学条件等均能满足实习要求的矿井（企业），这种实习基地一
般仅用作毕业实习，安排实习由老师或学生与企业口头商议确定；第二类是在
前一类基础上，根据教学和职工培训要求建设的有专门实习、实训条件，可进
行各类实习，学校与企业有实习基地使用书面协议的实习基地。这两类实习
基地基本能满足目前实习的要求。近三年来，采矿工程专业认识实习和生产
实习主要安排在第二类实习基地进行。采矿工程专业实习基地利用情况和进
入各实习基地的学生数统计见表9-4。

表9-4　有固定合作关系的采矿工程专业实习基地及近三年实习生数量统计

单位名称	单位性质	单位规模（产量）	2009 年接受学生数（人）	2010 年接受学生数（人）	2011 年接受学生数（人）
神华宁夏煤业集团有限责任公司	国企	6000 万 t/a		69	
山西晋城无烟煤矿业集团有限责任公司	国企	5000 万 t/a		103	146
华能甘肃省华亭煤业集团有限责任公司	国企	2020 万 t/a			68
陕西煤业化工集团韩城矿业公司	国企	460 万 t/a	37	69	
陕西煤业化工集团澄合矿业公司	国企	340 万 t/a		90	

矿山实习基地建设与改革是实践教学改革的基础和重要组成部分。现有
实习基地虽然能满足目前实习的要求，但不能满足实践教学改革进一步深化
的要求，存在的主要问题是学生参加现场劳动和管理，以及动手操作的机会
少。针对这一情况，改革的思路是：①在矿山建设一种由学校和企业共同建
设、共同管理和使用，能实现校企双赢的新型矿山实习基地，为学生更多的参
加矿山生产劳动和管理活动提供更可靠的保障。采矿工程专业对这种新型实
习基地的建设与运行管理模式，实习基地的教学组织方式和教学管理模式等

关键问题已经进行了很多有益的探索,取得了较大进展。②在大学校园内建设一个矿山工程实习实训基地,该基地主体由一个真实的巷道掘进工作面和一个由真实采煤工艺设备组成的模拟采煤工作面组成,建成后可分担矿山实习的任务,为学生提供充分的动手操作机会。该项目方案已通过论证,经费正在申请和落实中。③将新型矿山实习基地和校内矿山工程实习实训基地结合,弥补目前实习存在的不足,提高实习的质量和实践教学的水平。

3)实习指导教师选派和聘请

矿山实习的指导由学校实习指导教师和实习基地兼职指导教师共同完成。采矿工程专业对矿山实习的重视也体现在对指导教师的选派和对现场指导教师的聘请上。

采矿工程专业坚持选派有丰富现场经验的教师担任实习指导老师,从而有效地保证了实习任务的完成和实习质量的提高。

为了增加教师的工程实践经验和提高教师实践教学水平,采矿工程学科采取以下方式培养青年教师,建设教师队伍:

(a)将提高青年教师的实践能力和指导实习的能力作为老教师指导青年教师的重要内容和考核点进行要求和考核,使对该方面的指导有保障;

(b)为青年教师举办关于指导实习的专题讲座和进行专门培训,为其提供在该方面学习相关知识和经验的机会;

(c)按照"新老结合、以老带新"的原则组建实习指导教师队伍和选派指导教师,使青年教师在指导实习的过程中更快成长。

实习基地兼职指导教师在实习过程中具有重要的作用,不仅肩负着专业知识和技能的指导,而且是学生与各方面联系的桥梁,因此不但要求其有很强的业务能力和一定的传授知识与技能的能力,而且要有优良的道德品质,对学生要有高度负责的责任心。对于现场指导教师的选聘主要由企业推荐,学校考核。对于聘任的兼职教师,通过锻炼不断提高其教学能力。

4)实习改革

(1)结合科研项目安排实习

矿山实习以深入矿山工程实地培养工程实践能力为主要目标,但在现有实习基地条件下很难收到完全满意的效果,而让学生参加科研项目恰好能够给学生提供很好的深入现场的机会和足够的时间,弥补上述不足。因此结合科研项目进行实习是矿山实习改革的一个方向,采矿工程专业已经尝试很久,积累了很多经验,收到了很好的效果,也已初步形成了通过这种方式进行实习管理和考核的办法。

(2) 对实习组织管理方式的改革

企业在安排实习方面的压力主要有:住宿困难、影响生产、安全压力大等。这种压力与实习人数多少和实习指导方式等有关,可通过分散安排、由专人负责指导来化解。根据这一认识,采矿工程专业对实习组织管理方式改革进行了一些探索。改革思路是:每个实习基地安排 1 个班实习,将实习任务按实习点分解为采煤面、掘进面、采煤队、掘进队、通风区、生产科、机电科等几大部分,将学生按 3~5 人一组进行分组,每组在 1 个点实习 2 天,通过轮换完成全部实习任务。这种方式可避免大队人马走马观花参观式实习,可大大改善实习效果,但存在的难题是实习期间需要至少 7 个现场指导人员连续指导 2 周左右时间,他们的责任、义务、报酬,以及对个人工作的影响等问题,都需要通过与企业协商解决。

(3) 利用校内矿山工程实习实训基地安排实习

建设校内矿山工程实习实训基地,主要目标是为采矿工程专业学生提供实际操作的机会。利用该基地安排实习会使实践教学安排更加灵活、实习更加方便,给学生的实习时间更充分,更重要的是能实现对真实设备的实际操作,弥补现场实习的缺憾,缩短现场实习时间,有利于现场实习的安排。如果将由缩短时间节约的经费全部用于缩短了的现场实习中,将有利于现场实习的安排和改善现场实习的效果,使现场实习的优势最大限度地得以发挥。

为了满足采矿工程专业毕业设计与科研项目结合的需要,根据选题不同将毕业设计分为三种类型:第一种类型是以矿山开采设计为主,提交的毕业设计的主要内容为矿山开采设计;第二种类型是矿山开采设计与现场专题研究并重,提交的毕业设计由指定的矿山开采设计内容和专题研究报告两部分组成,二者并重;第三种类型是现场专题研究,提交毕业论文。

采矿工程专业毕业设计内容为矿井开采设计,即按照《煤炭工业矿井设计规范》规定的在矿井初步设计中与采矿工程专业密切相关的部分进行设计,主要内容包括矿井地质,井田开拓,采区布置,采煤方法,矿井通风与安全,矿井提升、运输、通风、排水系统设备选型,建井工程量及开采计划等。

毕业设计图纸要求按工程图纸国家标准绘制,图纸内容应完整,图例规范。要求采用计算机专用软件绘图,同时为加强学生绘图基本功训练、减少和避免学生相互之间的抄袭现象,要求设计过程中必须有设计手稿和设计草图,必须有至少 1 张手工绘制的设计图纸。

采矿工程专业毕业设计由专门指定的指导教师负责指导,指导教师以校内专职教师为主、以社会兼职教师为辅。独立指导毕业设计的教师要求具有中级及以上的职称,对于青年教师和不具备指导毕业设计资格的教师安排与老教师组成指导组共同指导,由老教师把关和签字。每位教师指导的学生数按规定原则上不超过 8 人。设计过程中严格执行《本科生毕业设计(论文)管理规范》《能源学院本科生毕业设计(论文)管理办法》《能源学院毕业设计(论文)质量监督办法》,加强毕业设计指导与考核、毕业设计任务书审查、毕业设计中期检查等过程管理与控制,确保毕业设计质量。

7. 创新平台

学校和学院积极搭建大学生科技创新培养平台,促进学生创新思维能力的培养,创建良好的学术研究氛围。

1)"挑战杯"全国大学生系列科技学术竞赛

学校每年都非常重视挑战杯大学生课外科技作品竞赛和创业计划竞赛两大赛事,以积极筹备"U39 大学挑战杯大学生课外科技作品竞赛"和"U39 大学挑战杯大学生创业计划竞赛"为契机搭建大学生科技创新活动的主平台,将两大赛事作为学科竞赛的最高水准,从中挑选高水平作品参加省赛和国家竞赛。每年都会吸引上百名同学的参与。

2)学科竞赛活动

学校积极拓宽和组织学生学科竞赛活动,鼓励学生积极参加各项比赛活动。如"能源英才杯"高数、英语、力学竞赛、全国大学生英语竞赛、全国大学生高数竞赛、全国大学生数学建模比赛、周培源力学竞赛等;学校开设了系列学科比赛,如化学实验大赛、机械设计大赛、电子设计竞赛、程序设计大赛、结构设计大赛、精英口译大赛、网站设计大赛等。

3)创新性实验计划项目

为进一步提高大学生的创新实践能力,激发大学生的创造性思维和创新意识,根据《大学生创新性实验计划项目管理办法》,学校实验室与设备管理处每年启动大学生创新性实验计划项目立项申报工作,探索并建立以问题和课题为核心的教育教学模式,提高学生对科学研究和发明创造的兴趣,调动学生学习的积极性、主动性和创造性,掌握独立思考、自主学习、解决问题的方法,营造浓厚的创新氛围,培养符合社会需要的创新型人才。

为进一步提高大学生创新实践能力,激发大学生创造性思维和创新意识,根据《大学生创新性实验计划项目管理办法》,学校实验室与设备管理处每年都进行专业教师指导下的大学生创新性实验计划项目立项申报工作,探索并建立以问题和课题为核心的教育教学模式,提高学生对科学研究和发明创造的兴趣,调动学生学习的积极性、主动性和创造性,掌握独立思考、自主学习、解决问题的方法,营造浓厚的创新氛围,培养符合社会需要的创新型人才。

采矿工程实验教学中心各实验室及主要仪器设备对全院师生开放,主要为本科生服务,实验室每年为采矿工程、安全工程、地质工程、测绘工程、煤及煤层气工程、矿物加工工程等 10 个专业本科生开设包括采矿方法实验、矿井开采系统实验、相似材料模拟实验、采场上覆岩层移动规律实验、井巷施工方法实验、开采引起地表与覆岩移动变形规律及特殊开采实验、轨道线路设计实验、车场设计实验、岩石物理特性实验、岩石力学性能实验等 16 个实验项目的实验课,也供采矿工程专业认识实习、生产实习、毕业实习以及矿井开采综合实验等实践教学环节使用。除此之外,所有实验室均供相关专业的研究生学习和研究使用,岩石力学实验室和相似材料模拟实验室还承担科研和社会服务任务以及作为大学生课外科技创新活动平台为大学生科技创新活动服务。

矿山模型实验室和数字化矿山实验室及设备利用率为 94%,相似材料模拟实验室及设备利用率一般在 90% 以上,矿山岩石力学实验室主要设备利用率一般在 90% 以上,矿山工具与设备实验室刚刚建成,预计利用率也在 50% 以上。

二、院校工程教育的国际案例

案例一:美国麻省理工学院

从美国工程教育的发展历史来看,院校工程教育与工程生产实践的关系经历了 2 次重大的转折。20 世纪下半叶以后,随着第 2 次和第 3 次科技革命的相继到来,科学知识越来越与工程实践融合,现代工程理论体系逐渐形成。工程教育也逐渐从工程生产实践训练转向了工程科学知识传授,教学场所从工程生产车间转移到了大学教室;教室群体也从技术工程师转向了工程理论研究人员。这一新模式即是所谓的"科学范式"。然而近年来,工业界逐渐认识到严重脱离实践的弊端。为了调整高校人才培养方式,美国工程技术认证委员会在充分调研的基础上,对工程专业人才培养目标做了大规模调整。高校必须主动调整人才培养模式,以满足工业生产领域的需求。由麻省理工学院(MIT)发起的 CDIO 工程教育模式就是在这样的背景下应运而生的。CDIO 的显著特征就是院校工程教育与工程实践的关系重构,即院校工程教育与工程实践关系的第 2 次转变。

CDIO 课程大纲的目标是构建一套能够被工业界、学术界普遍认可的,未来工程师必备的知识、经验和价值观体系。该大纲对现代工程师必备的个体知识、人际交往能力和系统构建能力做出了详细的规定(见表 9-5)。麻省理工学院对 CDIO 课程大纲的调整分为 2 步,第 1 步是通过调研构建当前以及未来一段时间内工程学领域从业人员必备的知识、技能和价值关系统。调研对象包括工程学院教师、在校学生、工业界代表和广泛的外部评议委员会等。第 2 步是将课程大纲将课程大纲与 1988 年麻省理工学院本科工程教育委员会人才培养目标、工程与技术委员会 2000 年版认证标准、波音公司工程师需求指标以及 1998 年麻省理工学院学生生活和学习指南这 4 个分别代表了学术界、政府、工业界以及学生对外来工程领域人员素质结构的预期的文件进行对比。通过对比,取众家之长,进一步对人才培养方案和课程方案进行调整。

一项评估报告称,自 CDIO 课程大纲自出台以后,在美国麻省理工学院、瑞典的查尔姆斯技术学院、林克平大学以及皇家技术学院等院校进行了广泛的实验研究。研究结果显示,CDIO 工程教育模式在提高学生的实践能力、团队合作意识以及创新能力等方面效果显著,并且在美国和欧洲(包括非英语教学的院校)普遍适用。[①]

在 CDIO 课程大纲改革措施之外,麻省理工学院还实施了一系列其他措施,以加强学生的研究与实践能力。如本科生研究导向计划(Undergraduate Research Opportunities Program, UROP),该计划是 MIT 的首创,可吸引 70% ~ 80% 的本科生从一年级起,就有机会参加教师的研究工作,目的在于使学生对富于创造性的工作产生兴趣,培养动手能力和创造性思维。独立活动计划(Independent Activity Program, IAP)为学生利用圣诞节至二月初的一段假期,

---

① Johan Bankel etc., *The CDIO Syllabus: A Comparative Study of Expected Student Proficiency*, *European Journal of Engineering Education*, 2003 (3): 26. (Qtd.)

表 9-5 CDIO 课程大纲三级目标体系①

1.技术知识与推理	2.4.3 创造性思维	4.1.1 工程师的角色与职责
1.1 基础科学知识	2.4.4 批判性思维	4.1.2 工程在社会中的影响
1.2 核心工程基础知识	2.4.5 对个体知识、经验和态度的认知	4.1.3 工程的社会规则
1.3 高级工程基础知识	2.4.6 好奇心与终生学习	4.1.4 历史与文化环境
2.个人与职业技能	2.4.7 时间与资源管理	4.1.5 时代性问题与价值
2.1 工程推理与问题解决技能	2.5 专业技能与态度	4.1.6 全球化展望
2.1.1 问题鉴别与形成	2.5.1 职业道德、诚信与责任感	4.2 企业和商业环境
2.1.2 建模	2.5.2 专业行为	4.2.1 欣赏不同的企业文化
2.1.3 估测与定性分析	2.5.3 对某一职业的主动规划	4.2.2 企业战略、目标与规划
2.1.4 不确定性分析	2.5.4 紧跟世界工业前沿	4.2.3 技术化企业家
2.1.5 问题解决与建议	3.人际交往能力:团队合作与沟通	4.2.4 在组织中成功工作
2.2 实验与知识发现技能	3.1 团队合作	4.3 构思与工程化系统
2.2.1 假设的形成	3.1.1 创建高效率的团队	4.3.1 设定系统目标和需求
2.2.2 纸质和电子文档调查	3.1.2 团队运作	4.3.2 定义功能、理念与框架
2.2.3 实验调查	3.1.3 团队成长与发展	4.3.3 为系统建模,以保证目标的实现
2.2.4 假设的验证与推翻	3.1.4 领导	
2.3 系统思维	3.1.5 技术合作	4.3.4 开发项目管理
2.3.1 整体思维	3.2 沟通	4.4 设计
2.3.2 系统的出现与交互作用	3.2.1 沟通战略	4.4.1 设计程序
2.3.3 优先级排序与聚焦	3.2.2 沟通结构	4.4.2 设计程序的阶段与方法
2.3.4 解决方案的权衡、决断与平衡	3.2.3 书面形式沟通	
	3.2.4 电子/多媒体沟通	4.4.3 在设计中使用知识
2.4 个体知识与态度	3.2.5 图形化沟通	
2.4.1 冒险的积极性与意愿	3.2.6 口述与人际沟通	4.4.4 学科性设计
	3.3 外语沟通	
2.4.2 恒心与弹性	3.3.1 英语	
	3.3.2 区域性工业国家语言	
	3.3.3 其他语言	
	4.在企业与社会环境中构思、设计、实施、运作	
	4.1 外部与社会环境	

① 王硕旺、洪成文. CDIO:美国麻省理工学院教育的经典模式:基于对 CDIO 课程大纲的解读[J]. 理工高教研究,2009,28(4):116-119.

续表

4.4.5 多学科设计	4.5.4 硬件与软件集成	4.6.3 支持系统的生命周期
4.4.6 复合型目标设计	4.5.5 测试、核实、验证与认证	4.6.4 系统改进与进化
4.5 实施	4.5.6 实施管理	4.6.5 处置与生命终结问题
4.5.1 设计实施程序	4.6 运行	
4.5.2 硬件制造过程	4.6.1 设计与优化运行	
4.5.3 软件实现过程	4.6.2 培训与运行	4.6.6 运行管理

进行独立学习、研究和其他活动提供机会。此外,MIT 还有著名的本科生实践导向计划,组织学生参与企业的工程实践;技术创业计划,只选拔极少数优秀学生参与,探索创新,甚至允许创办小型公司去实践项目。所有这些课外活动统称为辅助课程(Co-curriculum),四年累计总时间可能相当于全部课时的 1/3 左右,对培养学生的实践能力起了很大作用。

案例二:欧盟工程教育的专题网络行动

世纪之交,1995 年,成立不久的欧盟(前身为欧洲共同体)大刀阔斧地开展了大型综合教育改革计划"苏格拉底计划",内容涵盖从幼儿到成人的各级各类教育,包含 8 项行动计划。在计划实施的 1995—2006 年年间,共投入 27 亿欧元。在这项计划之下,欧盟构建了一系列主题网络(围绕某一主题的项目)来加强欧洲工程教育的改革与发展。现已完成的网络项目包括"欧洲高等工程教育"(Higher Engineering Education in Europe, H3E)、"加强欧洲工程教育"(Enhancing Engineering Education in Europe, E4)和"欧洲工程的教学与研究"(Teaching and Research in Engineering in Europe, TREE)。这三项项目对欧洲工程教育改革产生了重大影响,视为欧洲工程教育再造的三部曲。下文主要介绍距今时间较近的两项改革措施。

1. E4 主题改革计划

1999 年,欧盟 29 国签署了博洛尼亚宣言,目的是整合欧盟各国的高校教育资源,统一学制,打通各国教育体系,促进各成员国之间的教育交流与合作。2001 年,在 H3E 计划的基础上,欧盟启动了 E4 计划。欧洲大学联合会(EUA)、欧洲工程师联盟(FEANI)、欧洲企业家圆桌会(ERT)等机构组织在计划起到了重要作用。

通过 5 项行动(见表 9-6),E4 对促进欧洲工程教育的合作与交流起到重
要作用。E4 的成功经验有:在工程教学过程中提倡范例学习与实践活动;将
主题网络用作工程教育的实验室;建立了便捷的管理框架;加强计划内的紧密
协调;重视各项成功实践经验的评估、分享与传播,以便利益相关者了解计划
进程;吸引工程专业界参与;充分发挥欧盟其他网络计划的协作、联系,很好地
利用了网络的优势。

表 9-6　加强欧洲工程教育行动的各项行动目标①

行动名称	主要目标、内容
开设创新课程,提高就业能力	E4 视创新为增强毕业生就业能力和提高欧洲工业竞争力的关键因素,因而工程教育应以培养创新型人才为目标。要实现这一目标需要通过不懈更新工程学科课程,包括基础科学、工程基础、管理与信息技术等
加强质量评估和透明性	加强质量评估和透明性将有助于增加毕业生的跨国流动(特别是在欧洲范围内),让欧洲各国互相认可毕业生的资质与能力。这项行动的主要任务是将各国已存在的评估机构或方法加以融合、改进,增加兼容性。为了增加欧洲范围内对课程和学位的认可的便利性,该行动还推动建立了"欧洲工程专业与教育标准观察站"
欧洲工程师职业发展	这项行动为欧洲继续工程教育提供了平台,用于研讨、发展欧洲工程师的继续教育和促进大学、企业的合作。主要任务包括收集和推广最佳的实践经验和案例
加强欧洲维度	该行动一方面注重在各国现有课程体系中融入国际化因素,另一方面注重在设计课程体系时给予学生更大的自由流动的空间,扫除阻碍人员流动的各项障碍
创新教学方法	此项行动主要针对 ICT 如何为教学提供方法论支持。E4 认为目前 ICT 多局限于小组和教授个人的小范围应用,因而需要推动全校性地应用

2. TREE 主题改革计划

在顺利完成 H3E 和 E4 之后,欧洲工程教育界认为,仍需要在工程人力资

---

① 孔寒冰.欧美工程教育改革的几个动向[J].清华大学教育研究,2009,30(2):28-32.

源流动、国际化学习、学位结构、学位认可、素质框架、终生学习、教学质量等方面进行分析、实施和监控,以持续改善当前状况,推进新的最佳实践。2004—2008 年间,该计划推动了欧洲高等工程教育机构创新战略的实施和政策的执行,以及欧洲工程教育的国际战略。

TREE 的改革主要沿 4 个方向进行:①调整欧洲教育结构。深入研究适应二级学位体制(即学士、博士)的创新课程体系、质量评估和专业鉴定,工程教育术语更新,以及拓展累计转移学分体系等工程教育的基本问题。②教育和研究。重点研究工程教育教学活动中的实践性研究设计内容,包括基于工程项目的专项设计活动、推进博士学位教育改革,以促进国际化的团队项目等。③加强工程教育的吸引力。研究和关注工程教育对青年学生,尤其是对女性和外国学生的吸引策略,包括特制学位、联合学位和双学位等。④可持续发展。探讨维持工程教育机构生存的途径,包括有效发展和推进继续教育、远程教育的技术工具与手段等,也包括研究如何加强工程教育研究联盟。

案例三:新加坡南洋理工大学

为了适应 21 世纪的需要,新加坡南洋理工大学创立了独树一帜的"教学工厂"办学理念来指导办学实践。并先后采取了"工业实习"的实践环节和"企业家 21 世纪计划",以加强学生的实践能力。

教学工厂即是将工厂环境引入学校,在校内建立起技术先进、设备完善、环境逼真的教学工厂。目的在于试图在院校中,创造企业环境与学校教育紧密结合的办学模式,在校内实现理论教学与实践的有机结合,更加突出地把技术技能训练和实践能力培养摆在重要的位置上。

南洋理工大学三年级的大学生到了下半学期,将全体进入企业工作半年时间,培养实际工作能力。学生在企业完全服从企业的工作安排,并每月领取企业发放的补贴(大约为毕业生工资的 1/4)。如此一来,企业可以以较低成本补充人手,同时又可以物色人才。学校每年都安排教师前往应征企业考察。每队学生 5~6 人由 1 名老师带队,负责监督学生的实践情况。同时也重视企业对学生表现的反馈。实习结束之后,每位学生还需要完成实习报告,学校根据实习报告对学生单独评分。

从 1999 年起,南洋理工将原本 8 周的室内实践训练环节的内容砍掉一半,留出 5 周左右的实践开展企业家 21 世纪计划。每两名教师带领 10 名学生,分为两组,打破专业界限,在电子商务、环境技术、生物工程技术等领域中选择一个领域进行小课题研究。学生自主决定研究内容、制订研究计划,单独评分。研究结束前,学校会邀请企业界认识和学术界认识一起参加成绩的评定。

案例四:美国密歇根大学

密歇根大学被认为是美国高等教育,特别是公立研究型大学的典范。一直在积极探索适合本校特色的课程模式。比如,工学院机械系将本科生后两年专业性较强的课程设置为:6门主干课、3门设计课、2门大实验课以及4门其他课程。

其中3门设计课程分别为:CAD/CAM,机械设计,毕业设计与技术交流。每个设计都分为三个阶段:概念性设计方案、工程计算与分析、正式设计和样品制作,在一学期内完成。每个项目都由4~5人的小组共同完成,以培养学生的团队写作与沟通能力。项目完成后,学生分别报告,分别评定成绩。值得一提的是,该项目中不少的研究题目都来自于工程实践——底特律当地的几家汽车厂,项目完成后,企业也会参与评定。

2门大实验课则是在各门理论课的验证性实验之外的综合性实验,由学生根据要求,自己设计实验方案,进行安装与实验,撰写报告。实验课也由4~5人的小组合作完成,单独评分。

此外,该系还十分重视企业界对毕业生的反馈意见的调研分析,尤其是教学大纲与工程实践相比,显得薄弱和缺乏的部分。

参 考 文 献

[1] 胡锦涛. 在全国优秀教师代表座谈会上的讲话(全文)[EB/OL]. 教育部官网, http://www. moe. gov. cn/publicfiles/business/htmlfiles/moe/moe_2929/200910/52719. html,2007-08-31.

[2] 陈劲,胡建雄. 面向创新型国家的工程教育改革研究[M]. 北京:中国人民大学出版社,2006.

[3] 陈希. 面向工业界、面向世界、面向未来,培养卓越工程师后备人才——在"卓越工程师教育培养计划"启动会上的讲话. 2010-06-23,天津.

[4] 范国睿. 多元与融合:多维视野中的学校发展[M]. 北京:教育科学出版社,2002.

[5] 范静波. 工程教育中工程师的社会责任:内涵、演变与培育[J]. 现代教育管理,2011,(1).

[6] 顾秉林. 求发展、促援助、寻合作、达共识:全球化下的中国·清华大学工程教育的可持续发展讲话稿.

[7] 顾秉林,王大中,汪劲松,陈皓明,姚期智. 创新性实践教育——基于高水平学科建设的创新人才培养之路[J]. 清华大学教育研究,2010,(1).

[8] 顾秉林. 创新:研究型大学的成功之道[J]. 清华大学教育研究,2008,(1).

[9] 顾秉林. 应对新挑战 深化对高等教育工程教育的研究——在清华大学工程教育研究中心成立大会上的致辞[J]. 清华大学教育研究,2009,(2).

[10] 顾秉林. 在庆祝清华大学建校 100 周年大会上的发言[J]. 清华大学教育研究,2011,(3).

[11] 国家教委工程教育赴美考察团. "回归工程·多样化·宏观管理"[J]. 中国高教研究,1996,(1).

[12] 国家中长期教育改革和发展规划纲要(2010—2020 年)[EB/OL]. 教育部官网, http://www. moe. edu. cn/publicfiles/business/htmlfiles/moe/moe_177/201008/93785. html,2013-04-30.

[13] 教育部. 2011 年全国教育事业发展统计公报[EB/OL]. 教育部官网, http://www.moe.edu.cn/publicfiles/business/htmlfiles/moe/moe_633/201208/141305.html, 2012-08-30.

[14] 教育部高教司刘桔副司长. 在 2013 年第一期工程教育专业认证专家培训班上的讲话. 2013-04-11, 北京.

[15] 雷庆, 赵囡. 高等工程教育专业培养目标分析[J]. 高等教育研究, 2007: 7-15.

[16] 李伯聪等. 工程社会学导论: 工程共同体研究[M]. 杭州: 浙江大学出版社, 2010.10.

[17] 李伯聪等. 工程社会学导论: 工程共同体研究[M]. 杭州: 浙江大学出版社, 2010.10.

[18] 李锋亮, 李曼丽. 专业知识与工程师的过度教育[J]. 高等工程教育研究, 2011, (4).

[19] 李曼丽. 工程师与工程教育新论[M]. 北京: 商务印书馆, 2010.

[20] 李晓强. 工程教育再造的机理与路径研究[D]. 浙江大学, 2008.

[21] 林健. "卓越工程师教育培养计划"专业培养方案研究[J]. 清华大学教育研究, 2011, (2).

[22] 林健. 工程师的分类与工程人才培养[J]. 清华大学教育研究, 2010, (1).

[23] 刘继荣, 胡方茜, 叶民. 论工科教师的工程素质[J]. 中国高教研究, 1997, (6).

[24] 柳宏志, 孔寒冰, 邹晓东. 综合就是创造——综合工程教育模式的探索[J]. 高等工程教育研究, 2008, (6).

[25] 罗园. 工程师"合格率"世界最末 工科教育怎出人才? [EB/OL]. http://it.sohu.com/20091022/n267635718.shtml, 2009-10-22.

[26] 潘懋元. 新编高等教育学[M]. 北京: 北京师范大学出版社, 1996.

[27] 潘云鹤. 创新型国家需要一流大学支撑[N]. 光明日报, 2006-03-17(009).

[28] 潘云鹤. 抓住机遇 大力培养创新型工程科技人才[J]. 中国高等教育, 2009, (24): 4-6+27.

[29] 齐芳. 潘云鹤: 当前我国高等工程教育存在三大弊端[EB/OL]. http://www.chsi.com.cn/jyzx/200910/20091026/36490735.html, 2009-10-26.

[30] 卿德藩, 余明亮. 工程教育中"工程化"不足的问题与对策[J]. 理工高教研究, 2003(5).

[31] 清华大学教务处. 面向 21 世纪的美国工程教育[M]. 清华大学出版社, 1996.

[32] 腾祥东, 任伟宁, 杨冰. 应用型大学教师队伍结构模式的构建与优化[J]. 黑龙江高教研究, 2009, (7).

[33] 王玲, 雷环. 《华盛顿协议》签约成员的工程教育认证特点及其对我国的启示[J]. 清华大学教育研究, 2008, (5): 88-92.

[34] 王孙禹, 范静波. 文凭信号、职业因素与家庭背景对教育收益的影响研究[J]. 华东师范大学学报(哲学社会科学版), 2011, (6): 70-77+151.

[35] 王孙禹, 范静波. 中国工程教育生源状况实证研究[J]. 高等工程教育研究, 2010, (5).

［36］ 王孙禺,雷环,张志辉译. 工程:发展的问题、挑战和机遇［M］.北京:中央编译出版社,2012,12.

［37］ 王孙禺,刘继青. 从历史走向未来:新中国工程教育 60 年［J］. 高等工程教育研究,2010,(4).

［38］ 王孙禺,曾开富. 针对理工教育模式的一场改革［J］. 高等工程教育研究,2011,(4).

［39］ 王孙禺,赵自强,雷环. 国家创新之路与高等工程教育改革新进程［J］. 高等工程教育研究,2013,(1).

［40］ 王孙禺,孔钢城,雷环.《华盛顿协议》及其对我国工程教育的借鉴意义［J］. 高等工程教育研究,2007,(1).

［41］ 吴启迪,章仁彪. "全球化"与中国工程教育发展战略［J］. 高等工程教育研究,2000,(4).

［42］ 吴启迪. 我国工程教育的改革与发展［EB/OL］. 教育部官网,http://www.moe.edu.cn/publicfiles/business/htmlfiles/moe/moe_2734/200905/47410.html,2013-03-21.

［43］ 吴启迪. 中国工程教育的问题 挑战与工程教育研究——在清华大学工程教育研究中心成立大会上的讲话［J］. 清华大学教育研究,2009,(2):4-8.

［44］ 殷瑞钰等. 工程哲学［M］. 北京:高等教育出版社,2007,7.

［45］ 殷瑞钰等. 工程演化论［M］. 北京:高等教育出版社,2011,11.

［46］ 殷瑞钰. 工程与哲学［M］. 北京:北京理工大学出版社,2007,6.

［47］ 余寿文,李曼丽. 培养 21 世纪的优秀工程师［J］. 高等工程教育研究,2005,(4):9-11.

［48］ 余寿文,王孙禺. 中国高等工程教育与工程师的培养［J］. 清华大学教育研究,2004,(3):1-7.

［49］ 余寿文. 大学者,育才之谓也——中国特色高等工程教育十议［J］. 高等工程教育研究,2011,(2):8-15.

［50］ 余寿文. 关于高等工程教育几个基本概念研究的注记［J］. 高等工程教育研究,2007,(1):6-9+31.

［51］ 曾开富,王孙禺. "工程创新人才"培养模式的大胆探索［J］. 高等工程教育研究,2011,(5).

［52］ 查建中,陆一平. 中国高等工程教育国际竞争力指标体系初探［J］. 中国高教研究,2010,(2).

［53］ 詹姆士·丁·海克曼. 曾湘泉等译. 提升人力资本投资的政策. 上海:复旦大学出版社,2003.

［54］ 张光明. 工科院校教师素质面临的挑战与对策［J］. 中国高教研究,2002(12).

［55］ 张维,王孙禺,江丕权. 工程教育与工业竞争力［M］. 北京:清华大学出版社,2003.

［56］ 赵韩强,赵树凯等. 试论高等工程教育师资队伍建设［J］. 理工高教研究,2006(12).

[57] 赵婷婷,雷庆."课程综合化:中国高等工程教育改革亟待解决的问题"[J]. 高等工程教育研究,2005,(2).

[58] 赵婷婷,赵囡. 基于内容分析法的美国高等工程教育专业培养目标研究[J]. 大学(研究与评价),2007:23-31.

[59] 赵晓闻,林健. 工程人才培养模式的国际比较研究[J]. 高等工程教育研究,2011,(2).

[60] 周济. 创新是高水平大学建设的灵魂[J]. 中国高等教育,2006,(Z1):9-13.

[61] 周济. 育人为本 协同创新——在高等学校和工程研究院所联合培养博士研究生2011 年试点工作座谈会上的讲话[J]. 学位与研究生教育,2012,(1):1-3.

[62] 朱高峰. 创新与工程教育——初议建立创新型国家对高等工程教育的要求[J]. 高等工程教育研究,2007,(1):1-5.

[63] 朱高峰. 高等工程教育研究的战略意义——在清华大学工程教育研究中心成立大会上的讲话[J]. 清华大学教育研究,2009,(2):2-3.

[64] 朱高峰. 中国的工程教育——成绩、问题和对策[J]. 高等工程教育研究,2007,(4):1-7.

[65] 邹晓东. 科学与工程教育创新——战略、模式与对策[M]. 科学出版社,2010.

[66] Bell M C. Graduate education attainment and salary: an examination of institutional type, major choice, gender, race/ethnicity, parental education and work experience differences [D]. Ohio University, 2010.

[67] UNESCO Report. Engineering: Issues Challenges and Opportunities for Development. Published in 2010 by the United Nations Educational, Scientific and Cultural Organization (UNESCO), 7, place de Fontenoy,75352 Paris 07 SP, France.

[68] Bourne C, Dass, A. Private and social rates of return to higher education in science and technology in a Caribbean economy. Education Economics, 2003, (1).

[69] Gosink J P, Streveler R A. Bring Adjunct Engineering Faculty into the Learning Community. Journal of Engineering Education, 2000, (1).

[70] Leatherman C, Faculty Unions Move to Organize Growing Ranks of Part-time Professors, The Chronicle of Higher Education, Feb. 2, 1998.

[71] Thomas S L. Deferred costs and economic returns to college major, quality, and performance. Research in Higher Education, 2000, 41(3).

[72] U. S. DEPARTMENT OF EDUCATION, Digest of Education Statistics 2011, National Center for Education Statistics, NCES 2012-001.

后　记

　　"院校工程教育工程性与创新性问题研究"这一课题的目标,是围绕本科层次高等工程教育的工程性与创新性问题深入开展调查研究,掌握高等工程教育工程性与创新性的实际情况,全面分析影响高等工程教育创新性和实践性不足的各种因素,结合教育部正在推动的加入《华盛顿协议》的工程教育专业认证试点工作和"卓越工程师培养计划"试点改革情况,为推进高等工程教育提升工程性与创新性改革提出政策咨询建议。

　　这是一项涉及多部门的综合性政策研究,因此需要不同专业背景的研究人员共同合作。课题组成员主要由清华大学和兄弟院校研究人员组成,成员的学科背景覆盖工学、理学、教育学、管理学、经济学、历史学等多个学科,是一个以教师、科研人员、博士后、博士生为主体的跨学科研究团队。

　　在研究过程中,我们得到了教育部副部长吴启迪、中国工程院副院长朱高峰、杜祥琬等领导及诸多院士的关心和指导;清华大学原副校长余寿文教授对本课题的研究给予具体指导。

　　清华大学教育研究院、清华大学工程教育研究中心和本课题写作组做了大量的工作,其中赵自强、张燕燕、刘文茂、张志辉、石菲、胡欣、范静波、李燕红、王子寅、李雪、乔伟峰、王瑞朋、陈东冬等尤为突出。

　　来自教育部、兄弟院校、企业协会的学者、专家李茂国、吴爱华、周爱军、雷庆、陈道蓄、姜嘉乐、高炉、王玲等,以及清华大学的学者、专家谢维和、林健、史静寰、李越、袁本涛、李曼丽、叶富贵、赵劲松、李锋亮等都直接或间接地参与了本课题的研究。

本研究还得到了中国工程院教育委员会的大力支持。

在此,对所有领导、专家,以及为此课题做出贡献的教师、同学一并表示诚挚谢意!

本研究完成于 2013 年,研究团队近年来仍然在持续开展高等工程教育教育的相关研究。作为本研究的延续和深化,中国工程院于 2020 年立项咨询项目"面向可持续发展的工程科技人才需求与教育改革战略研究"(立项号 2020-XZ-30)、2021 年立项"新冠疫情之后的工程教育与国际合作:挑战与对策"(立项号 2021-HZ-1),资助研究团队进一步探讨工程科技人才培养的问题,以期对我国高等工程教育的发展和工程科技人才培养提供更多有益的政策建议。

编著者

2021 年 6 月于清华园